1945年のクリスマス

日本国憲法に「男女平等」を書いた女性の自伝

ベアテ・シロタ・ゴードン
構成・文／平岡磨紀子

朝日文庫

本書は1995年10月、柏書房より出版されました。

『1945年のクリスマス』文庫版出版によせて

ジョン・ダワー

敗戦直後の日本で若い女性として、激動の年月を生きたベアテ・シロタ・ゴードンの自伝が日本で文庫本としてあらたに出版されることは、時宜《じぎ》を得たことです。

それはなぜか？　本書には、日本が戦争によって大破され、再出発しなければならなかった、今となっては歳をとった人の記憶にしかない、あの時期のことが書かれているからです。『1945年のクリスマス』は第二次世界大戦後の占領下での日本とアメリカの関わりを——今、議論を呼ぶ題材ですが——当人の経験をとおして語ります。戦争直後の日本では、社会改革のために東京に赴任してきたアメリカ人のあいだだけではなく、これが重要なことですが、社会的立場を超えたすべての日本人のあいだにも、大きな希望と理想が満ちていたことを、この本は思いださせてくれます。

この理想というのは平和、反軍国主義、民主主義、平等、社会正義と要約することができます。そしてこれらは、少なくともつい最近までは、戦後の日本の繁栄を強く印象づけた「ソフトパワー」に無くてはならない要素でした。しかしこのような理想は、今わたしたちが生きる、暴力と軍事力に満ちたこの世界の——日本もアメリカも含めて——どこを見ても、危機に瀕しています。

二〇一二年に亡くなったベアテ・シロタ・ゴードンは生前、この傾向を大いに心配し、そのことを熱心に語ってもいましたが、この自伝は彼女のその情熱の原点を、あきらかにしています。『1945年のクリスマス』は、占領下の日本を内部からみた、興味のつきない証言というだけではありません。これは戦争と人権の抑圧への弾劾《だんがい》であり、理想を追うことは非現実的なことではない、と確認するものです。

二〇一五年一〇月二二日

John W. Dower

ジョン・ダワーから
ベアテ・シロタ・ゴードンを偲ぶ会へ送られたメッセージ

私はベアテ・シロタ・ゴードンとは面識がなく、歴史学者として彼女を知るのみです。しかし彼女は、歴史に大きく貢献したその短い時期に、稀にみる瑞々しさで輝いて見えるので、私は彼女に格別な親しみを感じています。もちろん私は、一九四六年に草稿が書かれた日本国憲法の、一四条と二四条に男女同権をうたった彼女の役割のことを、語っているのです。

当時のベアテ・シロタなしでは、これらの人権の平等を保障する条項は誕生しなかったでしょう。長い年月がたった今でも、その光景を想像すると息をのむような気がします。それは、壊滅状態にあった国土の新しい憲法草稿を、全力をあげて準備していた男性ばかりの部屋のなかに、ただ一人、エネルギッシュな二二歳の女性がいた、というだけではありません。

焦土と化した東京で、ベアテ・シロタが世界中の憲法について参考になる本を集めようと、焼け残った図書館を探しジープを走らせているところから、この話は始まります。そのあと、アメリカ憲法にも書かれていない男女同権を、日本の憲法が保障することをどう正当化するのか、と上司たちが彼女に問いただすという緊張感に満ちたドラマとなります。そして英語の草稿を日本語にしていくというデリケートな作業の最初の段階において、ベアテ・シロタが二つの言語に堪能な、その稀にみる語学力を駆使して日米両サイドの交渉を助ける、という決定的なシーンにつながっていきます。

しかし、そのシーン以前にも同じように強く、私の心に響くことがあります。まずなぜこの若い女性は、憲法で男女同権を認めることが、日本にとって大きな進歩になると信じていたのでしょうか? さらにもっと興味深いことに、なぜ彼女はこの条項が日本の人々に支持される、と確信していたのでしょうか? その答えの鍵は、六歳だった一九二九年から一九三九年まで、東京で人々の暮らしを身近に観察した彼女の非凡な知性と思いやりにあるのです。

幼い彼女はもちろん、男性優位、そして軍国主義の高まりと人権の抑圧を、実際に目撃していました。しかし彼女は、家族がもてなすリベラルな日本人の客や、両親が雇っていたお手伝いさんたちに触れることで、全く違う日本も知っていました。こうして日本で育った年月が、ベアテ・シロタを日本の女性の権利の熱心な提唱者にしたのです。しかしこれはまだ、答えの半分にすぎません。彼女は日本の女性の能力と志に敬意をもっていただけではなく、真の民主主義が日本にもたらすであろう幅広い成果について、大きな期待をもっていました。

あの過酷な戦争のあとで、ベアテが現実を見据える力と偏見のない理想主義を併せ持っていたということは、稀有《けう》で貴重なことでした。それは現代にとっても同じように大切なことなのです。何年もたって彼女の憲法への貢献が知られてからは、ベアテ・シロタ・ゴードンは自分の考えをしっかり述べる機会を、決して逃しませんでした。日本の女性のなかで彼女を敬愛する人が今も多いのは、彼女の考えが長い間大事にされてきたことの感動的な証《あかし》です。

John W. Dower

二〇一三年二月

（日本語訳・いずれも尾竹永子）

この書を亡き両親――レオ・シロタとオーギュスティーヌ・シロタに、
そして何よりも、いつもかわらぬ励ましと援助を与えてくれた最愛の夫、
ジョセフ・ゴードンに感謝をこめつつ捧げる

私の人生のうちで最もエキサイティングだった時から五〇年が経ちました。

日本国憲法の草稿に「女性の権利」を書くという私の仕事は、歴史の隠された部分として、本来、秘密のままふせておかれるべきものだったのかもしれません。

しかし、世界の人権、特に女性の人権の現状を見たとき、そして日本のさまざまな集まりで、かつて私の身に起こった事柄を公にし、人々に語ったときから、私の心の奥深くにしまいこんだ記憶をたどり、記録しておくことが必要であると感じました。

私はいまでも、高い理想をかかげた日本国憲法はすばらしいと思っています。

私は、この本を読んでくださった女性が自立し、仕事を持ち、女性の権利の獲得のために闘い続ける勇気を持っていただければ、と願っています。

また、この本をお読みになる男性は、そういう女性を支えてくださいますようにお願いします。

謝辞

鈴木昭典氏の主宰するドキュメンタリー工房が私の生涯をテレビ・ドキュメンタリーに撮ってくれたことが、この自伝を書くきっかけとなりました。

まず鈴木氏に感謝したいと思います。彼はまた通常では考えられない方法で「書く」ことをすすめてくれたのです。

私は日本語で、私の生涯をテープに吹き込み、この文章の執筆者であり、また私のテレビ・ドキュメンタリーのプロデューサーである平岡磨紀子さんにそのテープを送りました。平岡さんはテープをもとにし、取材しながら原稿を形に仕上げていくという英雄的な働きをしてくださいました。その献身的な努力に敬意を表します。日本とアメリカという、遠くはなれた間で行われた共同作業でした。

また、私の送ったテープを起こすのを手助けし、この本ができる過程で励ましと助言を与えてくださった末松篤子さんにも御礼を申しあげたいと思います。

そして、最初に私に自伝を書くようにすすめ、私の考えをまとめる作業を共にされ、長年私について書いてもくださったコリン・ホクスター氏にも感謝します。

最後になりましたが、この企画をスピーディに進め、成功のうちに本にしてくださった柏書房社長渡邊周一氏と青木大兄氏に感謝を送ります。

一九九五年九月

ベアテ・シロタ・ゴードン

目次

『1945年のクリスマス』文庫版出版によせて　ジョン・ダワー　3
ジョン・ダワーからベアテ・シロタ・ゴードンを偲ぶ会へ送られたメッセージ　5
プロローグ　再会——一九四五年一二月二四日　17
I　焦土の日本に帰る　27
II　父と母の町・ウィーン　69
III　乃木坂の家の日々　91
IV　大戦下のアメリカで暮らす　119
V　日本国憲法に「男女平等」を書く　155

Ⅵ　既婚女性とやりがいのある仕事　257
Ⅶ　新しい道　アジアとの文化交流　287
エピローグ　ケーディス大佐と日本を訪れて――一九九三年五月　347
ベアテさんとの出会い――あとがきにかえて　平岡磨紀子　355
母ベアテ・シロタ・ゴードンのこと
――文庫版によせて　ニコール・ゴードン　367
『1945年のクリスマス』以降のベアテさん
――文庫版出版にあたって　平岡磨紀子　381
参考文献　387
ベアテ・シロタ・ゴードン関連年譜　390
主な活動記録　395

1945年のクリスマス
日本国憲法に「男女平等」を書いた女性の自伝

プロローグ　再会——一九四五年一二月二四日

プロペラ機が高度を下げ始めた。

私はコンパクトを取り出し、鏡の中の自分を確かめた。ニューヨークを飛び立ってから丸二日以上も経っているのに、眼の下にクマはできていなかったし、肌もくすんでいない。私の眼は光を帯び、エネルギーに満ちていた。三〇人ばかりの軍用輸送機の乗客は、ほとんど軍人の男性ばかりだったが、この時の私を見た人は、恋をしている娘と思ったかもしれない。

私は、コンパクトの鏡の中の自分に向かって、恋人の名前をつぶやく代わりに、声を出さずに祈った。どうかパパとママに逢えますように。

私は、急いで口紅を引き、夏服から着替えたタートルネックのセーターの襟もとを見直した。

グアム島を飛び立ったプロペラ機は、B29と同じルートを八時間もかかって日本の海岸線に近づいていた。海のブルーと砂浜の境は、白い波のレースで縁取られていた。砂浜のむこうに人家と田が現われた。トランプのカードを敷きつめたような田畑は、日本人の几帳面な国民性そのもののように思われた。

帰ってきた……。五年ぶりに見る日本の風景に、私は鼻の奥がキュンと痛くなった。抹茶色の林、ねずみ色の瓦屋根、黄色の細い道。懐かしい私の育った日本が眼下に拡がっていた。

しかし田園風景をすぎると、風景は一変した。赤茶けた土の上に、焼け残ったビルと煙突が釘のように突き刺さっている。科学の本にある火星の挿絵みたいに爛《ただ》れ、その間を静脈のような川が流れていた。緑の色彩はなく、ぼろ布をかぶせたような地面が、ただただ拡がっていた。私は生まれてはじめて乗った飛行機から、皮肉にも、戦争に負けることはないといわれた「神国ニッポン」の変わり果てた姿を見ることになった。新聞の写真では知っていたが、肉眼で空から見るのとは全く違っていた。

多分そこは横浜だったろう。相模湾から厚木へはすぐなのに、プロペラ機は、乗客にアメリカの勝利の姿を印象づけるためか、わざと遠回りして低空で旋回しているようだった。その演出は、まさに効果的だった。

ここまでひどくやられてしまったのか……。私は、深く息を吸い込んだ。それからゆっくりと吐いた。

「こりゃ、すごいや」

「やってくれましたね」

機内の軍人たちは、口笛を吹いて窓に群がった。

彼らの無邪気さに、私は水を浴びせられたように気持ちが沈んだ。彼らと同じようにアメリカ国籍を持ち、連合軍総司令部ＧＨＱの職員として赴任してきているが、彼らとの違いを思い知らされた。私にとっての祖国は、家族のいる国だった。私はもう一度祈らずにはいられなかった。パパとママが無事でありますように。

飛行機は、横浜の上空から機首を厚木の基地に向けていた。

眼下に、プロペラ機が何機も羽根を拡げて憩っている。全部が米軍機だった。それは、まさに空を飛ぶことから解放されて休息している鉄の鳥だった。日本軍の飛行機は無かった。かつての日本海軍の特攻基地は、もとからアメリカの基地だったような顔をしている。白地に赤い十字の印をつけた飛行機が二機混じっていた。

飛行機がさらに高度を下げた。プロペラ機の間を何十台ものジープが走りまわり、鉄カブトの兵士の姿も見える。戦車が一台、プロペラ機の間に陣取っていた。機内の軍人たちは、皆申し合わせたように黙り、機内はエンジンの音で充たされた。

衝撃とともに、プロペラ機は着陸した。

一九四五年一二月二四日、私は、連合軍総司令部GHQの民間人要員の一人として日本に赴任した。冬の短い日差しが、西に傾いている時刻だった。

ニューヨークから西部の海軍基地サンディエゴに飛び、そこからハワイに飛んで一泊、翌日、太平洋の小さな島ジョンストン島に寄り、グアム島を経ての、三〇時間を越える長旅だった。

厚木基地には、今日がクリスマスイブであることを思い出させるものは何もなかった。銃を持った兵士たちの一団が入れ代わり立ち代わり現われ、ジープが走り、戦闘機や輸送機が離着陸を繰り返していた。

そこが、かつて日本最大の海軍航空隊基地であった証拠は、白い腕章を巻いた日本人が米軍の指揮に従って、アメリカ兵よりも活き活きしながら立ち働いていることだった。彼らは、服装からもと日本海軍の軍人であることが見てとれた。その中には、帽子や胸の飾りからして明らかに位の高い人も混じっていたようだったが、みんなきびきびした態度で、自分たちを打ち負かした勝者の下で働いていた。多分まだ、父母や妻の待つ故郷に帰ることを許されていなかったのだろう。

軍人の一人と視線があった。私は反射的に今までの習慣で下を向いた。しかし彼は深くおじぎをしたのだった。戦争前あれほど威張っていた軍人が、二二歳の私に頭を下げたのだった。その時、私は日本が本当に戦争に負けたことを実感した。

厚木には、もうちゃんとした入国管理や税関の事務所ができていた。日本には、勝利した側の国々からの人々も来ていたからだ。パスポートのチェックは、形式的なものだった。係の兵士は、パスポートの写真と私を見比べただけで、「オキュパイド・ジャパン」というスタンプを押し、「サンキュー」と言って返してくれた。私の生年月日も、誕生地がウィーンというところも、職業の欄も見なかった。もし職業欄を丹念に見ていたら、「これはどういう意味ですか?」と尋ねていたはずだ。

ワシントンでパスポートを申請した際に、職業欄に［調査のエキスパート］と書いたのに、国務省の役人は、［調査］の文字を抜かして［エキスパート］とだけ書いたのだ。

私は、すぐにジープに乗り込んで東京に向かった。荷物は、トランクが二つ。残りはニューヨークの友人のアパートに預かってもらっていた。

ジープは、師走の道を砂ぼこりをあげて走った。道路標識は、英語と日本語が書かれていた。

横浜市内に入ると、飛行機からは見えなかった空襲の激しさが、一二月の冬空の下で凍てついていた。ビルというビルは、煙でいぶされ、炎の痕跡をとどめていた。窓ガラスはみごとに無かった。しかし、ビルとビルの間の焼け跡は、耕されそこに畑が作られていた。

赤茶けた瓦礫《がれき》まじりの畝《うね》には、かぼそい葱《ねぎ》が緑をつけ、冬大根の葉が生きていることを主張していた。

東京に入った時は、夜になっていた。

私の胸は逸《はや》った。日本に戻れることが決まった時、私は両親に電報を打っていた。赤坂の家か、新橋の第一ホテルのロビーで待って欲しいと……。

銀座に着いた。新橋は目と鼻の先にあったが、ひとまず宿舎に荷物を置かなくてはならなかった。指定されていた米陸軍婦人部隊ＷＡＣ（Women's Army Corps）の宿舎は、銀座の近くの焼け残ったビルにあった。女性ばかりの六人部屋に荷物を置くと、待ってもらっていたジープに飛び乗った。

新橋の第一ホテルは、当時ＧＨＱの高級将校の宿舎になっていた。そんなことを知らなかった私は、勢いよくドアを押した。ロビーは暗かった。

カシミアのコートを着たママと、シルクのワイシャツのおしゃれなパパが、私の名前を呼んでくれるはずだった。しかし、ロビーには、二人の将校の他には誰もいなかった。私は諦めなかった。トイレまで探した。フロントで、年配の白人夫婦が来なかったかと聞いた。話をしていた将校は、私のただごとではない様子に興味を持って私を呼びとめた。彼らにとって私は、何か月ぶりかに見る若い西欧女性だったからだ。

「両親とここで会うことになっていたのです。ニューヨークから電報を打ってあったのですが……」

私の声は、すっかり上ずり、涙声になっていた。

「電報だって？　あなたは見渡す限りの焼け跡を見たでしょう。どこ宛に打ったのですか？　電報など届くはずがないじゃありませんか？」

将校の一人が、さもあきれたといった様子で言った。私が半泣きの顔になっているのを見て、もう一人が尋ねてくれた。

「ご両親の名前は？」

私は、両親の名前と、ピアニストという職業を告げながら、自分の体が鉛のように重くなっていくのを感じた。電報が届いていないのではないかなどと、一度も疑ったことはなかったのだ。日本が、戦争に負け、半身不随の国になっていることを改めて知らされた。

「レオ・シロタ？　そんなに有名人だったら探しやすいんじゃないか？」

そんな励ましの言葉も、耳に入らなかった。人の血を吸い込んだような赤茶けた瓦礫の山が私の頭の中に拡がっていた。どうすれば連絡がとれるのかしら？　こんな時は、深呼吸をして頭の中を整理しなさいと、ハイスクールで習ったことを思い出してはみたものの、溢《あふ》れる涙を止めようもなかった。

それでも倒れなかったのは、二か月前の一〇月中旬に、タイム誌の記者が軽井沢で両親に会っているという情報を得ていたからだ。両親が生きていることは、ほぼ間違いない。

私は、自分を励ました。

「レオ・シロタさんなら、私、知っています」

フロントの女性が寄ってきて、たどたどしい英語で声をかけた。

「父を知っているのですか？　どこで見たのですか！」

日本に来て初めての日本語が思わず口をついて出た。相手はびっくりして私の顔をのぞき込んだ。

「日本語、お上手ですね」

「どこで！　どこで見たんですか！」

「ピアニストのレオ・シロタさんなら、昨夜ＪＯＡＫ（東京中央放送局）のラジオで演奏を聴きました」

その瞬間、私の頭の中でファンファーレが鳴り響いた。テープ録音など無い時代なので生演奏に違いない。ＪＯＡＫに電話すると、今朝早く軽井沢に帰ったことがわかった。担当者は、親切に住所を教えてくれた。

「パパとママが生きている」

そのことを確認できただけでも充分だった。今まで靄《もや》のかかっていた頭の中がすっきりして、私はみるみる活力を取り戻した。自分が次に何をすべきかがすぐわかった。

両親と行き違いになるのを恐れて、私は軽井沢に電報を打った。「シンバシノ　ダイイ

チホテルデマツ　ベアテ」

フロントで電報を頼んだ。さっきの将校二人は、まだ同じテーブルにいた。

「君は、軍人?」

「アメリカの市民です」

「民間人なのに、よく日本に来られたね」

一人が言うと、もう一人がその答えを知っていると言わんばかりに横から口をはさんだ。

「通訳として来たんだろう。日本語が達者だものなあ」

私は、東京で少女時代を過ごしたので、日本語は普通にしゃべることができる。両親に逢いたかったばかりに、GHQに職を求めて、日本に帰ってきたのだと説明した。私は、あえて「帰ってきた」と言ったが、二人はその言葉に注意を払わなかった。ただ恰好の話し相手が現われたことだけで充分だったようだ。二二歳で、それほど不美人ではない私を彼らは、できるだけ引き留めておくために、ホットチョコレートを注文してくれた。

戦場から直接焼け跡の東京に来た彼らは、ニューヨークの話を聞きたがった。白い細かな泡のたつチョコレートは、今日がクリスマスであることを思い出させた。日本についたばかりの私は、そのチョコレートが貴重品だということをまだ知らなかった。

日本での長い、しかし充たされない第一日は終わった。

Ⅰ　焦土の日本に帰る

私の職場が、連合軍総司令部の民政局であることは、ワシントンでの手続きの時に知らされた。しかし、そこでどんな仕事をするかなどは、全くわかっていなかった。手続きがうまくいって日本に行けるというだけで有頂天になってしまい、ひょっとすると、説明を受けたのかもしれなかったが、頭の片隅にも残っていなかった。

民政局は、皇居前の第一生命ビルの六階にあった。この階には、最高司令官のダグラス・マッカーサー元帥の執務室もあって、GHQの頭脳といえるフロアだった。民間人であっても、軍の仕事につくわけだから、復命の手続きをしなければならない。初日、民政局行政部長のチャールズ・L・ケーディス大佐と面接をして、政党課に配属されることが決まった。

このわずか一か月後に日本国憲法の人権条項を書く運命になるのだが、そんな雰囲気はかけらもなかった。

政党課は、のちにくわしく説明するが、四七歳のピーター・K・ロウスト陸軍中佐と、民政局では最長老の五五歳の民間人のハリー・エマーソン・ワイルズ博士の二人で、それに二二歳の私が加わって僅か三人。年寄りのグループに若いしかも女性が仲間入りさせていただいたのだから、最初は随分とまどった。

民政局の仕事は、建て前としてはマッカーサー元帥を補佐して、連合軍の日本占領政策を立案、推進するという説明だったが、実際は、日本政府に次々と指令を出し、日本の軍国主義的組織を解体し、民主主義化しようという政策を推進する中心的な役割を果たしていた。

お正月まであと数日、しかも複雑な政治の仕事の進行中に赴任したのだったが、私としては、赴任の初日に言いにくいことを上司に申し出なければならなかった。軽井沢に電報を打ったので、午後に両親と逢う時間が欲しいこと、そして、そのあと三日くらいはお休みを頂きたかった。

日本語的に表現すると、あのー……と言ったあと、もじもじしながらといった雰囲気だが、そこはアメリカ人の世界だ。ロウスト中佐に、斯《か》く斯くかようしかじか……と事の次第を打ち明けた。アメリカ人の中でも〝浪花節〟が通じる人はいる。軍人といっても、アジア、オセアニアを実地調査して歩いている民族学者が本職のロウスト中佐は、二つ返事でオーケーをしてくれた。

私は、どうしても行かなければならない場所があった。どこへ行くにも、配車係にジープを頼むしかなかった。

バスにも電車にも、オフリミットという看板がぶらさげてあった。アメリカ人は乗るべからず、という意味である。つまり、日本の貧困をさらに深刻にさせるような行動は許されない、というわけなのだった。日本語が使える私にとっては、行動の自由をうばわれる封じ手のような気がしたが、それこそが敗戦日本の一つの姿だった。

ジープの運転手は、日本人だった。

「乃木坂へ行って下さい」

私が日本語で言ったので、運転手が急に元気になって話しかけてきた。

「日本語、どこで習ったのですか？」

「私、日本で育ったのです。五歳から一五歳まで東京でね」

「両親は、アメリカ人？」

「オーストリア人。正確にいうとロシア人なんだけど、私はウィーン生まれ」

「なぜ日本に来たのですか？」

「父は、音楽家なんです。レオ・シロタという有名なピアニストよ」

「音楽家の娘さんか……」

運転手は、私の日本語にすっかり安心したのか、次々と質問を浴びせてきたが、移り変わる一面焼け跡の風景に、だんだん無口にならざるを得なかった。こんなひどい痛手をこうむってまだ四か月しか経っていないのに、日比谷通りには電車が走っていた。

すれ違った電車はどれも超満員で、前や後ろのカウキャッチャー（排障器）にも人がいた。赤ん坊をおぶった若いお母さんが、ドアにぶら下がっているのを見た時、思わず「危ない！」と叫びそうになった。後れ毛が風に踊り、ねんねこからはみ出た赤ん坊の足は、しもやけで熟れた柿のように赤くなっていた。

ジープが国会議事堂の前を通りかかったとき、私は思わず車から身を乗り出した。議事堂の前はきれいに耕されて、何本もの畝が作られていた。赤土の上には、麦が芽を伸ばし野菜の葉が繁っていた。日本は、農業国なんだ。みんな生きる手だてを知っているんだ。私の知っている人たちも、どこかで鍬《くわ》を握って生きている。そんな実感が湧いてきた。しかし、赤坂の付近にきても、ビルはところどころ残っているものの、普通の民家は全く存在しなかった。見る影もなく変わり果てていた。少女時代の記憶と重なる風景を、見いだすことは不可能だった。私は焦った。

そんな赤茶けた大地の風景の中に、乃木神社の森の濃い緑を見つけた時、思わず歓声をあげてしまった。

「ここは無事だったんだわ。私の家はもうすぐです」

乃木坂でジープを降りた。二、三分も歩かないうちに立ち止まってしまった。風景が全く変わってしまっていた。赤坂の方から歩くと、乃木神社が右に見えてくる手前、乃木坂の中間で左に折れるのだが、目印になる家がなくなっていた。それでも私はあきらめなかった。

東京市赤坂区檜町十番地。

私は、家の番地をつぶやきながら、乃木坂を上がった。茶色の洋館建ての家、それが一〇年間私が住んだ家だった。だが、足が覚えている地点に家はなかった。隣のオペラ歌手の原信子の家も、中国領事の洋館も、白系ロシア人の家も、ドイツ人の家も消えていた。眼の前にあるのは、かつて家があった痕跡を留める四方形の敷石だけだった。見ているうちに私の目に、銅色の敷地がふくらみ、ゆがみ、やがて幕がかかって見えなくなった。涙が後から後からあふれでて、頬をつたわり、首にまで流れた。

家の跡だと判断できたのは、倒れた石の柱だった。石柱には、黒い炎の跡が残っていた。触れると、静かな冷たさが伝わってきた。戦争は、人の想い出までも葬り去っていた。

あの人の家は残っているかしら？　あの通学道は？　お店屋さんは？　私は、かすかな思い出を綴るために、ジープであたりを走り回った。そして、ようやく、ネッケトというドイツ人の歌の先生の家を見つけた。割れたガラスのドアを叩いた。

「ベアテ・シロタです」

私は、ドイツ語で大声でどなった。

白くぶよぶよにふくれたネッケトさんが、用心深そうにぬっと出てきた。私を見ると、彼女の澱《よど》んだ青い眼に、かすかな生気が甦った。

「多分ご両親は、軽井沢でしょう。戦争中、東京に住んでいた外国人は、枢軸国の人でも、みんな軽井沢に集められることになりましたからね」

彼女は、私がレオ・シロタの娘とわかると、懐かしそうに話したがったが、私は第一ホテルに何か連絡が入っているかもしれないのが、気になった。

「また来ます」と振り切ってジープに乗った。ネッケトさんは何年ぶりかでドイツ語を話したのかもしれなかった。

第一ホテルに連絡は来ていなかった。電報がついたかどうか、確認すらできない日本の郵便事情だった。

昨日の海軍将校が二人、同じところでしゃべっていた。高級将校宿舎の住人なのかもしれなかった。またニューヨークの話の続きになった。

私は、流行している音楽や映画の話をしながら、電報を受け取っているとしたら、どのくらいで両親が軽井沢から東京に出て来られるか、頭の中で時間を計算していた。信越本線の列車は、一日に数本しかないことも、それがダイヤ通りに運行されていないことも、うかつなことに調べていなかった。多分夜にしか着けないかも……。

二人の将校は、サービスのつもりか、東京湾に停泊している自分たちの軍艦に案内しようと言いだした。私は、誘われるままに、軍艦を訪ね、艦内を見学させてもらった。たくさんの水兵さんの敬礼に応えながら、戦争のお城を巡った。日本に向けて火を噴いたであろう大砲は、美しく手入れされて鉄のオブジェに変わっていた。汗くさいっぱいの若者の笑顔が、やっと獲得した平和を象徴していた。

不思議なもので、それほど重要でない事柄を五〇年経っても忘れていない。私はその時のセーターやスカートの色も明瞭に覚えている。二人の将校の顔は忘れてしまったが、服装や雰囲気は画像として残っている。若い日の記憶とは、そういうものらしい。

冬の一日は早い。五時半を回って第一ホテルに戻った。重心を失って体が浮遊しているような感じだったが、気持ちは落ちついていた。またもや失望させられるのではないかという恐れが、私の歩調を普段より遅くさせた。

父であることがわかるのに、わずかな時間のずれがあった。一七四センチの父は、見覚えのある古い黒のカシミアのコートを着ていたが、頰がそげ落ち、顔全体が繊維の多い野菜のように細く黒ずんでいた。

「ベアテ！」

声だけは、昔のままだった。父は私をしっかり抱きしめ、頰にキスをしてくれた。

「ママは？」

「病気でね。でも心配することはないんだ。栄養失調で起き上がれなくてね。大丈夫、お前の顔を見たらすぐ良くなるよ」

微笑すると、父の顔はさらに皺が深くなって、六〇歳の実際の年齢より、ずっと老人に見えた。しかしその眼は、やさしい光をおびて柔和だった。

私たちは、手を握りあったまま話をした。話さないといけないことがあまりにも多すぎた。お互いに、戦争中の苦労話もあったが、父はヨーロッパにいる自分の姉弟の安否を気づかっていた。実は、私たちシロタ家は、ロシア系のユダヤ人なのだ。その運命を気づかうのは私たちの民族の、戦後の挨拶であった。

父は、フランスやオーストリア、スイスにいる親戚の情報を全くつかんでいなかった。私は、自分の知っていることを、立て続けに報告することになった。父は五人姉弟、母の異母兄弟に至っては、一六人もいたから、私の報告は大変だった。

父の弟で、モーリス・シュヴァリエのマネージャーをしていた叔父は、フランスのヴィシーに住んでいたが、突然ナチスの警察に踏み込まれて、アウシュヴィッツ送りになったこと、とっさの機転で裏口から逃げた従姉のティナは助かったこと、父の甥のイゴールは、ノルマンディ作戦で戦死したこと、母の身内でスイスにいた者は無事だったが、オーストリアに住んでいた親戚は、みんなナチの強制収容所送りになったことを話した。収容所という言葉が出るたびに、父の皺は深くなった。父と私は、ヒトラーのユダヤ人迫害を、身内の死によって実感し、確認することになった。

話をしていると、ふっつりとシャンデリアの灯りが消えた。

「今日は、二回目の停電ね」

ロビーにいた誰かが言った。次に灯りがつくまで、闇の中で父の手を握っていた。「リストの再来」とまで言われた父の指は骨ばって、枯れ枝のようだった。それでも父の指から伝わってくる温かさが私を安心させてくれた。

四時間くらいしゃべりにしゃべったが、話は尽きなかった。私は、GHQの手続きが残っていたので、WACの宿舎に帰らなければならなかった。父は、戦災を免れた原宿の、弟子の金子茂子さんの家に泊めてもらうことになった。

翌日、父だけが先に軽井沢に戻った。私は事務手続きがあり、軽井沢に行けたのは、三日後だった。

軽井沢駅の裸電球は、周囲の雪景色をぼんやりと浮き上がらせていた。寒いというよりも、何千本もの針で突き刺されるような痛さを感じた。日本にいた時は、毎年夏に軽井沢に来ていたが、冬に来たのは初めてだった。

別荘の灯りが見えたとき、私は寒さを忘れ、「ママ」と叫びながら駆け出していた。

二階の部屋のドアを開けた。

木製のベッドに、眼の下に紫のクマを作り、白い水枕のような肉体をけだるそうに凭《もた》せかけている女性がいた。母だった。それでも、おしゃれな母は髪を束ねて、頭の上にお団子に結っていた。

「ママ!」

涙でつまって、その後は言葉にならなかった。

母は、小さな頃、私が怖い夢を見た時にあやしてくれたように、胸に顔を埋めている私の、髪や背中を撫でてくれた。「ベアテ」「ベアテ」「私のベアテ」。母は、何度も何度も私の名をよび、私の髪にキスした。

私は、母の懐かしい甘い香りを探そうとしたが、ヨーグルトのようなすえた匂いしかしなかった。その匂いで、母が病気なのだと、はっきり知った。極度の食糧不足、特に蛋白質の不足が、パパの体を骨と皮に痩せさせ、母を反対に太らせたのだった。

「ベアテ、あなたに見せたい物があるの。ちょっと肩をかして頂戴」

母は、ようやくのことでベッドから降り、私の肩につかまって隣の部屋に、私を導いた。書斎の机に、色鮮やかな包装紙に包んだ箱が積んであった。リボンのかかっているものもあって、まるで豪華な花束のようだった。

「これ全部、あなたの誕生日のプレゼントよ。戦争が始まってアメリカに送れなかった年からの分なのよ」

一九四一年、昭和一六年からの誕生日のプレゼント五年分だった。私は母を抱きしめた。涙が止まらなかった。

「ママはね、ベアテの誕生日のたびに、このプレゼントがお前に手渡せるようにお祈りしていたんだよ」

父はそう言って、私と母を背後から抱いた。

五年分のプレゼントは、ひとりぼっちで迎えたアメリカでの誕生日の淋しい思い出を吹き飛ばした。親子が、敵と味方の国に分かれた日々、先の見えない不安は、弾の飛んで来ないアメリカでの暮らしをも暗い毎日にしていた。

リボンを解くと、絹の羽織や真珠の首飾り、アメジストのブローチが出てきた。これらのプレゼントの品が、母の大切な宝石類と交換に手に入れられたものであることを、私はずっと後で知った。

私のお土産は、銀座四丁目の角にあったPX（米軍の関係者だけが購買を許された店）で買ったチョコレートバーと、WAC（米陸軍婦人部隊）の女友達から貰った缶詰とクッキーだった。

親子水入らずの夜のパーティは、ミルクティーが主役のささやかなものだった。母はこの日のために残しておいたと言って、とっておきのスキムミルクを出してきた。ティーカップの温かさをいつくしみながら、視線を合わせて微笑することが、メインディッシュだった。

話したいことはいっぱいあって、引っ越し荷物のように、どこから手をつけてよいかわからないほどだった。何しろ五年分が積もり積もっていた。が、こうして再会してみると、どの話題も今となっては、どうでもいいような話に思えてしまった。

突然学費が送られて来なくなって、どれほど慌てたか、不安だったか。学費を、生活費をかせぐために、どんなアルバイトをしたか。今度日本に帰ってくるのに、どれほど苦労したか、といった話は取るに足らないことだった。

両親も私に話したいことが山ほどあるはずだった。でも、そうした事柄よりも、今後のことを話し合わないといけなかった。

「ベアテ、今日は疲れただろう。今夜はぐっすりお休み。寒いから風邪をひかないようにね」

パパにそう言われると、長かったきょう一日の疲れが砂袋のように私の体にのしかかってきた。しかし、ベッドに入っても眠れなかった。神経が高ぶって、アルコールを飲みすぎた時のように冴えわたっていた。それにベッドは、まるで氷枕だった。私は脱いだセーターをもう一度着て、ズボンも靴下もはいたままベッドにもぐった。

「ベアテ、寒くない？」

歩けないはずのママが来て、毛糸のひざ掛けとパパのオーバーをかけてくれた。私は、海老のように丸くなり、昆虫のように手足をすり合わせた。

避暑用に建てられた家は隙間だらけで、師走の寒波が薄氷のように滑り込んでくる。私は、繭《まゆ》の中の蛹《さなぎ》のように縮んで、両親が軽井沢で過ごした生活を想像しようとした。しかしいつの間にか、睡魔が寒さから解放してくれていた。

GHQから貰っていた休暇は三日間だった。その間に、両親を軽井沢から東京に移さねばならなかった。軽井沢の寒さは、六〇歳のパパと、病身の五二歳のママにはあまりに過酷だった。パパも神経痛の兆候があった。ピアニストには致命的な病気だ。

翌日は、突然の引っ越し騒ぎになった。身の回りの荷物をまとめ、とりあえず脱出することにした。お正月を前にした、師走の慌ただしい時期だ。

行くあては無かった。お金さえ出せばと考えた東京のホテルは、焼け残ったものすべてを連合軍が接収しており、民間人が宿泊できるところなど存在しなかったのだ。空襲、敗戦、物資のなさ、すべてがアメリカから来たばかりの若い女性の頭脳の枠組みを越えていた。何もかもが戦争のもたらした結果なのだ。

私の宿舎は、WACから神田会館に移っていた。

病気の両親のために一室貰えないかと頼んだが、婦人宿舎だからという理由で許可がおりなかった。せめて、母親だけでも私と一緒の部屋に置いて欲しいとねばったが、「軍隊の施設に民間人は入れられない」とはねつけられた。

残された方法は、パパの生徒を頼ることだけだった。戦前、パパのもとに通っていた弟子たちは、裕福な家庭の子女が多かった。しかし、戦災はそういう人たちの消息すら断ち切ってしまっていた。そんな中で、連絡がついたのは、私が父と再会した日に泊めてもらうことになった原宿の金子茂子さんだけだった。彼女の家は、幸いにも焼け残っていて、部屋も貸してもらえることになった。何とか両親の落ち着く先は決定した。

医者探しは簡単だったが、診察を受けるとなると、そう簡単にはいかなかった。金子さんの紹介のお医者さまは、診察は二つ返事で引き受けてくれたが、診察料は食べ物と引き換えという条件がついていた。そのお医者さまも、お薬を手に入れるのに、食べ物を持っていくのだという話だった。

焼け野原の中で、日本人の総人口七一九九万人は例外なく飢えに飢えていた。食べ物にまつわる事件は、数限りなく発生していた。自分の畑から芋を盗んだ母娘をつかまえた電器商が、怒って二人を感電死させた事件。東京の裁判官が、闇の食糧を買わず、配給の食糧だけで生活していて栄養失調で死亡した事件。ジャガイモを二個盗んで三年の実刑が科された話などきりがない。

GHQの一員として、勝者側にいる私にとっても、食糧の入手は一筋縄ではいかない大問題だった。私自身は、婦人宿舎と総司令部の食堂で食べることになっていたので、困りはしなかったが、両親のために食糧を購入することは、できない相談だった。

軽井沢へお土産に持っていったのも、銀座四丁目にある米軍兵士専用の店PXで購入した、ハーシーのチョコレート七枚しかなかった。七枚というのは、一週間分として割り当てられる限度だった。ハーシーのチョコレートは、母の手に渡って数時間後には、少しの米と数個の卵に変貌していた。

お医者さまの話からつい脱線してしまったが、数日後に陸軍の軍医さんに診てもらうことで解決した。お薬はビタミン剤だった。それで、ママはみるみる良くなって、すぐにベッドを離れることができた。

三日間の休暇は、慌ただしく終わった。パパとママのレスキュウ作戦は、まずまずの戦果をあげた。

私は、靖国通りの近くにあった神田会館から歩いて、皇居のお濠端にある連合軍総司令部に通った。二五分はかかった。総司令部のおかれていた第一生命ビルは、おそらく東京で焼け残ったビルの中で、一番立派な建物だったように思う。

一階は、高い天井をアール・デコ調のデザインの太い柱が支える豪華なつくりで、正面の入り口から入ると、左手にエレベーターが二基ある。そのエレベーターで六階に上ると、左側に民政局の部屋があった。帝国劇場側に沿ったその部屋は、もともとはボールルームだったもので、六階と七階が吹き抜けになっていた。広さは、小さめの小学校の講堂くらい。民政局の中には、日本の国内政治を担当する部と、まだ独立国としての形が整っていなかった朝鮮を担当する部があって、四〇人ほどが働いていた。

国内政治を担当する部は、さらに細かく仕事が割り振られていた。やがてやってくる憲法改正などの作業のために、マイロ・ラウエル中佐が中心となって、政党や民間の研究会と連絡を取りながら調査をしていた法規課、後に憲法の前文を担当することになるアルフレッド・ハッシー海軍中佐は政務課、かつて下院議員だったガイ・スウォープ海軍中佐がリーダーだった行政課、財政のエキスパートだったフランク・リゾー大尉は経済の責任者、地方自治はセシル・ティルトン少佐が担当。いろいろ名称が変わるが、広報担当のオズボーン・ハウギ海軍中尉は、ジャーナリスト出身だった。組織編成は、しばしば変わったので記憶は不確かだが、かなり細分化されていた。

私の所属した人権に関する課は、その当時はまだ政党課といっていた。日本の民主政治の根本となる政党の調査と、民政局が全力をあげて推進していた公職追放の調査なども分担していた。

責任者のロウスト中佐は、一メートル八〇センチをこえる長身の持ち主だった。

「ベアテ、あなたは日本で一五歳まで育ったのですね。日本語が堪能とある」

上から回ってきた私の略歴を見ながら、ロウストさんが言うと、横からワイルズさんが、「そいつは頼もしいや。日本語の他に話せる言葉は?」と目を細めて尋ねた。

「両親がキエフ生まれですので、ロシア語。私はウィーン生まれですし、日本に来ても少女時代ドイツ語学校に通っていましたので、ドイツ語。フランス語は、特別に家庭教師について習いました。アメリカの大学ではスペイン語をやりました」

「こりゃスゴイ! 英語と日本語を入れると六か国語できるんだ。中佐、我々は才色兼備の言語学者を仲間に持つことができましたよ」

自分も慶応大学で教鞭をとっていたことのあるワイルズ博士は、首を振ってロウスト中佐をみた。私は、楽々と〝仲間入り〟の試験にパスしたのだ。「芸は身を助ける」という諺《ことわざ》があるが、私にとっては六か国語こそが身を助けることになったのだった。そして、そのとは、私にパパのような芸術的才能はないと見限って、語学を徹底的に叩き込もうとしたママのお陰なのだ。

「ベアテ、我々の仕事は、新しい民主主義の日本を建設するために、軍国主義時代に要職についていた人物を追放することなんだ。あなたは女性だから、女性の小さな団体を調べて該当する人を探し出して欲しい」

ロウスト中佐から与えられた最初の仕事だった。

私が入局した一二月の末は、「公職追放」の第一回調査を終了して、発表するばかりの時だった。したがって私は、その第二回の「公職追放」のリストの整備に着手したのだった。

第二次世界大戦が終わって五〇年、私の話を聞く世代が変わって、その頃はね……とかなりお話をはじめからしなくてはならなくなった。この本を読む方、特に日本女性に、私がGHQの職員として働いていたころの状況をかいつまんで説明しておこう。

私が民政局に赴任した時も、同じように初歩的なことを、ロウスト中佐、ワイルズ博士にしきりと尋ねた記憶がある。二人とも世界を渡り歩いたコスモポリタンで実に広い視野を持った人物なので、二二歳の私の無知さにあきれたはずだが、若い女性というのは、世の常として男性の過剰サービスを受ける立場にある。そうして得た知識が、ほとんど一か月後に始まる憲法草案の作業に、役立ったかもしれない。

マッカーサー元帥は、一九四五年八月三〇日、フィリピンのマニラから愛機バタアン号で沖縄経由で厚木に降り立った。その飛行機の中で、のちに民政局長となるコートニー・ホイットニー准将にこんな話をした。

「我輩は、日本に着いたら早速に、日本の民主化の仕事に着手するつもりだ。陸海軍を解体して古い軍国主義を一掃するのは、もちろん第一に手掛けなければならないが、これは君たち幕僚に任せて、日本改造に専念するつもりだ」

マッカーサー元帥は、飛行機の通路を行ったり来たりしながら、構想をねっていた。ホイットニーや、軍事秘書だったボナ・フェラーズ准将ら幕僚たちに取らせたとされるメモによると、婦人の地位の向上が、トップに出てきたという。

「日本の婦人の立場は、極めて低いことは、諸君も知っている通りだ。婦人に参政権を与えることは、日本人に民主主義とはこんなことだと示すのに最良のテーマだ。そして、速やかに行わなければいけないのは、政治犯の釈放、秘密警察の廃止、労働組合の奨励、農民の解放、教育の自由化、自由かつ責任ある新聞の育成……だ」

マッカーサーの口から矢継ぎ早に出た日本改造計画は、もちろん元帥一人の頭から出てきたものではない。のちに九月二二日に正式に「降伏後における米国の初期対日方針」（SWNCC一五〇／四）として公表され、民政局にも重要資料としてファイリングされていた指令とほぼ同じ内容だ。いずれにしても、日本の占領プランは、GHQ幹部が日本に来る前の飛行機で、すでに会議がはじまっていたことになる。

ホイットニー准将はマッカーサーの大のお気に入りで、GHQでも毎日夕方になると、元帥の執務室に入り込んでは一時間も二時間も話し込んでいた人だ。そのホイットニー准将が、お茶の時間に話してくれたことだから、間違いない。

ホイットニー准将は、終戦直後にマッカーサー元帥と一緒に日本に来たが、すぐフィリピンにとんぼ返りして、民政局長としてGHQに戻ってきたのは一二月一五日だった。つまり、私が赴任する一〇日ほど前だったが、すでにやり手という前評判をとっていたホイットニー准将は、二四日のクリスマスイブの日（ご存じのように、私が厚木に到着した日だ）に、全員を招集して演説をぶった。

「元帥は私にこう言った。日本占領は、アメリカの外交史上最大のでき事で、民政局はその占領行政の大黒柱だ。民政局の仕事が成功するか失敗するかは、アメリカにとっても、日本にとっても重大な意味を持つ。つまり、我々の責務は重大だ。私は、諸君の助けを必要としている。雑談でもいいからいつでも立ち寄ってくれたまえ」

すべてに秘密主義だった前任者のウィリアム・クリスト准将とは対照的なデビューだったという。情熱的で、しかしソフトな語り口で、わかりやすく話を運ぶホイットニー准将は、女性の目からみると、年齢よりも（たぶん四九歳だったはず）頭が薄くハンサムではない、ちょっとパスしたい人。しかし、頭の切れる卓抜した指導力は、マッカーサーが懐刀としただけのことはある。私は、就任二度目の演説を大晦日に聞いた。

「諸君は、今民政局で作成される日本政府に対する指令案のすべてに精通してもらいたい。諸君の発言を願いたい。たとえ階級の低い将校でも、私を含めた上級将校に意見を述べて欲しい。『将軍、あの指令案は馬鹿げています。こんなものにマッカーサー元帥の承認を求めることは、気が狂っています』と言う人物が現われるのを待っている」

文字にすると、実にかっこよく聞こえるが、私のような新入りの下っぱには、やはりホイットニー准将は雲の上の人でしかなかった。

この時は、確か私の上司のロウスト中佐と、のちに憲法草案の時の中心人物の一人、ラウエル中佐との間で、選挙法についての意見を闘わす話があったように記憶している。その討論は、正月の二日に行われたが、GHQの仕事は、こんな具合で大晦日も正月もなかった。実際、GHQではこの一二月半ばまで、日本政治の再編成をどうするかの方針は決まっていなかった。前任のクリスト准将は、直接的に手を下す煩雑な方法を考えていたが、思うように進んでいなかったのだ。すべてはホイットニー准将が着任した後に動き出したと言ってもよかった。私が着任したのはそういう時期だったから、一からの勉強でも追いつけたのかもしれない。

あとでわかったことだが、ホイットニー准将の役割は大きかった。

「今日大砲は沈黙している。一大悲劇は終わった……」の名文句で始まる、九月二日の戦艦ミズーリ号の艦上で行われた降伏調印式のマッカーサー元帥の演説草稿も、ホイットニー准将の作文だ。その中核になる部分に日本国憲法の前文に似た文言が出てくる。

「この厳粛なる機会に、過去の流血と殺戮の中から、信仰と理解に基礎づけられた世界、人間の尊厳とその抱懐する希望のために捧げられたより良き世界が、自由と寛容と正義のために生まれ出んことは、予の熱望するところであり、また全人類の願いである」

日本国憲法が、誰の頭脳から出たかのヒントになるので、記憶しておいて欲しい。

GHQは、この降伏の調印の日をきっかけに、矢継ぎ早に日本政府に指令を出す。

九月一〇日　言論の自由に関する覚書
九月一一日　東条元首相らA級戦犯容疑者三九人の逮捕
九月二九日　検閲制度の廃止
一〇月四日　人権の確立。治安維持法の撤廃。政治犯の釈放
一〇月一一日　婦人の解放と参政権の授与
　労働組合組織化の奨励と児童労働の廃止
　学校教育の自由化
　秘密警察制度と思想統制の廃止
　経済の集中排除と経済制度の民主化
一一月六日　財閥解体指令
一一月一八日　天皇の資産凍結
一二月九日　農地の小作人への分配（農地解放指令）
一二月一五日　国家神道の廃止

そして、日本政府をゆるがす一九四六年一月四日の「公職追放」へと繋がっていく。

GHQ――日本の人たちは、マッカーサー司令部と呼んでいたが、彼らにとって、どれもが青天の霹靂《へきれき》のような改革指令を、次々と出してくる新しい支配者が、天皇よりさらに強力な独裁者に見えたのかもしれない。

一〇月二日にGHQ／SCAPは、八つの幕僚部を持ってスタートした。その組織は、日本政府の頭に、もうひとつ命令を下す構造がくっついたと考えれば、理解しやすいかもしれない。その中で、私の所属した民政局 Government Section、経済科学局 Economic & Scientific Section、民間情報教育局 Civil Information & Education Section などが中枢で、最終的には一四部局まで拡大するが、私のいた四六年の一月段階では、一一部局があった。

さて、私の仕事の「公職追放」は、第一回の作業は終わっていた。マッカーサー元帥の、お正月くらいゆっくりさせてあげようという考えで、一月四日発表された。

追放というのは、一九四五年の一一月三日に、ワシントンの統合参謀本部からマッカーサー元帥に届いていた「初期の基本指令」（日本占領および管理のための連合軍最高司令官に対する降伏後における初期の基本指令　JCS一三八〇／一五）に基づくもので、公職追放に該当する人たちは、ほとんど日本全国、日本のすべての組織と言っていいほど広範囲にわたっていた。

「日本の侵略計画を作成し実行する上で、行政、財政、経済その他の重要問題に、積極的な役割を果たしたすべての人々および大政翼賛会、大日本政治会とその機関、並びにこれを引き継いだ団体の重要人物はすべて拘置し、今後の措置を待つべきこと……また、〔総司令官は〕高い責任地位から誰を追放するかを決定する最終責任を与えられる……更に一九三七年以来、金融、商工業、農業部門で高い責任の地位にあった人々も、軍国的ナショナリズムや侵略主義の主唱者とみなしてよろしい」（訳文は住本利男『占領秘録』より）

私は、公職追放に関して、政党や女性の政治団体に関する本や報告を読むばかりではなく、それらの団体の事務所にも足を運んで、その実態をつかもうとした。事務所のあるビルは、大半は空襲で焼けていた。奇跡的に残ったビルの一室を訪ねてみても、そこには全く関係のない家族が住んでいたりしたが、それでも、報告からは窺い知れない情報を得ることができた。

窓がひとつしかない狭い板の間に、本箱と粗末な机だけの、事務所とは名ばかりのものがあったり、窓ガラスこそ割れているものの、絨毯が敷きつめられたサロンのような事務所もあった。それらの空間は、暗い時代に抵抗しようとした女性たちの爪あとや、時代に取り組んで生きた女たちのしたたかさを浮かびあがらせていた。住人がいなくても、壁にかかった服から、その部屋の住人が想像できるのに似ている。私は戻ってこない住人のその後を想った。

日本人というのは、本質的に封建的な民族だと私は思う。権力者の命令ならば、たとえ気が進まなくとも実行する。戦争の末期に、特攻隊の志願者を募った時、そのほとんどの若者は死にたくなかったのが本音だったと思う。でも、一歩前に出る勇気よりも、一歩前に出ない勇気の方が日本では難しいのだ。また、日本の道徳は、犠牲的精神を発揮する人物を、必要以上に美化する。その中にヒロイズムを感じる人も、他の民族より多いように思う。日本人に人権という概念を話しても通じない。わがままとか、個人主義とかいう悪意のあることばに置きかえられてしまうからだ。

「この調査報告書は、とてもわかりやすい。箇条書きにしたのも、うまい方法だね」

報告書は、上司に高い評価を受けた。ロウスト中佐は、目尻に皺をよせて微笑んで褒めてくれた。オランダ生まれの中佐は、戦争に駆り出される前は、インドでカースト制度を研究していた民族学者だった。肉類は一切口にしないのに、なぜかふくよかな体格をしていた。「ベジタリアンは、気むずかしい」と、民政局のメンバーは敬遠したが、私は親近感を持っていた。

大きな理由のひとつは、ロウスト中佐の奥さんが、美人で優秀な軍人だったからだ。GHQでは珍しく、夫婦で日本に駐屯していた。親子ほど年齢が違う夫人は、カーキ色の制服をきれいに着こなし、いつもヒールの音をさっそうと響かせていた。あんなかっこうの良い人と結婚している中佐も、きっと優しくて素敵なところがあるに違いないと思った。

もうひとつの理由は、質問好きの私の好奇心を一二〇パーセント満足させてくれる知性だ。博士号を持っているので、ドクター・ロウストと呼ぶ方がふさわしい。民族学者だったから、いろんな国に行っており、中近東やインド、東南アジアの国々の暮らしや食べ物、結婚式の様子やその時の持参金の話など、まるで蚕が口から糸を出すように話してくれた。ワイルズ博士は、ロウスト中佐より風変わりな人物だった。ふくよかに太っていて、悪くたとえると爬虫類的不気味さを持ち合わせていたが、中味は優れた経済学者だった。戦前の日本のことをよく研究していて、日本語こそ上手とは言えなかったが、おそらく民政局員の中では、一番の日本通だったろう。一九二四年から二五年にかけて慶応大学で講義をしていたということだった。彼は、GHQ時代の思い出を『東京旋風』（時事通信社　一九五四年）に書いている。五五歳のこの学者は、皮肉屋だったが、私にはその皮肉の言葉は飛んでこなかった。三〇もの年齢差と、私の日本語に一目置いてくれていたからかもしれない。

私たちは、奇妙な年齢構成のトリオだったが、それがプラスに働いて、仕事は和気あいあいだった。

一九四五年の三月から日本に来る直前まで勤めていたタイム誌の編集室に比べると雲泥の差、天の星と地のミミズのそれだった。私は二二歳だったが、きちんとスタッフとして扱われた。そのことが私の自尊心をくすぐり、職場に来ると、両親が栄養失調であることも、一家で住む家を探すことも忘れて仕事に没頭できた。

私たちのトリオだけではなく、民政局は、軍服こそ着ていたが、弁護士や学者、政治家、ジャーナリストといった知識人の集団だった。

マッカーサー元帥の信任があつく、書体まで似ていたという元帥の信奉者だったホイットニー民政局長は、コロンビア・ナショナル・ロー・スクール出身の弁護士で、法学博士だった。のちに民政局次長になるチャールズ・L・ケーディス大佐も、ハーバードのロー・スクール出身の弁護士。ラウエル中佐、ハッシー海軍中佐も弁護士で法学博士の学位を持っている。フランク・ヘイズ中佐も弁護士、スウォープ中佐は、プエルトリコ総督で元下院議員。サイラス・ピーク博士は、コロンビア大学助教授、ティルトン少佐は、ハワイ、コネチカット大学教授とそうそうたる顔ぶれだ。各人の風貌、経歴などについては後にまた書くことがあるだろう。

民政局のメンバーの多くが、かつてルーズベルト大統領が大恐慌克服のために諸改革を行った、かの〈ニューディール政策〉の信奉者で、ニューディーラーを自任していた。彼らは、アメリカで果たせなかった改革の夢を、焼け野原の日本で実現させたいという情熱を持っていた。

軍服を着た法律家や教授たちは、物腰もソフトで、どこまでも紳士だった。のちに憲法草案に携わるのは、その内の二五人だが、その中に女性は私も含めて六人いた。その女性たちに一番人気の高かったのは、ケーディス大佐だった。

ケーディス大佐は、ルーツはスペインのフランス国境近くの町だが、私と同じユダヤ民族の血を持っていた。四〇歳のまさに男ざかりで、シャープな頭脳と冷たい印象を与えるほど整った容貌の持ち主だったが、意外なほど大胆不敵な一面も持っていた。

第二次大戦中は、ヨーロッパ戦線に参加し、終戦をフランスで迎える。日本へ行きたくて、病気の上官のカバン持ちになりすまして沖縄まで来たのだと聞かされた。

「フランスでドンパチやっていた頃、戦車である村の教会に着いたんだ。すっかり疲労困《こん》憊《ぱい》していてぐっすりと眠ってしまった。翌朝、シスターにここはどこですか？　と聞くと、ルクセンブルクだと言うんだ。フランスを越えてルクセンブルクまで来てしまったのか、こりゃ司令部に報告していないから、大目玉を食うとガックリしていたら、シスターがびっくりして、〝ここはルクセンブルク村ですよ〟と微笑したんだ。あの笑顔は忘れられないね」

ケーディス大佐の話は、こんな風にウイットに富んでいて、女性の気をそらさない魅力にあふれていた。笑うと端整な容貌がなごんで、目尻に細かい皺ができ、ひとなつこい表情になった。私たちに仕事上の注意を与える時も、丁寧な言葉で、説明の仕方も抜群に上手だから、簡単なことまでのこのこ聞きに行ったりした。記憶力抜群で、仕事のさばきや人づかいもうまかった。その頃、ケーディス大佐は、鳥尾子爵夫人ととかくの噂があったが、そのことが汚点になるような人ではなかった。公職追放についても、私と同じ立場だったが、彼は本当に日本のことを考えていたと今でも思っている。

民政局の彼の机のそばには、漢字で「民主主義」と書いた掛軸がかけられ、戦時中に特高警察が拷問に使ったという竹刀《しない》が飾られていた。

私は、大佐に親近感を持っていたけれど、竹刀が飾られているのは好きではなかった。少女時代の一〇年間を日本で育った私は、特高警察の拷問の恐ろしさを、どれほど周囲から叩き込まれたかしれなかったからだ。その竹刀は、日本の権力者の暴虐の象徴だったのだ。

民政局の仕事は、まさに異文化との接触だった。アメリカが日本の占領を始めて四か月が経過していたが、すべてがうまくいっているという感じではなかった。しかし、マッカーサー元帥は、多分はじめは、戦争に負けた日本人があんなに従順だとは想像しなかっただろうと思う。

私ですら、これは驚きだった。占領軍の最初の仕事は、抵抗する日本軍と戦って、反乱する軍人たちが完全にいなくなった上で、いろいろな民主化政策を展開する計画だったと思う。実際、ニューヨークで聞いたニュースでは、あの八月一五日には、天皇陛下の決定に背いて、皇居の周辺や私が降り立った厚木飛行場で、血気に逸る若い軍人たちがクーデターを起こしたことを伝えた。これは、日本に着いてから聞いた話だが、失敗した人たちは、皇居前で切腹したというのだ。

もっと酷い話は、八月一五日の戦争が終わった日の夕方、九州の鹿屋《かのや》飛行場から特攻隊の飛行機が飛び立ったという。もちろん一人も帰らなかった。その人たちには、お母さんも、奥さんや子供さんもいたかもしれないのに……。

でもそうした日本人の忠誠心と行動は、私には理解できるものだった。また、あとで触れることになるが、あの乃木坂に住んでいたころに、雪の日に起こった二・二六事件を実際に見ていたからだ。日本人は本当に優しいのに、集団になるとどういう訳か過激になってしまう。

その頃、食糧が底をついていたせいもあったが、労働組合運動もかなり激しくなっていて、デモも一万人とか二万人も集まった。日本人は右翼から一挙に左翼に変身してしまった感じがした。とにかく極端で、謎めいていて、何を仕出かすかわからないというのが、日本を知らないアメリカ人の日本人観といってよかった。

民政局の人たちは、ホイットニー准将以下三〇人くらいいたが、軍人の階級章はつけていても、大学の教授クラスの人ばかりだったから、ちょっと時間ができると、日本の歴史とか、日本文化とか、日本人の民族性というような雑談がでた。外の人たちに接触する度に、こんなことに驚いたという土産話が話題の中心になった。その時に、質問されては説明する役割が、慶応大学で二年ほど教壇に立ったことのあるワイルズさんと私だった。私の娘時代の経験が、占領政策にずいぶん役に立つものだということがわかったのは、あとになってからだが、私の話に一生懸命に耳を傾ける人たちの前で話すのは気持ちがよかった。

日本人が意外に従順だったことで、日本の占領政策は、アメリカにとって嬉しい誤算で始まったように思う。当初は軍事占領した連合軍の直接の軍政で行われるはずだったが、たしかマッカーサーが日本に到着する前後に、日本政府を通じての間接占領に変わった。これは、日本の占領政策を決めたアメリカの国務陸海三省調整委員会のSWNCC一五〇という文書の内容が変更になっていることでわかる。興味のある人は、SWNCC一五〇とSWNCC一五〇／三、一五〇／四という文書を調べることをお勧めする。

実際に一九四五年の八月末に、相模湾に上陸した軍隊は、空を覆うばかりの飛行機と海を埋める凄い数の軍艦を従えてものものしく上陸したにもかかわらず、抵抗が全く無かったのに拍子抜けしたという。それでも占領軍は、日本の残っている戦力に疑いを持って、まず第一にしたことは、新聞や放送、映画、出版物、郵便物の検閲だった。この検閲は、GHQの参謀第二部G2の下に検閲支体CCDという組織が受け持っていて、占領開始から数年間は、数万人を動員して手紙などをチェックした。反乱などにいかに気を配ったかのよい例だと思う。

つまり、民政局の仕事は、占領初期には少し戦闘があるだろうからその間に準備をして進めればいいと考えていたのに、その戦闘が無かったものだから、政策の実施を急がなければならなくなった状態にあったわけだ。

一九四五年時点での連合軍総司令部の仕事は、おおざっぱに言うと、日本の軍事的な力を破壊して再び軍国主義化しないようにすることと、日本を民主主義国家として世界に通用する国に作り変えることの二つであった。民政局は、その後者の仕事をとりしきる立場にあった。そのためには、どうしても日本に対する基礎知識が必要だった。ちょっと時間があると日本文化論に花が咲いた。

そんな雰囲気だったから、民政局の仕事がとても面白くて私はすぐに夢中になってしまった。タイプライターのリズミカルな音につられ、いつも一段落して顔を上げると時計の針は五時を指していた。

仕事が終わると、女性だけの宿舎にあてられた神田会館にひとまず帰った。若いからお腹がすいたからだ。夕食は、会館でとる規則になっていた。しかし、神田会館に帰る途中に難関があった。GHQの近くに散在する軍人たちの宿舎の下を通らねばならなかったからだ。冬だというのに、窓という窓が開かれ、口笛がまるで夕立のように降ってくる。

当時、日本に駐留していたアメリカ兵は二〇万人という統計がある。女性は、その内六〇人だった。三〇〇〇分の一の希少価値があった。私は、西洋女性という天然記念物だった。口笛を吹かれるだけではなく、私を待ち構えて臆面もなく手紙を渡す男性もいた。すると口笛はさらに激しくなって、私は男性の視線の中で裸にされるようにさえ感じた。

土曜日は、デートの申込みが殺到した。でも気持ちが沸き立つことはなかった。人生の一過性の嵐の時期ととらえるほど、私は冷静だった。自分のことを理解して受け入れてくれる男性なのか、ただ単に米国女性だということだけでデートを申し込む男性なのか見極めることはむずかしかった。

しかし私も年頃の娘だったので誘われると悪い気持ちはしなかった。デートすればチョコレートを買ってもらうことができたからだ。アメリカではデートの時男性が女性にプレゼントをする習慣があった。

私は、デートの度に銀座のPXに行って、ハーシーのチョコレートを買ってもらった。

「そんなにチョコが好きなら、どうして食べないの?」

デートの相手の質問は、いつも決まっていた。

「今はおなかがいっぱいだから……。夜、本を読みながら食べるのが、私の好きなやり方なの」

しかしひとりだけ別の質問をした男性がいた。

「この間もチョコを買ったね。君はそれを誰かに売って、お金にする必要があるんじゃないの？」

海軍のブラウン中尉は、私がチョコバーを大事にバッグにしまい込むのを見て言った。

「ゴメンナサイ。両親が病気だからこれを卵やバターに換えてもらうの……」

「栄養失調なんだね。戦争中日本にいた外国人は、大変だったと聞いているよ」

二五歳の彼は、ある日自分の持っているPXの食糧チケットを全部差し出して与えようとした。私は断ったが、彼は承知しなかった。私の中で梅の蕾《つぼみ》が膨らんだ。

次の週の土曜、ブラウンから電話がかかった。

「今日は、五時半に第一生命ビルの前で会おう。ジープで迎えに行くよ。ドライブするんだ！」

受話器の向こうの声は弾んでいた。私は約束通り、衛兵のうさんくさそうな目つきに耐えながら待っていた。約束の時間に彼は、小型トラックを運転してきた。ジープより一回り大きいスリークォーターと呼ばれる幅広いトラックだったが、ハンドルを握る彼の表情は、いつもと全く違っていた。何かぎこちなくて、他人行儀だった。上官にイヤなことを言われたのかもしれないと思ったので、私は普段通りにしていた。

彼はろくに私の方を見ないで言った。

「あなたのご両親を紹介してもらいたいんだ」

私たちは、まだ三回しか会っていないのに、両親を紹介するのは少し早すぎるように思えたが、ブラウン中尉の真剣な横顔を見て承諾した。

小型トラックは、両親が間借りしている原宿に向かった。その間、私が語りかけても、彼はうわの空だった。私は、彼がトラックの運転に慣れていないので緊張しているのだと思おうとした。

スリークォーターのバックミラーに、大きな軍用トラックが迫ってきた。彼は、スピードはそのままに保っていたが、頰の肉は痙攣《けいれん》していた。トラックの兵士は、私たち二人を見てニヤリとして追い抜いて行った。その途端ブラウンは、大きなため息をついた。

原宿の交差点まで来ると、こんどは三人のMP（憲兵）がたむろしていた。ブラウン中尉の顔色がさっと変わった。目の下の筋肉がひくひくと動き、真冬だというのに額に汗がいっぱいだ。私は喉まで出かかった質問をこらえた。こんな時、日本の女性は相手を察して、何も言わないだろうと思った。

両親が間借りしている金子邸に小型トラックがたどりついた時、ブラウン中尉の顔に赤みがさした。母は、父親の肩を借りて出てきた。ブラウンは、スリークォーターの後方の席にかけたシートを、まるで闘牛士がマントをひるがえすようにめくり上げた。

「海軍の食糧は、そんなにうまくないですが、少し缶詰を持って来ました」

木箱四つに、干し肉と缶詰とバター、ジャム、サケやサーディン、チョコレートまで、ぎっしり詰まっていた。遅れてやってきたサンタクロースの贈り物に両親は歓声をあげた。

私は、「ブラウン中尉……」と言ったまま声が出なかった。母は中に入っていたラックスの石鹸サンタの木箱の中味は、食べ物だけではなかった。母は中に入っていたラックスの石鹸の香りに気づいて目を細めた。

「化粧石鹸がなくて、ずっと洗濯石鹸を使っていたのよ。特有の妙なにおいがする石鹸でね」

いくら米軍が豊かな食糧を備蓄しているといっても、一士官が簡単に手に入れることなどとても不可能な時代だ。彼がどうしてこの大量の食糧を手に入れたかは、容易に推測できた。

「心配しないで下さい。この缶詰は賞味期限の切れているもので、海に捨てるように命令されていた物なのです。海軍は、日本の上陸作戦用にずいぶん食糧を運んできたのです。それがいらなくなりましたからね。でも捨てるのはもったいないと思ったから持ってきたのです」

ブラウン中尉は、私たちの心配を払いのけるために言ったが、石鹸まで廃棄処分になっていたとは思えない。両親の素朴な喜びを見ながら、もしあの時MPに見つかっていれば、私も軍法会議にかけられていたかと思うと、ぞっとして、冷や汗が脇の下に滲《にじ》んだ。

この横領（?）の食糧のお陰で、白くむくんでいた母の体型はひきしまり、鶏ガラのようだった父の体は昔に戻った。

しかし、私たちの恋の方は、そんなにうまくいかなかった。海軍のブラウン中尉の舞台は海だった。戦車を陸地まで運ぶ輸送船LSTに乗っていた彼は、まもなく次の航海の命令が下りた。行き先は呉《くれ》だった。私たちは、幾度か手紙を交わし、電話もかけた。が、離れてみると若い私にとっては、遠い存在になった。いくらいい服でも、冬に夏のワンピースを買いたいと思わないのに似ていた。

私の周囲は、刺激に溢れていた。毎日何か変わったことが起きた。世の中を変える事件は、私がいる第一生命ビルから発せられた。私がやがて関わる憲法草案や、女性の権利に関わることもあったので、時間はすこし前後するが書いておくことにする。

一二月一六日に、開戦前の首相で戦後の東久邇宮《ひがしくにのみや》内閣の国務大臣をつとめた近衛文麿公爵が服毒自殺している。この近衛公爵は、一〇月のはじめマッカーサー元帥から日本の憲法の改正草案をつくるよう示唆を受けて、天皇側近の内大臣府を中心に、京都大学の佐々木惣一博士ら憲法の専門家を集めて憲法草案の作成にかかっていた。作業は、箱根で行われていたが、アメリカのニューヨーク・ヘラルド・トリビューンや、ニューヨーク・タイムズに、「戦争に加担した張本人に憲法を書かせるという馬鹿げたことが、東京で行われている」と書かれた。困ったマッカーサー元帥は一一月のある日、「日本政府の国務大臣としての近衛に指令したのであって、近衛個人に依頼したわけではない」と、まあ簡単に言えば梯子《はしご》を外してしまっていた。その上、一二月六日、A級戦犯の容疑で逮捕状が出されていた。戦争開始時の首相だった東条英機大将らは、九月に逮捕され巣鴨に拘置されていたが、この時は、さらに九人の追加逮捕を指令したのだった。

日本の華族には、天皇家の側近に、堂上華族とよばれる京都からの長い歴史をもった家柄がある。近衛はその中の五摂家の筆頭、近衛家のプリンスだった。彼は、逮捕されるより、名誉ある自らの死を選んだのだった。

その翌日の一七日には、衆議院議員選挙法改正が公布され、婦人参政権が実現している。民主主義とは、こんなことだということを具体的に示すのに、女性の地位を向上させることくらいわかりやすい変化はない。

この公布のことを知った時、私は雲の上の元帥が地上に降り立った感じを持った。いつもマッカーサー元帥の姿を見かけると、視線を合わさないために柱の陰に隠れていた私だったが、今まで日本の女性が、政治的にも社会的にも、不平等な地位に置かれ、家の中に閉じ込められていたことが、これで少しは改善されると思った。

しかし、この婦人参政権を得るために、日本の女性たちが家を焼かれ、夫や息子を奪われ、空腹と闘わねばならなかったのだとしたら、なんと大きな代価を支払わされたことだろう。焼け跡のバラックや壕舎生活をする当の女性たちは、このことに何の関心も払っていなさそうに見えた。ほとんどの女性が日々生きていくことに精いっぱいの日本では、それは無理もないことだった。

そういう私自身、実は一度も選挙の投票を経験していなかった。私は、婦人参政権のことを両親に話さなくてはならないと思った。

ある日、その話をしようと思い原宿の両親を訪ねた。庭先で、防空頭巾をかぶった女性が、七輪に鍋をのせて炊きものをしていた。昔の火事装束からヒントを得たこの頭巾は、戦争中は火の粉や、爆弾の破片、爆風で飛び散るガラス片などを防ぐために使用され、中に綿が入っていた。いわば和製ヘルメットで、戦後も冬は防寒帽として使われていた。

紅のメリンスの防空頭巾をかぶった女性は、背中に子供をおぶっていた。子供も同じ頭巾をかぶっている。女性は私の気配に顔をあげた。

「ベアテお嬢さん」

乃木坂の家で、八年もお手伝いをしていた沢辺美代（旧姓小柴美代）さんだった。

「ミヨさん！　美代さん！」

私は美代さんに抱きついた。

「よくここがわかったね」

「探しましたよ。軽井沢の別荘に行って聞いたんですよ」

「軽井沢まで……」

「戦争中、先生たちのことが気になってね。食べ物に困っていらっしゃると思って、何か持って行こうとしたんだけど、憲兵が見張っていたからね。申し訳なく思っています」

美代さんは泣きだした。泣くのも笑うのも、人一倍おおきな彼女の声に、両親が家から出てきた。

「美代さん、わかっているわよ」

母が言った。

「ベアテお嬢さん、ちょっと待っていて下さいよ。今、ごはんを炊いていますからね」

美代さんは、背中で負われて足をばたつかせている子供をゆすりながら、七輪から鍋をずらして火の加減をみた。沼津の実家から持ってきた一夜干しの小魚を皿に盛って昔通りてきぱきと食事の支度をする。モンペ姿の彼女は、身なりこそ質素だったが、堂々として落ち着いていた。

「美代さんが生きていて良かった」

私が言うと、

「生きていたのが幸せなのか、死んだ方が幸せなのかわかりませんよ。だってどうして生きていけばよいのか、わからんもの……」

美代さんは、手だけは休めずに言った。

「でも、生きていることは、良いことよ」

美代さんが持って来た米が炊きあがった。当時のごはんは、何もまぜずにお米だけを炊くことは、めったになかった。芋をまぜるのは普通だったし、大根や野菜を入れてかさを増やした。大体ご飯にすることはなくて、水を多くして雑炊にするのが一般家庭のいわゆる〝ごはん〟というものだ。美代さんの話では、貧困の極限にある暮らしを、主婦の工夫で何とかしのいでいるという。

炊きあがったご飯は、正真正銘の〝銀シャリ〟だった。母は、ブラウン中尉が持ってきてくれたバターを出し、あつあつのご飯にのせた。

「懐かしいバターの香り」

立ちのぼる湯気をかぎながら美代さんは、首を振った。父は、ひと口たべるたびに、オーオーと言って頷《うなず》いた。

「ミス・キヨラインを思い出すわね。あの人炊きたてのご飯に、いつもバターをのせていたでしょう」

母は、スプーンでご飯を掬《すく》いながら言った。ミス・キヨラインは、日本での私の家庭教師だった。

母のひと言が、私を一六年前の少女時代に連れ戻した。芋の入っていないほかほかご飯ににじんだ、バターの黄色とその香りのように、思い出は鮮明に甦った。思い出は次の思い出へと繋がっていった。

II　父と母の町・ウィーン

「もう二度と、こんなに長く留守にしないでね」

母の声は震えていた。母は両手に包んだ父の右手に口づけをしながら言ったのだった。父が、ピアニストのエゴン・ペトリと組んで一年もの長い演奏旅行からウィーンに帰ったばかりの夜のことである。

一九二八年、私は五歳だった。

父とペトリは、ウクライナの工業都市を回ってピアノ二重奏を続けていた。コンサートはどの町でも大成功で、その人気を聞いてモスクワからもお呼びがかかった。モスクワでのソプラノ歌手とのジョイント・コンサートは演奏者を戸惑わせるくらいの熱気に包まれた。

今度はそのニュースを聞きつけて、ロシアの東の端、ウラジオストックからも「来てほしい」と誘われた。こうして二人の演奏旅行は次々と延長された。ウラジオストックでの五夜にわたるリサイタルの後、二人は中華民国の東北の町、奉天（瀋陽）にも招待された。その頃満州国はまだできておらず、南満州鉄道の沿線に日本軍が駐屯しているだけだった。

「土地の役所がね、特別列車を仕立ててくれたんだ。花輪とリボンで飾られた列車でね、ちょっと恥ずかしいくらいに飾りたてた列車だったよ。でも僕たちより、もっと快適な旅をしたものがいるんだ。スタインウェイのピアノさ。サロン車一台にピアノ一台がどっかり乗せられたのさ」

父は得意満面で、母と私の顔をのぞきこんだ。

二人は列車で、満州の中心都市、ハルピンにも招待された。ハルピンはロシアの都市といってもよいほどのたたずまいで、革命で逃れた白系ロシア人が多く住んでいた。切符が売れるように、八回のコンサートの曲目を変えたこともあって、チケットは何日も前に売り切れていた。最も聴衆を熱狂させたのは、ストラヴィンスキーの「ペトルーシュカ」だった。

「ペトルーシュカ」が演奏された一九二八年五月一八日、ホテルにひとりの日本人が訪ねてきた。ドイツで作曲を勉強したという山田耕筰《こうさく》と名のる男だった。

山田は、次のシーズン、日本でも是非公演してほしいと切り出した。

山田耕筰はロシアの前衛作曲家といわれるストラヴィンスキーやスクリャービン、プロコフィエフにも造詣が深く、何よりもシロタへの誘いが熱心だった。コンサートの条件も良かった。父は、ロシアの端まで来たのだから、ついでに日本に渡ってみてもいいなぁという気持ちになった。

第一次大戦後、ヨーロッパの各地はまだ完全に復興していなかった。しかし大戦に参加しなかった日本は、大変景気がよいと聞いていた。ウィーンの分離派の画家、クリムトやココシュカ等は、日本の美術にインスピレーションを得たという。父は芸術仲間の間で一種の憧れのようになっている〝ジパング〟を自分も見てみたいと思ったらしい。契約はとんとん拍子に進み、父は日本海を渡った。

「車窓から富士という山が見えたんだ。美しい台形をしていて、山頂に雪が積もっている。一度見たら忘れられない美しさなんだ。二人にも見せてやりたかったね」

父は両手で富士の形を作って説明した。

日本でのコンサートは一日おきに一六回行われた。聴衆は熱狂し、コンサートの記事は翌日の新聞に大きく取り上げられた。父は、これほど自分の音楽が歓迎されるとは想像していなかったので驚き感激した。

「君たちには想像もつかないだろうが、日本人は自分たちの気に入った芸術家を王様のように尊敬してくれるんだ。日本人の聴衆は礼儀正しくて、知的なんだ。日本は今にスゴイ国になるよ。日本はヨーロッパと同じように、長い歴史と文化を持っているんだ、素晴らしい国だよ」

父の顔は紅潮し、自分が日本滞在の一か月間で受けた感動を私と母に伝えようとした。

「山田耕筰さんに、日本に来て教えてほしいと言われているんだ。音楽学校の教授の地位が与えられる。コンサートも自由に行える。わずか半年間なんだ」

父は、興奮して、母を見た。母の顔がその瞬間曇った。

「私たちを置いていかないでね」

母は首を振りながら言った。その声は、父に必死に抗議していた。

両親の話し合いは続いていたが私は家庭教師に連れていかれ、寝かしつけられた。ほんとうは父のそばにいたかったが、久し振りにあった父に〝お利口〟ぶりを見せたかったのと、母が父と二人きりで話したがっているのを強く感じたからだ。

ベッドは暖かかったが、興奮してなかなか寝つかれなかった。両親のいるリビングルームから廊下を隔てた私の部屋までは、何の話し声も聞こえてこなかった。

父、レオ・シロタは一八八五年五月四日、ロシアのキエフにユダヤ人として生まれた。レオの父は衣料品の商売をしていたが、一家にはピアニストのミッシェル・ウィンクラーが下宿していたこともあって、芸術的な雰囲気があった。父レオは五人姉弟の四番目で、いつもウィンクラーが弾くピアノのそばで遊んでいた。

レオが五歳のとき、ウィンクラーは自分の熱心な観客にピアノのレッスンをさせ、その才能に目を見張った。ウィンクラーはレオの父に「この子にはピアノの才能がある。自分に指導させてほしい」と頼んだ。レオは、指が触れるだけで美しい音を発する機械に熱中した。

九歳の時、レオは最初のリサイタルを開き、キエフの官立音楽学校に入学する。同級生には、のちにホロヴィッツを指導することになるセルゲイ・タルノフスキーがいた。小さな天才は、一〇歳の時に演奏旅行をする。その演奏が、イグナチ・パデレフスキーの目にとまり「パリの自分のもとで勉強しないか」と誘われるが、レオの母はレオが小さいことを理由にことわった。

一一歳になると、もう教える立場になっていた。雪の降った日など、レオは住み込みの家庭教師に手を引かれて、自分より一つ年上の弟子の家に教えに行くことになった。

一四歳のとき、神童はキエフの国立オペラ劇場で偉大な歌手、シャリアピンの伴奏をするまでに腕を上げていた。官立音楽学校を卒業すると、ペテルブルクに行き、ペテルブルク音楽院の卒業証書を取得する。ここの音楽院の院長で作曲家でもあったグラズーノフは、天才をデビューさせるため親交のあったイタリア人のブゾーニに紹介状を書いてくれた。

エンポリ生まれのブゾーニは、マーラーやシベリウスと交友関係のある作曲家で、ピアニストでもあった。和声楽に新しい説を提唱した音楽家で、新古典主義音楽運動の先駆的な役割を果たした人である。作品には、オペラ「嫁えらび」「トゥーランドット」、未完の「ファウスト博士」があるが、バッハやベートーヴェンらのピアノ作品の改訂編曲で大きな功績を残した音楽家といえる。今、ブゾーニはアメリカやヨーロッパでちょっとしたブームで、当時の演奏がCDになって販売されている。

レオは、校長にこの有名な音楽家への招待状をもらいながら、それを使わなかった。自分の師は自分で決めようと思っていたからだった。

一九〇四年、レオはその頃、多くのロシアの芸術家がそうしたようにウィーンに出た。二〇世紀初頭のウィーンは、人口一八七万人をかかえる、オーストリア・ハンガリー帝国が最後の輝きを放つヨーロッパの都だった。市内には二年前から電車が走り、その電車と競争して中産階級の自家用馬車が、蹄《ひづめ》の音を高らかに響かせていた。プラター遊園地では、大観覧車が子供たちの歓声をのせて、ゆっくりと回転し、公園の野外音楽堂では、若い女性だけで編成された管弦楽団が人気を呼んでいた。町のカフェでは、煙草の煙の立ち込める中で、若者たちが芸術論をたたかわせ、パリやベルリンから届いた雑誌や新聞を読む男たちが、知的なエネルギーを発散させていた。

ウィーンでは、美は美徳だった。芸術は尊敬され、快楽は芸術の糧であった。この町は、華麗な頽廃《たいはい》のなかで酔っていた。一九歳のレオはたちまちこの町に魅了された。都会には、貧しい人もいたが、その貧しい人たちさえも、この町では賑やかな活気に満ちていて、レオに活力を与えた。

それに比べて祖国のロシアでは、二月に始まった日本との戦争にいっこうに決着がつかないばかりか形勢が悪くなる一方で、その年の七月には内相のプレーヴェが暗殺された。国のあちこちで労働者階級のデモが勃発していた。

ロシアの国民の不満は、政治家や軍人たちに向けられるだけでなく、豊かなユダヤ人にも向けられた。一九世紀末から各地で起こったナショナリズム（民族主義）の台頭は、ユダヤ人であったシロタ家にも影響を及ぼすようになっていた。レオは、息苦しい祖国を抜け出し、人種や身分ではなく、自分の実力で勝負のできる新天地を求めたのだった。

レオの兄姉も、すでにパリやワルシャワで暮らしていた。長姉はオペラ歌手、次姉は女優、兄は指揮者として自活していたので、四番目のレオが故郷を出るのは、両親も当然のことのように考えていた。

ウィーンに出たレオは、ヨゼフ・ホフマンとパデレフスキー、ゴドフスキー、ブゾーニと四人のクラスを訪ね、彼らの前で演奏した。四人とも入門の許可を与えてくれたが、レオはブゾーニを選んだ。

ブゾーニから正式の入門承諾をもらったとき、レオはペテルブルクの校長先生の紹介状を出した。するとブゾーニは「すでに君のピアノを聴いているじゃないか。こんな紹介状は不要だよ」と微笑した。

ブゾーニに弟子入りして五年目に入ろうとしていたレッスンの日のことである。レオはリストの「ドン・ジュアン・ファンタジー」を弾いた。目をつむって聴いていたブゾーニは、曲が終わると、黙って自分用のピアノの前に行き蓋を閉じた。レオは一瞬緊張した。

「こんなにいい演奏の後では、どんな曲も弾きたくないからね」

レオの不安は喜びに変わった。師は、自分の机に行き、自作の「エレジー」の譜面を取り出すと、そこに〈キエフから来た我が若き同僚へ。〝ドン・ジュアン・ファンタジー〟の演奏に捧げる。一九〇八年五月四日。ウィーンにて。心をこめて、ブゾーニ〉と達筆で書き入れた。レオは〝若き同僚〟という文字に目を見張った。その日は、レオ・シロタ、二三歳の誕生日だった。

一九一〇年一二月一八日はレオにとって記念すべきコンサートとなった。この日のプログラムは、ブゾーニの新作「ピアノのためのコンチェルト、オーケストラそしてコーラス」と題された曲だった。

ブゾーニがトゥーンクンストラー交響楽団と男声合唱団を指揮し、ピアノはレオが弾いた。演奏時間は一時間一五分。ブゾーニ自身ピアニストなだけに、あらゆるピアノの技巧が曲の中に盛り込まれていた。

ムジークフェライン・ザールの会場には、ウィーンの音楽家だけでなく、ドイツやフランスからの音楽評論家が意地悪な好奇心を漲《みなぎ》らせて来ていた。演奏が終わった時、会場は墓場の静けさだった。レオは肩で息をしながら、全身の血がひいた。その時だった。拍手は津波のように押し寄せ、波はいっこうに衰えを見せなかった。カーテンコールは一六回も繰り返された。この日、レオは二五歳で新進ピアニストとしての名声を手にする。そして師ブゾーニとも太い絆で結ばれた。

レオ・シロタの技巧がどれほど卓抜なものであったかを、ライバルであり生涯の友でもあったアルトゥル・ルービンシュタインはその著書の中に書いている。二人が初めて出会ったのは、ペテルブルクで開かれたアントン・ルービンシュタイン・コンクールの時だった。

「私は演奏曲で、コンクールのために十分準備できた曲はひとつもなかった。私はいつでも理に適ったやり方で、曲を大きくつかまえる事が出来た。しかし、細部には注意が届かず、技術的な完成度に達しない。この欠点が長い間、あとをひくことになるのだが……。コンクールの三日間、エドウィン・フィッシャーが最初に弾いた。そのあと、レオ・シロタ、ピィシュノフともうひとりイギリス人が演奏した。彼らの演奏は、私を意気消沈させるほどうまかった。四人は、私の手の届かない技巧を磨き上げている。一音たりともミスをしない。なんて連中だ！」（ルービンシュタイン著『若き時代』）

ブゾーニにとって、レオは〝若い同僚〟以上の存在になっていった。師と弟子は、ヨーロッパの都市でコンサートを続け、絶賛された。すべてが順調に進むかのように思えた。しかし一九一四年、二人にとって強敵が出現した。第一次大戦である。戦争は芸術家たちから発表の場を奪った。

一九一四年六月末、オーストリア皇太子フランツ・フェルディナントがサラエボで暗殺されたのを引き金に、戦火はヨーロッパ全土に広がった。ウィーンの指導者たちは「サラエボは四週間で片づくだろう」と信じきっていた。しかし、この年の一二月、ドイツ・オーストリアは連合国側に講和を提案したが、連合国側は拒否した。人々の間に長期戦になる覚悟と諦めが生まれた。

レオは、ロシア国籍だったから徴兵を免れ、戦争中もブゾーニのもとで勉強を続けた。余った時間はウィーン大学で哲学と法律、音楽史を学んだ。

当時、戦場に駆り出されなかった演奏家ばかりを集めた「ピックアップ（寄せ集め）交響楽団」を作って腕を磨いていたのが、のちにウィーン交響楽団でマーラーの「第一交響曲」を初演して華やかなデビューを飾ることになる、指揮者のヤシャ・ホレンシュタインだった。レオは、日曜日にはホレンシュタインと共演するようになった。一九一八年当時まだ二〇歳だったこの指揮者は、レオと同じキエフ出身のユダヤ人で、そのことが二人を急速に近づけた。

ある日曜日のコンサート会場に、石楠花色《しゃくなげ》のシフォンのドレスの女性がいた。そこだけが花束を置いた華やかさだった。その女性はまっすぐピアノを弾くレオを見ていた。コンサートが終わった時、女性は拍手をするのも忘れ、レオを見続けていた。しかし彼女が、この演奏に興奮していることは、ドレスと同じように染まった頬を見れば明らかだった。アンコールが終わって楽屋に戻ると、ヤシャ・ホレンシュタインの方から握手を求めてきた。

「今日も、いいコンサートになりましたね」

「会場に、いつもとは違う観客がいましたね」

レオが言ってもホレンシュタインの方は興味を示さなかった。

「ひとり、紹介したい人がいるんです」

そう言ってホレンシュタインは、「こっち、こっち」と楽屋の入り口に向かって手招きした。

そこにあの石楠花色のドレスの女性が立っていた。

「紹介します、レオ・シロタさん。僕の姉のオーギュスティーヌです。姉はピアノも上手でしてね」

レオとオーギュスティーヌは、しばらく相手に見惚れていた。そして気づいて、慌ててお互いに握手を交わした。

レオ三三歳、オーギュスティーヌ二五歳。私の父と母はこうして出会った。それから、母は父のピアノの弟子になった。ピアノのレッスンは、二人のデートの口実にすぎなかった。二人の恋は、ベンジンをかけたように燃え上がった。レオは、オーギュスティーヌにプロポーズしたが、彼女はそのたびに首を振った。オーギュスティーヌには既に夫と二歳になる男の子がいた。

オーギュスティーヌは、何不自由ない生活をさせてくれている誠実な夫と、長男を見捨てることはできなかった。当時、離婚はスキャンダルだった。サロンの女王としての名誉にも傷がつく。オーギュスティーヌはこの恋は成就できないと思った。別れへの予感が、彼女の気持ちをレオへと傾斜させていった。

戦争の最中でも、人は恋をすることができる。オーギュスティーヌとレオは、逢引を続けた。一九一七年に起きたロシア革命により、キエフ出身の恋人たちは、故郷を失っていたことで、さらに絆が強くなった。

しかし長引く戦争は、既存の階級の人々の財力を奪っていった。オーギュスティーヌの実家も例外ではなかった。彼女の父親は、キエフ出身の貿易商で、広大な砂糖大根畑と砂糖会社も持っていたが、キエフにあった砂糖大根の畑はロシア革命で国のものになってしまった。工場の従業員は兵隊にとられ、工場は閉鎖された。三回も結婚し、一六人もの子供を持っていたオーギュスティーヌの父親は、今は、三度目の年若い妻とウィーンの屋敷でひっそりと嵐の過ぎ去る日々を待っていた。しかしオーギュスティーヌには、たとえ戦争が終わっても、父の時代がもう戻ってこないことがわかっていた。実家の後ろ楯を失ったことが、彼女の恋をさらに慎重にした。

オーギュスティーヌは、それでも時々実家に戻った。かつてパーティを開いた応接間には、テーブルや椅子に白の布がかけられていた。『夢判断』で世間に物議をかもしたフロイトや、アルマ・マーラーと愛人関係にあった詩人のフランツ・ヴェルフェルがサロンに顔を見せたのは、三、四年前のことである。それが今では、ずいぶん昔のことのように彼女には感じられた。オーギュスティーヌを描かせてくれと言った画家も、彼女の機知に富んだ会話を自分の作品の中に取り込んだ作家も、今は皆、戦場で戦っていた。サロンのピアノの音色の代わりに、ウィーンを離れて郊外に疎開する人々の馬車の音だけが都を包んでいた。

一九一八年一一月、戦争はようやく終わった。ハプスブルク王朝は没落、国民議会が共和国を宣言した。七世紀半にわたりヨーロッパ、時には海外にまで君臨した王朝の崩壊だった。翌年の一月、ヴェルサイユ講和会議が始まった。混乱の中で、芸術は再び芽吹き始めた。人々は戦争に疲れた心を癒すため、音楽会に足を運んだ。レオの生活は急激に忙しくなっていった。オーギュスティーヌは、冷えきったままの家庭生活を続けねばならなくなった。

戦争が終わると、ベルリンはロシア人の亡命者が集まる中心都市の一つになっていた。この町には、ロシアの音楽家が移住し、前代未聞の激しい高まりを呈していた。指揮者のセルゲイ・クーセヴィツキーは、そうした動きの中心人物だった。その指揮者に呼ばれ、レオはチャイコフスキーのコンチェルトを弾いた。

一九二一年一二月一日付の『ミュージカル・クーリエ』はそのときの評を次のように残している。

「熱狂がレオ・シロタの演奏を包んだ。そのすばらしい技巧、きびきびした態度と魅力ある雰囲気で、彼は文字どおりベルリンの聴衆を魅了した。チャイコフスキーには、あらゆる多様性と色あいがあり、哀感と歓喜がある。これはスラブ系の名演奏家が手がけるとき、初めて表現される。それをやってのけたのが、レオ・シロタである。ピアノ演奏の分野は、ロシア人の独擅場《どくせんじょう》になってしまった」

レオの活躍の場は、ベルリンの成功から一気に広がった。パリ、ブリュッセル、フランクフルト、ザルツブルク、ライプチヒ、ハーグ、アムステルダム、ジュネーヴ、ローマ、ミラノ、ブカレスト、ブダペスト、ロンドンと、ヨーロッパの町から町へと演奏の旅は続いた。

ルーマニアでは、王妃マリーに招かれて宮殿で演奏した。華麗さの中に神秘とロマンチシズムを秘めた色彩豊かな彼の演奏は、この王妃をも魅了し、ヨーロッパでの演奏中は王室のロールスロイスを自由に使ってよいことになった。

交響楽団との競演も続いた。カール・ニールセン、ブルーノ・ワルター、クーセヴィツキー、そして師のブゾーニとも。その頃には、ロシア語、ドイツ語の他に英語、フランス語も堪能になっていた。スペインでの演奏会では、神父の通訳でラテン語で話すということもやってのけた。しかし言葉より何倍も雄弁だったのが、彼のピアノだった。ウィーンの新聞は「リストやアントン・ルービンシュタインの芸術をつぐ最後の後継者」と評し、「リストの再来」と呼ばれるまでになっていた。

レオは、ピアニストとしての成功を手にしたが恋の成功者ではなかった。演奏する町から彼はオーギュスティーヌのもとに手紙を送り続けた。少し長く滞在する町には、オーギュスティーヌからも手紙が届いた。恋人からの手紙は、旅を続けるレオにとってオアシスであるというよりも、真水を求める海の漂流者のような気分にさせた。楽屋でもパーティでも幾人もの美しい女性たちが、彼に賛美とうっとりした視線を送ったが、彼が求める女性はいつもそこにはいなかった。彼は、オーギュスティーヌのいるウィーンに早く戻りたかった。

しかしウィーンに帰りついても、いつも恋人に会えるわけではなかった。彼女は人妻であり、母親だった。渇きは強くなるばかりだった。

師匠のブゾーニは、愛弟子であり、今は最も信頼する同僚の憔悴《しょうすい》を見るに見かねて、オーギュスティーヌの説得に乗り出した。

「レオが天才ピアニストであることは、あなたも認めるでしょう。しかし天才にありがちなエキセントリックなところはないし、彼はとても穏やかで誠実な芸術家です」

オーギュスティーヌは決心した。すべてを捨てることを決めたのだ。片言でしゃべるようになった息子を夫のもとに置いていくことも。

一九二〇年、二人は結婚した。

ウィーンのウェーリンガー通り五八番地の二人の新居に、芸術家や文化人たちが集まるようになったのは、それから間もなくのことだった。リヒャルト・シュトラウス、クルト・ヴァイル、アルマ・マーラー、クーセヴィツキー等がサロンの常連となった。彼らの楽しみは、知的な会話と情報だけではなかった。オーギュスティーヌの料理もお目当てだった。

彼女は前日からお手伝いさんと仕込んだウィーンやロシアの料理を、手際よく、美しく飾って客をもてなした。彼女の料理もまた、レオのピアノと同じように客の口の中で、味のシンフォニーを奏でた。オーギュスティーヌの料理の腕は、客の賞賛の中で鍛えられ、練られていった。ワーグナーの妻コジマのような、父親の後ろ楯が彼女には期待できなかった代わりに、料理と機知に富んだ会話で芸術家の夫を盛りたてた。天才ピアニストのレオを世間に宣伝し、より高い地位に持ち上げることが、最愛の息子を捨てレオとの結婚を選んだ自分の愛の証だと、オーギュスティーヌは思っていた。

一九二三年、ふたりの間に女の子が誕生した。女の子は、母が敬愛していたシュテファン・ツヴァイクの作品に登場する「ベアテ夫人」からとってベアテと名づけられた。ウィーン生まれのツヴァイクは、その頃すでに世界各国で彼の作品が翻訳されているほどの有名作家だったが、母はその彼が自分のサロンの客であることをとても誇りに思っていたし、彼女自身熱心な愛読者だった。父は「ベアテ・シロタ」の音の響きの美しさから、この名前にすぐに賛成した。

その頃、オーストリア生まれのヒトラーなる男が、ドイツの各地でハーケンクロイツの腕章をつけ、「敗戦後のインフレーションを起こしたのはユダヤ人である」「ユダヤ人は世界征服の陰謀を企んでいる」と、失業者にあふれた街の広場で聴衆の怒りをかきたてていた。多くの聴衆は、ヒトラーの演説の具体的な内容を思い出せないまま、ドイツを救うためにヒトラー十字軍に自分も参加しなければならないという思いを抱いて会場を立ち去っていった。

しかし両親は、迫り来る危機を感じていなかった。ふたりは、揺り籠の中の私を覗き込み、赤ん坊をあやすことに夢中になっていた。

私はウィーンでの少女時代をあまり覚えていない。母と叔母たちの話によると、小さいときから社交的な子供だったという。両親の留守の間に来客があると「何か召し上がりませんか」「飲み物は何がいいですか」と尋ねるおしゃまな女の子だったという。きっと母の真似をしたのだろう。

父はピアノの練習の時、子供の私をピアノの上に乗せて弾いていた。音楽は、空気のように自然だった。ピアノの音色は家の隅々まで染み込んでいた。私の服や玩具にまで。人見知りしない子供だった私は、パーティの来客の恰好のおもちゃだった。客たちは決まって、

「ベアテ、あなたはどんな曲が好き」と尋ねた。

そんな時私は、「ストラヴィンスキー」と答えた。

「こりゃすごい、シロタの娘は、前衛派がお好みなんだよ」

客は目をまるくして、そばの者に告げるのだった。

その頃はまだ、一九一〇年に作曲された「火の鳥」を演奏するピアニストは、音楽の都ウィーンといえどもそんなに多くはなかった。でも私にとって、父がよく弾く色彩豊かな「火の鳥」や「ペトルーシュカ」はなじみの曲だった。父は異国にいることで自分がロシア人であることを意識したのだった。自分の故郷が、一九一七年のロシア革命でもう戻る土地でなくなっていたからこそ、一層ロシアへの郷愁が募ったのだろう。両親がいつオーストリアの国籍をとったのかわからないが、ロシア革命がその契機になったのは確かだ。

父が一年ぶりに、日本への遠征公演から戻った夜に話を戻そう。

その夜、半年間、日本へ行くという結論は出なかった。

しかし間もなく両親は、周囲の状況によって結論を出さざるを得なくなった。第一次大戦後、多額の賠償金をかかえたドイツは慢性の不況に悩まされていた。それはドイツ一国にとどまらず、ヨーロッパ経済そのものを不安定なものにしていた。ヨーロッパ各地で予定されていたコンサートは次々とキャンセルされた。母は、半年くらいなら東洋の国に行ってもいい、という気持ちになっていった。少し長い旅行をしている間に、ウィーンの経済も落ち着くだろうと考えた。

私たち三人は、半年間だけ日本に演奏旅行に行く予定で、一九二九年夏、親戚にアパルトマンの管理を依頼して、ウィーンを出発した。アメリカで株の大暴落がおこり、世界恐慌となるのは、私たちの出発の二か月後のことである。私たちはウィーンからモスクワに出て、そこからチェリャビンスクに出て、そこでシベリア鉄道に乗りかえた。

鉄道の旅は初めてだったので、私ははしゃいでいた。社交家の私は、すぐに乗務員と仲良くなった。両親がポーカーをしている間、私は乗務員の後をついて隣の車両に行ったり、乗務員室でロシアンティーをご馳走になった。ウィーンを出るとき、私は親戚中からチョコレートを餞別に貰っていたので、遠慮する乗務員に「これはあなたの分、これはお子さんに」とチョコレートの箱を押しつけた。「お嬢さん、それはいけません。お母さんに許可を貰ってからでないとね」と乗務員は困惑した。

終着のウラジオストック。両親は良いホテルを予約しておいたはずだったが、そのホテルのベッドには、ノミとシラミの先客がいた。両親は、私をノミから守るため、ウラジオストックに住んでいる音楽家の家に私だけを一晩泊めてもらい、自分たちはホテルのベッドに寝ないでシーツにくるまって椅子に腰掛けたまま一夜をあかした。

翌日、ウラジオストックを出航した船は、日本海を渡り、津軽海峡を通って横浜を目指した。

四週間の旅がようやく終わろうとしていた。船は横浜港に入った。ウィーンで育った私には、港は珍しかった。何隻もの小舟が停泊する客船の間をいききし、まるで虫の死骸を見つけた蟻のようだった。最初、目は船を見ていたが、そのうちタグボートの上の男たちにひきつけられた。黒い髪に芥子《からし》色の顔、どの男たちもウィーンの中学生ほどもなかった。

船を降りても、私の興味は人間にしかなかった。女性は陶器のようになめらかな肌をしていた。のっぺりとした起伏のない顔に、穴があいたように細い黒い眼があった。髪は男も女も黒かった。

「ねえ、ママ、この人たちはみんな兄妹ですか」

私の質問に両親は顔を見合わせて、微笑した。

「黒い髪で黒い眼だから、兄妹だと思ったんだね。日本人はみんなベアテと同じように黒い髪をしているんだよ」

父は私の頭を撫でた。日本についての私の最初の印象である。

半年間のつもりでやってきた日本に、父と母は一七年。私は一五歳までの一〇年間を暮らすことになろうとは、その時両親は想像もしていなかった。

Ⅲ　乃木坂の家の日々

両手の中で戦利品を振ってみた。涼しげなガラスの触れ合う音と、花びらのような冷たい感触が、勝利感を膨らませた。

私はゲームで勝ち取ったおはじきを鳴らしながら乃木坂を上った。

空は杏色に染まり、乃木神社の森は暗さを増していた。

「日が短くなりましたね」

「秋の日は本当につるべ落としですね」

すれ違う人たちは、駒下駄の軽やかな音をたてて挨拶をしていった。私は大人たちの会話の意味はわからなかったが、すれ違う人々が微笑みを浮かべて、二言、三言、言葉を交わす平和な雰囲気にほっとする。暗い道で明かりを見つけたような安らぎだった。

私の家は、乃木坂を上って、三つ目の筋を入ったところにあった。東京市赤坂区檜町十番地というのが、正式な住所である。四軒の茶色の古い西洋館が、四姉妹のように仲良く並んで建っていて、その一軒が、私の家だった。あとの三軒には、パリ帰りのオペラ歌手原信子、貿易商を営む独身のドイツ人、白系ロシア人の初老の男性が住んでいた。ドイツ人は独り者だったが、使用人の家族が一緒で、その子供は主人の援助で大学に通っていた。

乃木坂から横丁に入ると、モーツァルトが聞こえてきた。ピアノの音色で、それは母がお弟子さんに教えているのだとわかった。父の弟子になるにはまだ未熟だという生徒には、母が手ほどきをしていた。私は母の弾くモーツァルトを聴くと急に嬉しくなった。母に報告することが、今日は飛びきり多かった。両手の中でおはじきをマラカスのように鳴らしながら帰った。

いつもなら大きな声で「ただいま」を言うのだが、母のレッスンが終わっていなかったので、私は静かに玄関の戸を開け、そのまま一階の台所に直進した。

「あら、ベアテさん、お帰りなさい」

お手伝いの美代さんは夕食の支度の真っ最中だった。

美代さんは坂の上の梅原龍三郎画伯の紹介でやってきた我が家の二代目のお手伝いさんである。一代目も梅原画伯の紹介で沼津の江の浦からやってきた娘さんだったが、体が弱くて神経質な人だったので、すぐに里に帰ってしまった。日本語がほとんどできない一家で、知らない西洋料理ばかり作らされてホームシックにかかってしまったのだろう。後任としてやってきた美代さんも、江の浦の漁師の網元の娘だった。

梅原画伯は、景色の気に入った江の浦に年に何度も通う間に、土地の人とも親しくなって、梅原家のお手伝いさんは、この村から来るようになったらしい。

ある日、好奇心旺盛な画伯は、近所に有名なピアニストが引っ越してきたと聞いて、自分の娘にもピアノを教えてほしいとやって来た。フランス留学していた画伯と両親は、話が合ってすぐ懇意になった。言葉の通じない異国にやって来て、心細かった母にとって、フランス語が通じる画伯は、日常生活の細々としたことを尋ねることのできる、得がたい人物だった。お手伝いのことも相談して、美代さんが奉公に来ることになったのだった。

美代さんはサラダ油と酢を一八歳の全エネルギーをかけて掻き混ぜていた。ドレッシングは、力を入れて、一気によく掻き混ぜなければならないと母から教えられていたからだ。

「今日は、どんな悪戯《いたずら》をしてきたんです、お嬢さん？」

手は休めず、顔だけを私の方に向けて美代さんは笑った。

「これ、何の音かわかる？」

私は両手の中でおはじきを鳴らしてみた。

「おはじきでしょ」

「なーんだ、知っていたのか」

私ががっかりして言うと、美代さんは仔犬のように濡れた目で、私を見て笑った。

「〝なーんだ〟という言葉を覚えたんですね。ベアテお嬢さんは、ママやパパより頭がいいね。日本語を三か月でしゃべれるようになったんだから。たいしたもんだ。天才だ。天才ってわかりますか?」

美代さんは手だけは忙しく動かしながら私を見た。首を振ると、美代さんは今度は泡立て器をおいて、両手を打って笑った。

「天才が天才という意味を知らない、こりゃおもしろいや」

美代さんが笑ったので、私も嬉しくなって笑った。ドレッシングの酸っぱい香りに満ちている台所を、私はおはじきを鳴らしながらスキップした。そして台所の隅に置いてある盥《たらい》に気づいた。大きな真鯉が盥のふちにそってじっと動かずにいる。

「明日のパーティ用ね?」

「ベアテお嬢さんは、本当に頭がいい。鯉は泥臭いから、こうして一晩泥を吐かしておくんですよ」

真鯉は自分の運命を知っているかのように動かない。指でつつくと、刷毛《はけ》のような鰭《ひれ》でしぶきをあげた。

「また美代さんのところにいるんですね」

後ろで声がした。家庭教師のキヨライン女史だった。英語を教えるために我が家の一員になった彼女は、エストニア人だった。アメリカ人のビジネスマンの子供を数年教えていたが、子供たちが成長したので彼女の役目が終わろうとしていた時に、ウィーンから来たピアニストの一家が、一人娘の家庭教師を探していると聞いて、私の先生になったのだ。

「ちょうどいい時に帰ってきましたね。夕食の前にあなたの髪を洗いましょう」

キヨライン女史は、英語で言ってから、ドイツ語でも復唱した。英語はまだ習いたてだったが、ドイツ語はウィーン生まれだったからよくわかっていたからだ。

「いや。鯉を見ているもの」

私は、美代さんの応援を得るため日本語で言った。しかしそれが無駄であることはわかっていた。キヨライン女史の言葉に絶対服従することは、両親からきつく命令されていた。私はしぶしぶ家庭教師の後について風呂場に行った。キヨライン女史を上目遣いに見ながらシャンプーの時に濡れないように上着を脱いだ。

「耳を両手でおさえて、目を閉じて」

キヨライン女史の言葉が終わらないうちに、頭のてっぺんに湯が落ちてきて、眼の前に水の壁ができた。イギリス製のソープの香りがしたと思うや、石鹼水が眼に伝わってきた。彼女は両手で、まるで泥だらけのレインシューズでも洗うように何回もゴシゴシとやった。私は眼を閉じて、数を数えた。数が五〇になっても、六〇に増えても、キヨライン女史の手は私の頭の上にあった。時々、湯がふってきた。

「熱い、熱いよ」

もう我慢できなかった。

「もう少しで終わります」

彼女は容赦しなかった。その時、母の声がした。

「ベアテが熱いと言っているわ」

「こんなにぬるい湯です」

彼女は引き下がらなかった。すると母は温度計を持ってきた。

「これから、これを使って下さい」

母の出現でシャンプーは終わったが、私にはもう一つ我慢しなければならないことがあった。洗髪の後、女史に髪をとかしてもらうことだ。私はクセ毛だったので櫛の目が通りにくいのに、彼女はいつも自分の教え子を清潔で完璧な少女にしておかずにはいられなかった。私が痛いと言うと、彼女は、

「私だってこうして櫛でとかしているでしょう」

と自分の髪をとかしてみせた。でも彼女の髪は日本女性のように真っ直ぐで栗毛色なのだ。私は口答えするかわりに、自分の髪が、美代さんのように黒くてさらさらとした簾《すだれ》のような髪になることを願った。

夕食の時、キヨライン女史は服を着替えていた。私のシャンプーで濡れた服を洗濯したに違いない。清潔好きな彼女の服は、どの服も洗濯のしすぎで粉を吹いたように白く毛羽

新婚時代の父と母

母 オーギュスティーヌ

父 レオ・シロタ

ウィーンの自宅の庭で

日本にやって来た1929〜30年頃

ルービンシュタインから送られた献辞入りポートレート

山田耕筰とシロタ一家

父のお弟子さんたち。後列右が園田高弘さん

シロタ家のパーティ。中央ベアテ，後列左より2人目が美代さん，6人目ミス・キヨライン

立っていた。

上野の音楽学校（現東京藝術大学）から父が帰ると、すぐ夕食が始まった。食卓に並ぶのは、私たち家族の他にキヨライン女史の四人だった。美代さんと、家の中を掃除するもう一人のお手伝いさんは、自分たちの部屋で日本食をとっていた。私たちは日本に来ても西洋スタイルの生活を続けていた。バスもトイレも西洋式だった。お手伝いの美代さんたちの部屋だけ和室で、トイレも日本風だった。風呂はなかったので、美代さんは近くの銭湯に行っていた。美代さんは一家の裏方として重要な人だったが、使用人と主人の関係は、はっきりと区別されていた。

父は、自分の生徒たちがどれほど勉強熱心で、しかも礼儀正しいかを誇らしげに語った。

「この国の人たちが礼儀正しいことは、最大の美徳です」

日本に一〇年近くいるキヨライン女史は、なんといっても日本学の先輩だった。三〇代にかかろうとしていた大柄な彼女は、まるで演説でもするような口調で、私たち三人を見回した。

「この国の人のもう一つの美徳は、清潔好きなこと。毎日、バスを使うのですよ」

「だから、あなたは日本が好きなんですね」

父がにこりとして女史を見た。

「でも不思議ね、それだけ清潔な国民なのにシラミをわかしている子やトラホームの眼病を思っている子供が多いわ」

　母が言った。あまり外出しない母が、そんなことを知っているのが、驚きだった。

「それは、貧困のせいですよ。一つのタオルを兄弟が使いまわすから伝染してしまうのです。世界的な不況でヨーロッパもアメリカも大量の失業者がでているそうですが、日本でも三〇万人の失業者だと内務省は発表していますね。貧しさの犠牲になるのは、子供たちでしょう」

　キヨライン女史は、首を振って言った。

「東北地方は冷害と不況で、娘を売って芸者や娼婦にするそうです。あくどい口入れ屋が増えているので東京市は市営の身売り相談所を開設するんですって」

　母は優雅にケーキをナイフで切り分けながら言った。

　夕食は、いつも四人がこの国で経験したことを競って報告しあった。私は、おはじきなるゲームをテーブルで再現してみせ、両親を感心させるのに成功した。そして友達の家でお昼ご飯を御馳走になって、六杯もお代わりをしたことを話して、皆を笑わせた。しかしその後がいけなかった。おはじきと一緒にキャンディの箱にしまおうとした指輪を母に見つけられてしまったのだ。

「あら、このルビーの指輪はどうしたの？」

　私は口をつぐんで、うつむいた。母は私の返事を辛抱強く待っていた。

「梅原紅良《こうら》さんにいただいたんです」

「これは、とても高価な指輪です。どうしていただいたのか話してごらん」

私は梅原画伯の長女、紅良さんと二日前に遊んだ時のことを白状しないわけにはいかなくなった。その時一〇歳の紅良さんは得意になって自分の宝物を見せてくれたのだった。その中にルビーの指輪はあった。秋の木の実のようなその赤に私はたちまちひきつけられて「これ頂戴」とせがんだが、いつもなんでも気前よくくれる紅良さんは「これだけは駄目」とピシャリと言ったのだった。断られた私は、ますます欲しくなって泣き出した。その時、梅原夫人がやって来て、「ベアテさんがそんなに欲しがっていらっしゃるんだから差し上げなさい」と、私の指にルビーをはめてくれたのだ。すると今度は、紅良さんが泣き出したが、「あなたには、私のものをあげますから」と、その場をおさめたのだった。

母は、その話を聞いて、深い溜め息をついた。

「梅原夫人が、そんなことまでして下さったものをお返しすると失礼になるわね。日本人は一度人にあげたものを返しても受け取らないのよ。困ったわね」

私は結局、この指輪を一七年間持ち続けることになる。そして戦後日本に帰って来たとき、紅良さんに長女が誕生したお祝いに、この指輪を返したのだった。

日本に半年間滞在の予定でやってきた私たちだったが、その半年間はすぐに過ぎた。両親はヨーロッパが未曾有の不況にあることと、一九三〇年九月、ドイツの総選挙でナチス党が第二位に進出したことを聞いて、もう少し帰国を延ばすことにした。半年間に生活の地盤ができたこともあった。

我が家には、一家の保証人のような山田耕筰をはじめ、耕筰と一緒に新交響楽団を創設した近衛秀麿や、徳川家、三井家、朝吹家といった名家の人々が、頻繁に訪れた。父のコンサートを聴いてファンになった侯爵や伯爵夫人たちも出入りしていた。日本人ばかりでなかった。東京に住んでいる外国人のアーチストもわが家の常連だった。その中には、ロシア人の女流画家ワルワーラ・ブブノワさんや実妹の小野アンナさんがいた。ブブノワさんは、私たちより七年早い一九二二年から東京に住んでいて、母の大のお友だちで、私たちは母子で彼女の絵のモデルもつとめた。外国の大使館員たちもよく訪れ、英国大使の娘は私の友だちになった。母は、父の後援者を作るためにパーティをよく開いた。

そして母は、ウィーンの時と同じようにサロンの女主人になっていった。このサロンのおかげで、ヨーロッパの最新情報がもたらされた。

パーティの裏方は、お手伝いの美代さんだった。母は美代さんを指揮して前日から準備を始めた。毎日やって来る魚屋、肉屋、卵屋、八百屋、酒屋の五人の御用ききには、客の人数分の材料を注文した。入れ替わり立ち替わりやってきた御用ききは、美代さんが淹れてくれた紅茶とお菓子を食べてから「毎度！」と元気な声を残して自転車で乃木坂を下っていった。家には、電話がなかったので、美代さんはもうひとりのお手伝いさんを使って六本木の「コックテール堂」にパンとウィスキーを、花屋の「ゴトウ」に花を、それぞれ注文に走らせた。

母は片言の日本語とジェスチャーで、料理の仕込みを美代さんに指導した。カンのいい美代さんは、すぐに母の言葉を察して、目の前でやってみせた。江の浦からやって来た時はナイフもフォークも見たことがなかった彼女が、短期間に料理に関して驚くべき腕を発揮し、母を満足させた。美代さんは二時間かけて絹のように舌ざわりのいいホワイト・ソースを作ることも、一晩イースト菌をねかせて作るピロシキも、ユダヤ料理の〝ゲフィルテ・フィッシュ〟も自分の舌に記憶させていった。

外国から来たユダヤ人のアーチストたちの中には、はるかな極東の国で故郷の料理に遭えたこと、それも極上の〝ゲフィルテ・フィッシュ〟を口にできたことに感激して、言葉をつまらせる人もいた。というのもこの料理は、鯉や鱒の身をミンチにした中に卵や玉葱を混ぜて団子を作り、その団子を煮込んだスープだったので手間がかかり、ユダヤ人でもあまり食べられない料理だったからだ。

こうして前日に仕込みを終え、当日は夕方のパーティの始まる三時間前にすべて準備が終わっている状態にする。花も飾り、客の名札も置いたところで、母は風呂に入り、軽く昼寝をする。美代さんもその間に銭湯に行き、横になる。

パーティが始まると、台所は戦場となる。美代さんともうひとりのお手伝いさんは、教えられた通りの料理を次々と皿に盛り、時には一五種類ものメニューを出すことになる。最後のデザートは、ウィーンの〝ザッハトルテ〟かロールケーキだった。もちろんこれも手作りだった。

美代さんはパーティの後片づけを、午前二時頃までかかってやってしまう。そのかわり次の日は、昼頃まで寝ていても誰も文句を言わない。母は、翌日、客たちの料理の反応を細かく美代さんに報告した。「タン・シチューは、皆がおいしいと言っていたわ。味が複雑で、豪華なのがいいってね」

美代さんは、シロタ家の味とヨーロッパの味覚を、パーティごとに自分の腕と舌に覚えさせていった。一年もたたない間に、シロタ家の料理は評判になった。時には、美代さんの料理が芸術家の病気を癒したこともある。

ロシアの歌手、シャリアピンが来日した時、彼は風邪をひいてしまった。それを彼のマネージャーから聞いた母は、美代さんに鶏一羽を使ったスープを作らせ、彼の泊まっている帝国ホテルへ持たせた。一張羅のお召に着替えた美代さんは、不安気な顔でスープの入った器を持ってタクシーに乗った。それから二時間後、美代さんは頬を紅潮させて帰ってきた。

「シャリアピンさんに会いに来たとボーイに言ったらヘンな顔されましてね。シロタ家の使いで、お見舞いを届けるんだと言ったらようやく部屋に案内されて。

シャリアピンさんて、上野動物園の白熊みたいな人ですね。大きい人なんでびっくりしました。私が奥さんの手紙を見せると〝もう食事はしちゃったけど、味をみましょう〟って器をとったのですよ。そして一口スープを食べるや〝ウッ〟といって、黙ってスプーンを器と口の間を往復させるだけ。私は帰っていいものやら、どうしようと立ってたんですが、あの人は黙々と食べ続けたんです。

器が空っぽになって、はじめて〝おいしかった〟と笑顔を見せました。でも鶏一羽分ペロリですからね、あの人のお腹はどうなっているんでしょうね」

美代さんは黒曜石の眼を輝かせて両親に報告した。母は嬉しそうに頷いていた。翌日のコンサートに母が楽屋見舞いに行くと、シャリアピンは母を抱き締めて「この婦人が僕の命を救ってくれた」と仲間に吹聴したそうだ。

六歳前になって、私は大森にあるドイツ学校に入学した。全校生徒五〇人足らずの学校は、大変厳格な学校で教師が生徒をぶつのは当たり前のことだった。私は一度「Z」の字を「Ƨ」と反対に書いて殴られたことがある。フランス語と英語、ラテン語の授業があったが、キヨライン女史に教えてもらっていたので、成績は良かった。しかし速記の授業だけは好きになれなかった。

私は学校へ行き出すと同時にインタプリティブ・ダンスを習い始めた。今でいうモダン・ダンスである。ピアノの練習をするという条件で母からお許しをもらったのだった。

ダンスの先生は、アンナ・パブロワのバレエ団にいたというアメリカ人のホーレスト・ガーネットさんだった。週三回のレッスンに、私は熱心に通い、自宅でも練習した。階下で父のお弟子さんたちがピアノのレッスンを受けていると、その曲にあわせて自分で振り付けをして踊った。踊り疲れると、どんな子がピアノを弾いているのか、そっと覗きに階段を下りた。

父のレッスンは通常三〇分だった。レッスン料は、週四回一か月で三〇円。それは当時の専門学校卒業者の初任給に匹敵するほど高かったが、父の噂を聞いて弟子入りを希望する生徒は後を絶たなかった。

一階の廊下の長椅子には、母親に連れられた私と年齢の違わない子供たちが辛抱強く待っていた。待っている間どの子も本を読んでいた。その本は、翻訳されている外国の文学書だった。とても太刀打ちできないと思うと、ピアノへの情熱はますます萎《な》えていくのだった。

お弟子さんの中には、明らかに才能のきらめきを感じさせる人たちがいた。私は子供だったが、父のコンサートの他に外国からの一流演奏家の公演には両親に連れられて行っていたので、どんな演奏が良いのかおぼろげながらわかっていたのだ。

才能のある生徒に対する父の態度も、またはっきりと違っていた。その頃、父は日本で自分の音楽を受け継いでくれる優秀な生徒を探していた。つまり、父の後継者は娘の私ではないということだった。父はかつてキエフで指導を受けたように、ブゾーニに教えられたように、自分の知っているすべてのものを次の世代に移植することが、音楽家の使命だと考えていた。四五歳という父の年齢が、そうさせたのかもしれない。

父の愛弟子の最年少は、九歳の少年だった。その少年は『少年倶楽部』に載っているような利発で目元の涼しげな男の子だった。少年の父親も音楽教師で、山田耕筰の紹介で初めて訪ねてきた。いつも親戚の人か、ピアニストの黒沢愛子（後に野呂愛子）が付き添いという豪華なお稽古だった。

少年は、全身で父のピアノを受け止め、それをできるだけ正確に再現しようとした。父のピアノを聴いている時、その子はまるで草原に身をひそめて天空の雲の流れをよんでいる草食動物の静謐《せいひつ》さを持っていた。しかし父に「プリーズ」と言われて弾き始めると、草原を駆ける奔放でのびやかな獣に変貌するのだった。静かな少年の心の中の激情を見たようで思わず息をつめて聴いた。父の顔は見えなかったが、この瞬間、父が自分よりもこの少年に期待をかけていることがわかった。私は二重に敗北を味わった。後に世界的なピアニストになる園田高弘さんである。

「レッスンでなにか不都合があると、先生は〝ノー〟と言われ、〝リスン〟と言って弾いて下さるんです。私は子供で英語がしゃべれませんでしたから、先生の弾かれるのを見て、ああ、そこのペダルが違うのか、アクセントの付け方が足りなかったのかと理解したのです。そして〝ワンス・モア・プリーズ〟と言われて、私は再び演奏を繰り返しました。ベートーヴェンを弾かれるとき、先生は静かに力強く弾かれるんだけど、体にズシーンと響いてくる。リストを弾かれる時、ピアノが揺れる感じなの、それでリストは激しいんだなと体で覚えていったのです。

レッスンでは、必ず前回の練習曲やバッハの曲の暗譜があって、すらすらと弾けるとご褒美に奥様のお手製のチョコレート・ロールをご馳走になりました。そのケーキのおいしさが忘れられません」

後年、園田さんは少年時代のレッスンのことをこう語ってくれた。

藤田晴子さんの場合は、彼女が私より六つ年上だったので、嫉妬しなくてすんだ。銀行の顧問弁護士を父親に持つ晴子さんは、ドイツ生まれだったから、私たち一家ともよく話をした。

晴子さんが弟子入りして一年後に、彼女のお父さんが病気で倒れられたが、父は月謝をとらずにレッスンを続けさせた。母は、天才少女ピアニストといわれた彼女の演奏会のために、空色のイブニングドレスを別注するほど目をかけていた。後に東京大学の女子学生第一号になり、憲法学者になる晴子さんは、明らかに母のお気に入りの生徒だった。勝気で芸術至上主義者であった母は、頭がよくて大人しい美少女にチャンスを与えるのは自分たちの任務だと感じていた。それは、母の性格というよりも、才能だけを自分のよりどころに二千年間世界を放浪してきたユダヤ民族の血だった。

父と母は、東洋の国で西洋音楽を根づかせ優秀な音楽家を育てることに喜びを感じ始めていた。豊増昇、永井進、井口基成と福井直敬、直俊の兄弟、松隈洋子、田中園子等、上野の音楽学校の生徒を入れると何百人もの父の弟子たちが巣立っていった。

父は演奏会も精力的に開いた。土、日曜は関西での公演と大阪、神戸のお弟子さんたちのレッスンにあてられるようになった。谷崎潤一郎の『細雪』にもレオ・シロタの演奏会のことが書かれている。

ある日、父の演奏を聴いて感動したという侯爵夫人がお伴を連れてやってきた。父が来客をもてなしていると、突然、二階の階段から椅子が転がり落ちてきた。母の焼きもちが爆発したのだった。ハンサムだった父は、いつも金持ちの婦人たちの取り巻きがあった。それは、息子を捨ててまで父と結婚し、異国で暮らす母にとって孤独な棘《とげ》となった。

そんな時母は美代さんにも当たり散らした。美代さんは御用ききの連中に人気があって、台所にはいつも誰かが来てしゃべっていた。気前がいい美代さんは、やって来た若者たちに菓子を出してもてなした。それを目撃すると母は、「私たちの食べる物がなくなる」と小言を言うのだった。

「私は、奥の物には手をつけていません。自分のお給金で買ったものをあの人たちに出していますから」

「だからあなたは、お給金の出た一週間後に文無しになるんじゃありませんか」

母と美代さんは、互いに負けてはいない。しかし美代さんは、女主人に勝てないことがわかっているので、最後は黙ってしまう。そして美代さんは何も持たず、さっさとシロタ家を出てゆく。美代さんに出て行かれて一番困るのは母である。江の浦に帰った美代さんを呼び戻しに行くのは、梅原夫人の役だった。美代さんはフィンランド大使館で運転手をしていた沢辺英雄さんと結婚するまでの八年間、私たちと一緒だったが、その間二回家出をした。

気分屋の母の噴火が時々あっても、私たちの生活は閑《しず》かだった。それが、一九三六年（昭和一一年）の二・二六事件の頃から急に慌ただしくなった。

赤坂にあった私の家は、陸軍の第三連隊の近くだった。二・二六事件のその日、道路は封鎖され、家にも憲兵がやって来た。一二歳だった私は、両親や美代さんらが緊張しているので〝大変〟なことだということはわかったが、家の前にまるで門番のように立っている二人の兵隊を見て、「兵隊さんが私の家を守ってくれているのだ」と安心したものだった。

しかしそれから間もなくして、私の家が憲兵によって見張られていることを知った。相変わらず我が家ではパーティが開かれたが、その度に客の名札立てを作るのが私の役目になっていた。常連の名札は前回のものを流用したらいいじゃないの、と母に提案した。母が美代さんを呼んで、前回の名札はどこにあるのかと尋ねると、美代さんは意外なことを言ったのだった。

「名札なんてありませんよ。いつも憲兵さんが来て、来客の名前を調べていくんですが、私は外国人のややこしいお名前は覚えられないから、パーティの名札ごとそっくり憲兵に渡していましたから」

私自身が、世の中のきな臭さを実感したのはドイツ学校でだった。

一九三三年、ヒトラーが首相に就任した。それから二年ぐらいたつと、今までいた先生が本国に還され、それに代わってナチの教師が派遣されてきた。生徒は毎朝「ハイル・ヒトラー」を言わされ、「ホルスト・ヴェッセル・リート」（ナチス党歌）を歌わされるようになった。期末の成績で、私の「道徳」の成績がAからCに下がった。両親は驚いて学校を訪ねた。するとナチの教師は、

「お宅の娘は、誕生日パーティの席でザール地方がドイツに返還されるよりも同盟国のものになった方がよかったと発言したのです。生徒の父兄から私たちは聞いたのです。これは危険思想ですぞ」

と母を叱りつけた。帰宅した母は私の方を向いて言った。

「公の場所では、政治について触れてはなりません。私たちは、この国ではいつも〝ゲスト〟であることを忘れてはいけませんよ」

私は自分がユダヤ人であることを知っていた。ヨーロッパではユダヤ人が迫害を受けていることも、生徒たちの会話から知っていたが、それが自分にも降りかかってくることまでは予想していなかった。

ナチの党員である地理の教師は、私の描いたアメリカの地図をみて、輪郭線を太く書きすぎていると言ってクラス中に見せたのだった。「皆さん、こんな馬鹿な子がいます」。私は初めて受けた屈辱に打ちひしがれた。

両親は私を中目黒のアメリカンスクールに転校させることにした。ドイツ学校では、アメリカンスクールのことを「ソドムとゴモラの学校」と悪口を言っていたので、私は自分が格下げになったようでしょげていた。しかし絶対にドイツ学校には戻りたくなかった。

ところが入学の初日で、私はこのアメリカンスクールが気に入った。生徒たちがのびのびしていたのだった。先生と生徒が友達のようなので、ドイツ式に慣らされていた私には「ちょっとはしたないのではないか」とさえ思えた。お弁当を持っていってもよいし、食堂で食べてもよかった。女生徒たちは皆、お洒落だった。髪をきれいにカールしていたし、休み時間には小さな鏡を出して髪の具合を点検する子や、毎日リボンを変えてくる子がいた。男女交際も自由だった。

クラスには女王がいて、その子がデートの組み合わせを決めていた。一二歳で転校してきた私は、その仲間に入れてもらえなかった。学校でダンスパーティがある日、私はいつも憂鬱だった。キヨライン女史がいたら相談できたのだが、彼女はその少し前に、故郷のエストニアに帰ってしまった。

私は、勉強のよくできる野暮ったいオーストリア娘だった。ダンスパーティで私はパートナーを見つけることができなかった。二時間も壁の花をして帰ってきた日、私はベッドで泣いた。夕食にも降りていかなかったので、母が心配して上がってきた。

しかし私はボーイフレンドがいないから泣いているなんて思われたくなかった。でもカンのよい母は、私の一日を尋ねていくうちに原因を突き止めた。

「学校内でボーイフレンドを見つけようと思うから無理があるのよ。外で見つければいいんじゃないの」

母はいとも簡単に言ってのけ、ポンポンと私の肩を叩いた。そして本当にその週のうちにハンサムなボーイフレンドを見つけてくれたのだ。次のダンスパーティの時、彼と一緒に会場に行くと、クラスの女の子たちは、自分の相手はそっちのけで、私のパートナーばかり横目でチラチラ見ていた。そしてクラスの女王がさも親しそうに近づいてきたのだった。

次の日から、私はクラスの仲間入りを果たした。このことがあって、私にとって母は絶対的な存在となった。母は、知恵者であり、女性としての先輩であり、おしゃれのコーチであり、生活者としての指南役だった。そして時には、その母の言葉が、私の将来を決定することになった。

ピアノへの才能を早くに自分で見限ってしまった私は、週三回のインタプリティブ・ダンスのレッスンに熱心に通っていた。そしてついに発表会でガーネット先生の相手役をつとめるようになった。発表会が終わって数日が過ぎた日のことである。

「あなたは確かに表現力は上達したわ。踊りに華もあるわ。でも一番大事な基本的なテクニックのレベルが低いです。ダンスは足が命なのに、そのテクニックが足りない。抜群のテクニックを持っている者しか一流の舞踊家にはなれません。あなたの才能は、むしろ語学にあるとママは思うのよ」

母はそう言って、三流ダンサーのみじめな生活がどんなものか話した。母の言葉は決定的だった。一五歳の私は、ふてくされて、ダンスへのやる気をなくしてしまった。母の言葉に反発して、ダンスに挑戦することもできたのに、それをしなかったのは、私のなかにそう言われると納得する何かがあったのと、母の透視眼に信頼をおいていたからだった。母は直感力が鋭くブリッジではいつも勝つほど勝負運の強い人だった。父もそんな母に一目置いていた。

一つの道が閉ざされることは、別の道が開かれることでもある。私は、さして努力もしないでドイツ語、フランス語、英語、ロシア語、ラテン語、そして日本語をマスターし、母が言ったように語学は抜群の成績をとることができた。一五歳半でアメリカンスクールを卒業する時、私は日本の「義理」について英語で演説し、良い点をもらった。

私は卒業するとソルボンヌに留学するつもりだった。しかしその一九三九年は、九月には第二次大戦が始まる年で、フランスとイギリスはドイツとの戦争開始直前の、風雲急を告げる状況にあった。両親は日本から一番近いアメリカの西海岸にあるミルズ・カレッジに私を留学させることにした。

ところが入国ビザをとる際、大きな壁にぶつかった。アメリカ大使館に行くと、ビザをとるには一〇年間犯罪とは無関係であるという証明書が必要と言われた。私の国籍はオーストリアだったが、その時すでにウィーンはナチに占領されていて、証明がとれない。アメリカ大使館は、日本の警察が発行する証明書でも可能だと言ったが、日本の警察は「当方は日本人のために証明書は出すが、あなたたちには出せない」とすげない。一九三七年に日独伊防共協定が結ばれ、ヒトラーの影響でユダヤ人への警戒は強くなっていたうえに、三九年に入るとアメリカと日本の間はだんだん緊迫していった。両親は今までのあらゆる縁故を頼ることを試みた。

私の家の近くに、元総理大臣で外務大臣も務めた広田弘毅が住んでいて、父とは顔なじみだった。外国から来る郵便物が、シロタとヒロタを間違えて配達されることが多かったからだった。クリスマスの時など、外国から来た小包が広田家に間違って届き、「あなたのところへお返しするのは残念だな。シロタ家に届くプレゼントの方が中身がいいからなぁ」と冗談を言われる間柄だった。

両親は広田元首相に頼みに行った。広田氏はすぐにアメリカ大使館のジョセフ・グルー大使に電話をしてくれ、それでようやくビザが下りたのだった。

一九三九年八月初旬、私は両親とともに日本の貨物船でサンフランシスコに向けて出航した。ひとり娘の留学先を見届けるため、父と母は心配でついて来たのだった。しかしこの出発の半月前の七月二六日に、アメリカは日米通商航海条約の破棄を通告していた。アメリカと日本の間に亀裂が入り、それが戦争へと崩れ込もうとしていた。そんなことを知らない私は、見知らぬアメリカでの生活に心をときめかせていた。

Ⅳ　大戦下のアメリカで暮らす

「ピアノは毎日弾くんですよ。一日弾かないとそれを取り戻すのに三日かかるからね。手紙を書きなさい。パパたちも手紙を頻繁に出すからね」

父は私の両手を握った。私は父の言葉の一言一言に頷いた。

「ベアテ、女性は真っ白なタオルみたいなものなの。誰かがそのタオルにタッチすると白いタオルでなくなるのよ。体に気をつけてね」

気丈な母が泣いていた。母の顔が涙で膨らんだかと思うと、私の目から涙が止まらなかった。

一九三九年八月、娘のアメリカ留学を心配してサンフランシスコまでやってきた両親を、私は見送っていた。両親の船が見えなくなるまで見届けると、急に虚脱感に襲われた。これから、この広い国でひとりでやっていかなければならないのだと思うと、陽光を浴びたサンフランシスコの町が、遠い記憶の中の風景のように黄ばんだわびしい町に映った。両親から離れて自由になった解放感よりも、孤独感の方が強かった。一六歳の誕生日を二か月後にひかえた娘は、喫茶店に入って一休みして帰路につくという才覚もなく、大学行きのバスに乗った。

ミルズ・カレッジは、サンフランシスコから車で四五分のところにある緑の多いキャンパスである。広いキャンパスに建つ校舎は、女子大学らしく白い瀟洒《しょうしゃ》な建物で、百年以上を経ても絵本の中の建物のように美しかった。五〇〇人の全学生は、寮生活が義務づけられており、寮はひとり部屋だった。

私は自分の部屋に戻ってもぼんやりしていた。だいぶたって、明日は夕方からディナーパーティがあることに気づいた。私は身重の女性のようにのろのろと立って、トランクの中にあるドレスを出した。母がデザインして作ってくれた白のイブニングドレスは細かいプリーツのお気に入りの服だったが、たたみ皺がいくつもくっきりとついていた。私はアイロンを持って寮の共同部屋に行った。

これまで私は、人形の洋服に玩具のアイロンをかけたことはあったが、本物のアイロンを使ったことがなかった。銀色の鉄の塊はずっしりと重く、冷たい。細かいプリーツなど、どうやってかけたらいいのか見当もつかない。私は皺くちゃのイブニングドレスを広げたまま途方に暮れた。するとだんだんとわびしくなっていった。今頃は太平洋を日本に向かっている両親の船を思うと、涙が出てきた。一度涙がこぼれると、もう止まらない。

「どうしたの」

　通りかかった二年生の先輩が声をかけてくれた。理由を話すと、彼女はなんだそんなことなの、と言って部屋の隅にたてかけてあったアイロン台を持ってきて、見本をみせてくれた。

「ねぇ、相談だけど、これからアイロンは私がかけてあげるわ。そのかわり私が必要な時、あなたのアイロンを貸してくれない」

　交渉はすぐに成立した。この国では“Give and Take”であることを私は学んだ。

　キャンパスは五〇〇人の若い女性が発散させる化粧水の香りと髪の匂いで植物園のように濃密な空気で澱んでいた。学長も女性だった。オリリア・ヘヌリー・ラインハート学長は、背が高くて、太った五〇代の未亡人だったが、進歩的な考えの持ち主だった。

「これからの女性は、家庭の中だけでなく社会に進出すべきです。結婚することは大切なことですが、仕事を持って家庭と両立できれば素晴らしいと思います」

　一九三九年、昭和一四年のアメリカでは、働くのは貧しい階級の女性というのが常識だったので、ラインハート学長の考えは革新的だった。学長の考えにそって教授連は学生たちが卒業後なんらかの職業につくのを前提に教えた。私は得意な語学が生かせる仕事につこうと、文学を専攻した。

ここでも私の語学力は威力を発揮した。フランス語ができたのは、全学生五〇〇人の中で一学年上に一人、二学年上に一人いるだけのわずか三人だったたし、ロシア語にいたっては学生は私一人だった。語学の中で、一番多かったのは、スペイン語で、クラスに一四人いた。日本語もロシア語同様に学生は私一人だった。教授とのマンツーマン授業で、楽しくなるはずだったのに、事実は違っていた。

日本語のマニュシェン教授にとって、自分より流暢に話し、自分より日本通（私は一〇年も日本に住んでいたのだから）の学生を教えるのは、愉快なことではなかった。オーストリア人の小柄な教授は、面白くもない日本の歴史ばかりを教えた。教授はしゃべるのは駄目だったが、読むことはできたからだ。私は授業に退屈した。一本調子でだらだらと日本の武家社会や町人文化について講義する教授を見ていると、立ち上がって、「でも先生、日本女性は社会的な地位こそ持っていませんが、家庭では強いのです」と叫びたくなった。マニュシェン教授は、明らかに自分に対して尊敬の念に欠ける学生に、年に一回復讐するチャンスがあった。私の日本語の成績はいつも最低の「D」。幸い他の語学の成績が良かったので、私は優秀な学生でいることができた。

日本語学科の教授でさえ、日本を見たことがないのだから、当時のアメリカでは、日本についての知識は全くといっていいほどお粗末なものだった。男子の大学との交流パーティで、私が日本から来たと言うと、矢継ぎ早に質問をあびせられた。

「日本には汽車は走っている?」

「日本人は洞窟に住んでいるのかい?」

「日本人はチョンマゲという変な髪型をしているんだろう?」

「ハラキリ見たことあるかい?」


こんな質問をするのが、スタンフォード大学の学生だったりするので、もううんざり。日本についてのあまりの無知さと失礼な質問に、私自身が侮辱を受けたような気持ちになった。人は異国にいる時、愛国者になる。日本での一〇年間の滞在で、自分が半分以上日本人になっていることに気づいた。日本の床の間に活けられた花、障子から射し込む柔らかい光、畳の匂い、ハッピを着て神輿《みこし》をかついだ夏祭りの賑わい、風鈴の涼しげな音、ラッパを吹きながらやってくる豆腐屋、あの独特な調子で語る紙芝居の口調、センベイの香ばしい香り。私はこれらのことをこの国で話しても通じない虚しさを感じた。それ以後、私はトンチンカンな質問攻めにあわないため、アメリカの田舎の州の出身と嘘をつくことにした。


アメリカはパーティの国だった。なにかあるとパーティだった。私は中国風のサテンのイブニングドレスを持っていたが、それを着ると隣の室の同級生は首をかしげた。

「バスローブみたい。アメリカではそんなの着ないわよ」

牡丹の花弁のような光沢のある、紫色のチャイナ・ドレス。ぴったりと体の線にそって金魚のようにしなやかにみせてくれる服は、私を引き立たせてくれるはずだった。同級生にけなされて自信を失ったが、彼女の無神経な言い方がしゃくだったので、私はパーティに着ていくことにした。

会場に入るや、私の知った顔がいっせいに服に視線を注いだ。

「まぁ、きれいなドレス」

「どこで作ってもらったの」

「誰がデザインしたの」

同性の賛美の後に、男性たちの微笑に包まれた。

「踊ってくれませんか」

私は積極的に声をかけてきた学生と踊りながら、自分がいいと思ったことは迷わず実行すればよいのだということを知った。「他人の言動にまどわされないこと」。それがこの日の教訓だった。

両親のもとを離れ、私は少しずつ大学で自分の生活のペースを摑《つか》んでいった。それと同時に私の体重も、少しずつ増えていった。そして本気になって減量しなければいけないと決心したとき、私はすでに五キロも太っていた。顔はマシュマロのように丸くなり、お気に入りのチャイナ・ドレスを着ると、提灯のように皺ができてしまった。原因は、ミルクシェイク。

大学のコーヒーショップで、初めて白く泡立ったミルクシェイクを飲んだとき、口の中に白いかきつばたが次から次に咲いていくようで、うっとりする美味しさだった。母や美代さんが知らないこの飲み物に、私は夢中になった。毎日飲み続けたが、あきることはなかった。アメリカで一番美味しい物、それは今でもミルクシェイクだ。

大学の夏休みは早い。一九四〇年の五月、学年末の試験が終わると、私は「新田丸」で日本に帰国した。それはまさに自分の国への〝帰国〟だった。最初にしたことは、歯科医に行くこと。アメリカ人の医者は大きな指をつっこむ。それが怖くて、ずっと歯痛を我慢していたのだ。

バカンスの間、両親と一緒に軽井沢の別荘で過ごした。六月一四日、ドイツ軍のパリ入城が伝えられ、七月、日本では軍部の策謀によって米内《よない》内閣の総辞職が発表された。そして贅沢品の製造販売が禁止されたが、別荘には外国からの輸入缶詰もバターもあって私たちの生活は昔と変わらなかった。

夏休みでも別荘にレッスンを受けにくるお弟子さんたちがいて、私は藤田晴子さんとも再会した。近所の子供たちが「とんとんとんからりと隣組　格子をあければ顔なじみ」と歌いながらトンボ釣りをしているのを聞きながら、私はハンモックで読書をしていた。両親のもとにいて安心しきっていた私には、「一億一心」「南進日本」などという標語が全く目に入っていなかった。

楽しい時間はすぐに経ってしまう。二か月間の夏休みを経て、私は大学に帰った。そしてまたあの退屈なマニュシェン教授の日本語の授業も始まった。

マニュシェン教授は、旅行したことのある中国から日本を連想し、日本文化と中国のそれをほとんど同じように考えていた。私はアメリカに留学する前に、三週間ほど両親と一緒に北京と上海を中心に中国旅行をしていたので、少しは中国のことも知っていた。アジアの中の日本を外から見るために両親がわざわざ連れて行ってくれたおかげだった。

一五歳の私に、中国の風景は圧倒的な迫力で映った。紫禁城、故宮博物院の広大さ、通りの広さ、人の多さ。同じアジアでも日本に比べて中国の方が力強く、ダイナミックだと感じた。それと同時に日本の国の清潔さに気づいた。中国では道は汚れ放題、女の人も平気で用を足していたので、私は短距離の移動にも車に乗ると言って母をこまらせた。上海は、光と影がはっきりしていた。フランス租界、イギリス租界は華やかだったが、中国人の生活は文字通りみじめそのものだった。侵略、植民地化されるということが、どういうことなのかを肉眼で見、心に刻みつけた。

確かに日本文化の源流は中国にあるものが多いが、二千年の間に日本独特のものに育っていた。中国語は英語式に主語の次に述語が来るが、日本語は述語が一番最後にくる。それほど二つの文化も異なっていることを、教授はほとんど考慮に入れていない。しかし草加煎餅を食べていない人にその味をどうして説明できるだろう。私は羊のように従順な学生になっていた。

私が力を注いだのは、フランス語だった。フランスには、父の弟のピーターおじさん一家がいたから、いつか住んでみたいと思っていた。

私はフランス語の研究会にも所属していた。二年生の時に、私はその会の会長になり、研究会主催のパーティを催すことになった。私はムーランルージュのカンカン踊りにヒントを得て、「キャバレー」をテーマにやりたいとクラブの顧問教授に相談したが、「ヨーロッパは戦争の真只中にあるのです。今はそんなご時世ではありません」と言われてしまった。そこでナポレオン時代の宮廷パーティを真似た仮装パーティを考えついた。私は会のメンバーを指揮して、ホールの窓にシーツを使ってカーテンを作り、宮廷ダンスを教えた。モダンバレエをやっていたので、宮廷ダンスの振り付けはお手のものだった。パーティは大成功だった。私は全学生に名前を知られるようになった。後年、私はジャパン・ソサエティやアジア・ソサエティでディレクターをすることになるのだが、その第一作は、このパーティの演出ということになる。

一九四一年を迎えた。

両親の手紙には、日本でも、戦争色が濃厚になっていることが書かれていたが、それを深刻に受け止めるには日本は離れすぎており、私は若すぎた。週末ごとにあるパーティや演劇部の舞台に忙しすぎた。それでも両親が八月に来る日だけは、カレンダーに印をつけて、指折り数えていた。

その日——。私は、父と母が乗った日本郵船「竜田丸」の着く時間を両親の手紙で知っていたので出迎えに行ったが、船はサンフランシスコの港になかった。港の外に停泊しているのだという。日本製品ボイコット運動が激しくて、絹を積んでいる竜田丸は入港できないとのことだった。私は、日米間がそれほど険悪な状態であるとは思っていなかったので、立ちすくんでしまった。新聞やラジオで日本排斥の言葉は聞いていたが、私自身がオーストリア人だったので、身近な問題としてとらえていなかった。

竜田丸は次の日も入港しなかった。このまま日本に帰ることになるのではないか、との噂が流れた。気が気でなかった。「オーストリア人の両親が乗船している」と言っても、税関の役人の権限を越える問題である。

三日間も事態は変わらなかった。これは後日両親から聞いた話だが、「竜田丸」の船内でも入港できないことでパニックが起こっていた。父は乗客の気持ちを落ち着かせるためピアノを弾いた。

四日目になって、ようやく入港が許された。

私たち親子は、昔のように三人で食事をとり、どこへ行くにも三人で出かけた。ハリウッドに行ったのは、ヨーロッパの友達がナチの手を逃れて来ていることがわかったからだ。

ついでにスタジオを見学させてもらい、そこでジョージ・ガーシュインの弟、ジョン・ガーシュインに紹介された。

「ラプソディ・イン・ブルー」や「ポーギーとベス」を作曲したジョージ・ガーシュインは一九三七年に亡くなっていたが、彼の弟はハリウッドのスタジオで働いていた。ガーシュイン兄弟も私たちと同じユダヤ系ロシア人の移民の子だったので、ジョンとはすぐ打ち解けた。

ジョン・ガーシュインをはじめ、会う人たちは皆「日本はいずれアメリカと戦争するのではないか」と心配してくれた。その度に父は、「大丈夫です。日本はアメリカとはやりませんよ」と否定した。

父は近衛秀磨を通じてその兄である首相の文麿をはじめ政府の高官とも親しかったので、そのへんの事情を知っていたのだろう。しかし母は、会う人たちが口々に言う言葉や港の外で三日間止められたことですっかり心配性になっていた。

「このままアメリカに残りましょう。ベアテがいるんですもの」

母が言うと父はきっぱりと言った。

「東京音楽学校との契約があります。私はあの学校に戻らないといけないのです。私を待っている生徒がいるんですから帰ります」

家族の言うことに反発したことのない父が、この時だけは一歩も譲らなかった。母はそ

の父の強い決心に、むしろ安心して、

「あなたが帰るというのなら、私もまいります」

と言うのだった。

九月、両親の船は、サンフランシスコを出航した。

途中船はホノルルに寄港したが、この時、母の不安は的中した。アメリカ政府は、二人が日本に入国することができないと言うのだった。入国するには、ワシントンで正式な許可を取らないといけないと言われたのだ。二人は、許可が下りるまでの間ホノルルでアパートを借りて待つことにした。父はハワイの各地で演奏会を開いて、宿泊費を稼いだ。

父はなぜ母やアメリカ人の友人たちの忠告を押し切って日本に戻ろうとしたのだろう。責任感の強い父は、東京音楽学校との契約を無視することができなかった。一〇年も住んでいる日本には、生活の基盤ができていたし、弟子や取り巻きのファンもいた。何よりも日本の四季は、父にとって快適であり、ユダヤ人に対して偏見をもたない日本が好きだった。それに父には楽観的なところがあった。

両親に許可が下りたのは、一一月だった。二人は日本行きの最後の船に乗って、一一月末に日本にようやく辿り着いた。

その一〇日後、日本軍は真珠湾を攻撃した。

日米開戦の日、私は友達と遊びに出かけていた。寮に夕方四時ごろに戻ると、廊下で二、三人の寮生が立ち話をしていた。通り過ぎようとした私は呼び止められた。

「戦争が始まったの、知っているの？　日本がパールハーバーを突然爆撃したのよ。相当な被害らしいわ」

寮生は、こんな非常時に暢気《のんき》に遊びに行っている私を非難するかのように言った。

「本当ですか」

そう聞きながら、やはり、という思いが体を鉛にしていった。パパとママは、ハワイから日本に帰り着いている。今は、とにかく無事だ。そのことが、私を落ち着かせた。すると急に腹がたってきた。日本はなんてバカなことをしたんだ。こんな巨大な国を相手に戦争するなんて。

しかしこれからどういう事態が起こるのか想像できなかった。私には、自分がいる国と両親が住んでいる国が戦争するとどうなるか、ということが全くわかっていなかった。

それが実感できたのは二週間後だった。銀行に行くと、毎月の送金が振り込まれていなかった。ナチのユダヤ人強制連行のニュースが浮かんだ。テーブルクロスに落ちたソースのように頭の中にしみができた。不吉なしみは、現実になっていった。両親からの手紙も送金も途絶えた。

母が九月に別れる時、かなりの金額を銀行に振り込んでくれていたので、半年間は今まで通りの生活が続けられた。

授業は従来通りだったが、戦場の兵士にセーターやマフラーなどを送って励ますという義務が一つ増えた。私は器用ではなかったので、毛糸でマフラーを編んだ。編棒を動かしながら、日本の女子学生もこんなことをやっているのだろうかと想像した。編み物は想像する時間を作り出す。

パーティ好きのママはパーティが開けなくていらいらしているだろう。パパの演奏会は減っただろうか。お弟子さんたちは、今も熱心におけいこに来ているのだろうか。

その頃日本では、外国郵便物の開封検閲、差出人の住所氏名を明記させる臨時郵便取締令がすでに公布され、アメリカやイギリスの映画も上映禁止、ジャズは敵性音楽のレッテルを貼られ、敵性器具としてマイクロホンの使用まで禁止されていた。オーストリア国籍とはいえ、娘をアメリカに留学させていることで、両親への憲兵の監視は一層厳しくなっていたことを、私は知るよしもなかった。

戦争は終わりそうになかった。銀行の預金の残高は、残り少なくなっていた。

一九四二年の夏休み、私は自活しなければならなくなった。アルバイト先は、意外に簡単に見つかった。サンフランシスコにある「CBSリスニング・ポスト」で、東京からの短波放送を聞いてそれを英語に翻訳する仕事だった。週三五ドルももらえる。週二〇ドルが普通の労働者の給料だったからこれはとても効率のよい仕事だった。

しかし関門がひとつあった。試験にうからなければならないのだが、このテストの日本語を見て、私は頭の中が一瞬真っ白になった。そこに書かれた文語体、文章の中にちりばめられた敬語が全くわからなかったのだ。一〇年も日本にいて、日本語が読めないのは恥だ。私はテストに落ちて必死に勉強した。

二回目の試験で合格。ところがまた難関が待ち受けていた。仕事は、ディクタホーンというレコードに録音された日本の短波放送の内容を要約するのだが、雑音がひどくて聞き取れない。ガーガーといってまるで製材所の中で講演を聞いているようだ。頻繁に飛び出す軍事用語も耳慣れない言葉ばかりだった。

しっかりした日本語の辞書を手に入れねばならない、そう思って町の本屋に出かけた。ところが驚いたことに、サンフランシスコのどの本屋に行っても「日本語の本？　ないね」「一冊あったけど、数か月前に売れたよ」というありさまだ。古本屋をのぞくと、「政府の役人が来て、日本関係の本は全部かっさらっていったよ」と言われた。

私は諦めなかった。とにかくこれからは一人で生きていかねばならない。そのためには日本語の辞書が必要だった。父の弟子で満州の奉天（瀋陽）から来たピアニストのことを思い出した。彼を訪ねて、露日辞典を手に入れることができた。

次に最近の『サンフランシスコ・クロニクル』から軍隊用語を拾い出し、対訳ノートを作った。英語の用語をロシア語になおし、露日辞典で日本語にたどりつくという方法だ。

このノート作りを毎晩続けた。

慣れる、という人間の能力は素晴らしいものだ。二か月もすると、私の耳はガーガーという機械音の彼方から聞こえてくる軍事ニュースを聞き取れるようになった。

仕事がようやく軌道に乗るようになった時、夏休みが終わった。すでにCBSリスニング・ポストで、私は貴重な存在になっていた。日本語がわかるのは、日系二世の男性と私だけだった。二世の人が聞き落としたニュースを私が聞き取っていたため、上司のクリストファー・ランド氏の信頼を得るようになっていた。

ランド氏から、「このまま仕事を続けてもらえないか」と頼まれた。その背景には、日系人はオレゴン州のポートランドに強制移住しなければならないことが決定していた、ということがあった。私も、短波放送を聞いていれば両親の消息がわかるかもしれないし、生活費のこともあったので仕事を続けたかった。ランド氏が大学にかけあってくれ、授業に出るかわりにリポートを提出すればよいことになった。

私がほとんどの単位をすでにとっていたこともあって、このことが認められたのだ。しかし、これは例外中の例外という扱いで、ラインハート学長の力が働いていた。

「今は戦争の非常時です。あなたは大きな任務を持っています。この国のために役立てて下さい」

学長はそう言って私の手を握った。オーストリア人である私には、その言葉に何の抵抗もなかった。自分が育った日本を敵にまわすことになるという意識もなかった。自分の力で生きていかなければならない。その手段として通訳の仕事をするという現実が私を支えていた。

戦争は日を追うごとに激しくなっていった。日本からの短波放送を毎日聞いていると、野火があてどもなく拡がっていく感じだった。

私は一八歳になるのを待って、すでにアメリカ国籍をとっていた。

CBSリスニング・ポストは一九四二年九月、政府のF・C・C（Federal Communication Commission）の中の「外国放送サービス部」に変わった。

呼び名がF・C・C外国放送サービス部と変わっても、メンバーの二五人の顔ぶれも上司のランド氏も変わらなかった。若い女性は私だけで、日本語の他にフランス語、ロシア語、ドイツ語、スペイン語の翻訳も手伝った。

私の仕事は、夕方三時から夜の一一時までという不規則な生活だった。時差の関係で日本の短波放送の軍事ニュースが、この時間帯に流れてきたからだ。古いホテルの最上階の一七階と一六階が私たちの職場だった。サンフランシスコでは一、二の高さを競うビルだったので、その屋上にアンテナを立てると電波がうまくキャッチできたのである。

しかし事務所のあるそのホテルは、町で一番いかがわしい場所に建っていた。周囲は兵隊や水兵向けのストリップ劇場やバー、売春宿が舞台の書き割りのように並んでいて、夜がふけるにつれ街全体が微熱をおびてくる。仕事を終えて外に出ると、ちょうど町が最も盛り上がっている時である。酔っぱらった水兵と踊り子がもつれ合っているのを避けて、私は道の真ん中を足早に歩いてアパートに帰った。

毎日の生活は、軍隊のように規則正しかった。朝食の後、すぐに大学の勉強にとりかかった。リポートを提出するために、何冊も本を読み、必要な箇所にチリ紙で作ったこよりをはさんだ。こよりは何度も使い回した。この美しい紙の文化を生んだ国と自分が今いる国が戦争しているのだと思うと、やりきれない寂寥《せきりょう》感に打ちのめされそうになった。

私の給料はすぐに一週間三五ドルから五〇ドルにあがった。アパートは三人のルームメイトで借りて、一か月六〇ドルだったから、私の生活は食費を引いても余裕があった。アパートとF・C・Cとの往復だったので、大半の給料を貯金することができた。自分で働いた金を貯金する、それは初めての体験で、とても自由で爽快な気分だった。一九歳の私は、皮肉にも戦争のおかげで自活力をつけ、勤勉になっていった。

F・C・Cの仕事をしていれば両親の消息がわかる、という私の予感は当たった。当時、ワシントンにあるF・C・Cは毎日、日本のニュースをタイプアップしてテレックスで送ってきていた。そのテレックスに、父の弟子の田中園子さんが東京でインタビューを受けたニュースが入ってきた。

「あなたはシロタ教授に教えてもらったのですね」

「はい。シロタ教授のお嬢さんはアメリカですが、教授夫妻は日本にいらっしゃいますから」

「シロタ先生の娘さんはアメリカで何をしていらっしゃるのですか?」

「カリフォルニアの大学に行かれています」

「あなたも外国留学したかったでしょう? 外国には、いい音楽がありますから」

インタビューはここで切れていた。私はこのニュースから、とにかく両親が無事であることをつかんだ。インタビュアーが「留学したかったでしょう」と言っていることから考えると、日本では敵国のアメリカのことを口にできる状態なのだと安心した。

ところがそれから二週間後だった。上司が、ワシントンのF・C・Cから送られてきたテレックスを読みながら冗談めかして言った。

「ミス・シロタ、あなたと同じ名字の人のことが出てるよ。親戚じゃないの」

シロタの名前を聞いただけで、私は反射的に立ち上がっていた。父のことに違いないと思ったからだ。

〈今日、ピアニストのレオ・シロタが東京音楽学校を罷免された……〉

テレックスには、父の名前に続いて罷免された外国人教授の名前が載っていたが、私はもう見ていなかった。

あれほど日本を愛し、上野の音楽学校の生徒たちを可愛がっていた父を、日本は拒絶し、追放したのだ。私は電気にかかったように全身がしびれた。その後から恐怖が湧いてきた。私は机の上に顔を伏せた。その泣き声に上司はびっくりして飛んできた。彼は私を慰めてくれ、日本にいる両親と交信できる方法を教えてくれた。

私はすぐにF・C・Cから一二、三分の国際赤十字の事務所に飛び込んで、日本に電信を打ち、返事がもらえるように手配した。その費用は二五ドルもかかった。

しかし返事はなかった。

戦争は日ごとに激しさを増していった。この年の秋、南太平洋での日米のつばぜり合いが伝えられ、年があけた四三年一月、チャーチルとルーズベルトがカサブランカで攻撃計画の協定を結んだ。そして二月、日本軍はガダルカナル島から撤退を始めた。ヨーロッパでは、スターリングラードでドイツ軍が降伏した。世界は火山のように爆発し、噴火し、溶岩が流れ出していた。灼熱の溶岩が人も家も呑み込み、どこに流れつくのか誰にもわからなかった。

私は短波放送から入ってくる父の名前を待ったが、ひどい雑音に混じって届くのはいつも「大日本帝国海軍は……」ではじまる戦況のニュースばかりだった。

不安を忘れるように、私は仕事と勉強に熱中した。サンフランシスコの港で父が「ピアノだけは毎日弾きなさい」と言ったのに、そのピアノを弾く時間がなかった。私はまる六か月間、土曜日も日曜日も映画にもコンサートにも、ダンスにも行かなかった。ただひたすらF・C・Cで午後三時から一一時まで働き、昼間、試験勉強に明け暮れた。授業に出ないぶんリポートを提出しなければいけなかったし、卒業試験が待っていた。

卒業試験で、日本語のマニュシェン教授は、提出したリポートに序文を書かなかったのと、頁数の数字を一つ飛ばしてつけていたために「D」をつけた。事務局から通達がきて、日本語がDでは卒業式にPhi Beta Kappa《ファイ・ベータ・カッパ》（学業優秀者の中から選抜される名誉会員で、全米組織を持つ）をあげることができないから、リポートを書き直して提出するように指示された。今のようにコピー機のない時代である。私はリポート用紙につけた通し頁の間違いだけで内容までもう一度清書し直すのは馬鹿馬鹿しいと思ったので、「Dでもいい」と返事をした。すると再び事務局から連絡が来て、

「学長が心配している。学長があなたにPhi Beta Kappaを出したいと言っているので、やはり書き直してほしい」

と言ってきた。

私はラインハート学長の命令に従った。そして五月、私はミルズ・カレッジを最優秀賞を貰って卒業した。マニュシェン教授の前を通るときには、頭も下げず前方を真っ直ぐ向いて歩いた。

卒業すると、すぐにF・C・CからO・W・I（Office of War Information 米陸軍情報部）に移った。

サンフランシスコにあったO・W・Iは、朝九時から五時までの普通の勤務時間帯なのに給料はF・C・Cと変わらないのが魅力だった。仕事の内容は戦争を早く終結させるための日本人向けの番組制作。いわば〝東京ローズ〟（前線の米国兵の戦意を失わせるための謀略放送）の反対版だった。日本語のメッセージに音楽をつけた七分ぐらいのミニ番組で、私の書いた台本をオレゴン州ポートランドのO・W・Iの事務所に送ると、そこにいる日系二世の女性が読んでくれるのだった。「日本の皆様、こちらはアメリカの声です。あなた方は軍人たちにだまされています」といった調子で、メッセージの合間に音楽をはさんだ。私は日本人は好奇心旺盛な民族だと思っていたので、新しい音楽を流すことにした。「今、アメリカではこんな曲が流行しています」と言ってコンチネンタルタンゴやジャズを流した。

このミニ番組作りは、自分の好みが入れられるので、私は夢中になった。もしかして父と母が聞いてくれるかもしれないと思い、父の好きなロシアの曲を番組の中に入れることを忘れなかった。

戦争はいっこうに終わりそうになかった。しかし日本軍の旗色が悪くなっているのは日々伝わってきた。O・W・Iには朝鮮人が一〇人くらいいたが、日本軍の撤退のニュースを聞くたびに彼らの表情が雲が晴れたように明るくなった。私は複雑な気持ちだった。日本にいる両親の安否が気づかわれた。私はひたすら戦争が早く終わり、両親を探したいと祈った。

一九四四年一一月三日、茶色の小さな封筒がイギリスから届いた。急いで封を切ってみると、従兄のイゴールがフランスのノルマンディで戦死したという通知だった。イゴールは一度も会ったことがない父の兄妹の子供だった。従兄の戦死通知が、アメリカにいる私のもとに届くということは、彼の周囲には身内が全く無かったことを意味していた。皆、アウシュヴィッツ送りになっているのだ。私は会ったことのないイゴールやヨーロッパにいる親戚を想い、不安と焦燥感と孤独の中で一日泣き明かした。

私は誰か血の繋がった人に会いたかった。ニューヨークには、帽子のデザイナーをしている母の妹のダシャおばさんがいた。ルームメイトがニューヨークに行くというのをきっかけに、私もサンフランシスコを離れる気になった。

一九四五年三月、O・W・Iを退職して、ニューヨークに移った。

三日半かかって憧れのニューヨークについた私は、先にアパートに移っていたルームメイトを訪ね、次の日から職探しを始めた。六か国語を話し、F・C・C、O・W・Iに勤務していた経験があるというのは、女性の職場が少なかった当時のニューヨークでも有利にはたらいた。

間もなくタイム誌の外国部に仕事が見つかった。外国部は、敵国ニホンについての記事を書く部で、私に与えられたのは、記者が書く記事の素材集めだった。当時のタイム誌は、記者はすべて男性で女性記者は一人もいなかった。そのかわり記事の資料集めをするリサーチャーは、すべて女性だった。

リサーチャーの女性たちは、ユニークな経歴の持ち主ばかりだった。南アフリカで暮らした経験者や東ヨーロッパで育った女性などで、彼女たちは記事を書く男性記者よりずっと優秀に思えた。自由の国アメリカを代表するジャーナリズムが、女性であるということでペンを持たせないなんて。私はこの差別に憤慨した。同じように不満を感じている仲間はいたが、それを声にするほど勇気のある者はいなかった。女性たちは不満を表面化することで、せっかく手に入れた職を失うことを恐れていた。

しかし私の不満はある日、怒りに変わった。

上司の記者が、日本の武士道について書くことになり、侍の刀についての資料探しを命じられた。当時は、日本に関する本そのものが少なく、コロンビア大学の図書館やニューヨーク公立図書館で資料を集めた。英語で書かれたものは少なかったので、日本語の本の中からも抜粋し、英語に翻訳して渡した。

タイム誌のリサーチャーには二つの仕事があった。一つは資料探し、もう一つは、記者がタイプ打ちした原稿の校正だった。一つ一つの字の上に小さな黒の点を打ってスペルに間違いがないかを確認していくのだ。

〈武士の持つ刀は両刃で、それは侍の命とされていた……〉。一読して間違いを発見した。

「日本刀は、両刃ではなく、片刃です」

「しかし君が借りてきたこの本にはそう書いてあるよ」

記者は、英語の本の箇所を示した。

「それは著者が間違っているんです。日本語のこの本には、両刃なんて書いてありません」

「僕は、奇妙なその文字が読めないんでね」

「私は一〇年間も日本に住んでいたから、日本刀をこの目で見ているんです」

しかし記者は、英語の本に書いてあるからという理由で、私の意見を信じようとしなかった。彼にとって、日本で長年暮らした者の知識より、英語で書かれた文字の方が信憑性《しんぴょうせい》の高いものだったのだ。

タイム誌には、もう一つ理不尽なことがあった。記事の間違いは、それを書いた記者の責任ではなく、リサーチャーのミスになり、大目玉をくらうばかりか減俸になるのだ。だから私は日本刀の「両刃」にこだわったのだが、幸か不幸かこの間違いはどこからも指摘されなかった。その頃のタイム誌の販売のキャッチフレーズは「タイムは間違いをしない！」だったのに。

記者とリサーチャーである私との間に、この種のトラブルは時々起こった。そんな時、記者はリサーチャーを取り仕切る親分格の女性を呼んできて、彼女に「そんなささいなことでトラブルを起こさないで」と調停役をさせて、その場をおさめるのだった。私はその手口にも腹が立った。

タイム誌のビルの窓からエンパイヤーステートビルが眺められたが、普段は何も感じないビルが、記者とトラブルがあった時には、権力の化身のように思われた。男たちが作り上げた構図の中では、女性や子供はいとも簡単にはじき飛ばされてしまう。もうすぐ終わると言われながら、いっこうに終結しないこの戦争だって、男たちが始めたものではないか。自由、平等の国で、私は女性の非力さを知った。

母に会いたい。母なら、女性を自分が記事を書く道具としか思っていない記者に、どんな風に対応しただろう。

「ベアテ、女性だって自分の名前を大事にしなくちゃいけません。自分の名誉が傷つけられた時は、果敢に闘わないといけません」

母だったらそう言ったかもしれない。

記者の傲慢な態度に、結局は引き下がらざるを得ない自分に、くやしさと自己嫌悪を感じていた。アメリカに渡って初めて味わった挫折だった。

しかしこうした腹立たしさも、「タイム誌にいるのは日本にいる両親の消息を知るための手段」という気持ちが、怒りを抑えさせた。四五年の四月になると、世界の情勢は一変した。四月二八日にイタリアのムッソリーニが処刑され、三〇日にヒトラーが自殺した。

無敵を誇ったドイツの敗北。歴史の新しいページが次々とめくられていった。私は、タイム誌に出社するのが楽しみだった。外電部は、一段と活気をおび、ブンブンうなっていた。まるで花がいっせいに咲く雪国の春のようだった。

五月二日、ソ連軍のベルリン占領を聞いた時、私は思わず大きな歓声を上げげた。大森のドイツ学校の教師の顔が脳裏をかすめた。

私は、アメリカと日本の戦争の終結を待った。沖縄占領、ルソン島の戦闘終了のニュースは入ってきたが、戦争は終わらなかった。ジリジリ照りつけるアスファルトの上で何時間も人待ちをしているようだった。

戦争中の両親の生活を書いておかねばならない。

一九四一年一二月八日、パールハーバーの攻撃によって戦争が始まると、軽井沢は第三国人強制疎開地に指定された。日本政府は、外国人を国内に散在させておいては情報をキャッチされる危険があるとみて、一か所に収容することにしたのだ。オーストリア国籍をもつ両親も例外ではなかった。

両親は、乃木坂の家を閉め、ピアノ二台を夏に使っていた軽井沢の別荘に引っ越しさせた。

夏の軽井沢しか知らない二人は、この地が冬には零下一五度にまで下がることを知らなかった。若い頃から演奏旅行を続け、旅慣れている父は、一時的な軽井沢生活と軽く考え、旅気分でいた。母も、父の楽天ぶりをみて深刻に受け取っていなかった。家政婦やお手伝いさんなしの夫婦二人きりの生活が、どんなことなのかわかっていなかった。二人は「自分たちにはピアノがある」と安心していたのだった。

一九四二年は、肉類は不足していたがなんとかしのげた。四三年になると、同盟国、中立国の大使公館が軽井沢に疎開を始めた。万平ホテルには、ソ連大使館、スペイン公使館、ポルトガル公使館などが置かれた。尾崎行雄の別荘は、イタリア大使館に変わった。国際赤十字代表部の公館も使用され、最終的には約三〇〇名の外交官が滞在し、軽井沢は一挙に外交の中心となった。約五千人の外国人によって、軽井沢のホテルはふくれあがった。

そのことは、憲兵と特高警察の眼が厳しくなることを意味していた。両親の別荘にも毎日、憲兵が様子を見にやって来た。

軽井沢は避暑の観光地である。農作物の乏しい土地柄なので、たちまち食糧の入手が難しくなった。生活物資は、すべて三笠ホテルにあったスイス公使館が一括して取り扱った。日本政府に対して外国人向けの特別配給の交渉をし、肉・砂糖・魚・酒・牛乳など衣料をのぞくほとんどの物を扱った。パンは切符を発行してパン屋に買いに行くようになった。

しかし戦況が悪化していくと、配給の食糧は日ごとに減っていった。食糧不足のなかで異郷の人々は深い溜め息をもらすことはあっても、暴力沙汰になることはなかった。その陰には、中立国スイス公使館の働きが大きい。

人々は食べることに必死だった。庭に山羊を飼い、蜜蜂の箱を置いているフランス人もいた。母は暇をみつけては森や並木の下などの茸をあさった。ロシアで食用にする「マースリャンキ」という茸があったのでずいぶん助かった。後には銀の匙が変色しない茸ならなんでも食べるようになった。また母は穴を掘ってジャガイモが凍らないように囲うことや鶏を飼うことを覚えた。鶏は身の危険を感じると、野生時代の能力が蘇るらしい。母の鶏は飛んで枝に止まったきり降りることができなくなった。下から母が棒切れでつついても、ガンとして動かない。そこへ憲兵がやってきた。

「変わったことはないか？　手紙は来ないか？」

「憲兵さん、いつも同じことばかりしないで、たまには変わったことをしたらどうです。あの枝に止まった鶏を下ろしてやって下さいな」

憲兵は一瞬ムッとなったが、棒切れを振り回している母を気の毒に思ったのか、長い棹を探してきて、鶏を飛ばしてくれた。母はよく言っていた。「日本人の一人ひとりは善良でいい人なのに、職務につくと別人に豹変してしまう。どうしてあんなふうに同じ人間で変われるんだろうね」

憲兵の眼は、両親の生活を一部始終監視していた。独り娘を敵国アメリカに留学させているることが大きな原因だった。それに両親は軽井沢にいる公使館の人たちとも顔なじみだったことも影響していた。戦況が不利になると、外国人に対する風当たりは強くなり、「無線式電話で情報が送られている」「夜になるとのろしをあげて連絡を取り合っている」といったデマが飛んだ。

父は、日本人にも外国人にもピアノのレッスンをすることを禁止された。画家が絵具を取り上げられたのと同じだった。それでも、父は毎日、三時間ピアノを弾いた。父が働けないことで、生活費は底をついた。かろうじて母は軽井沢にいる外国女性や子供たちにピアノを教えることを許された。母はスイス公館やスペイン公使の子供にレッスンをし、食糧を得た。

その当時は、軽井沢の日本人は、外国人に物を売ることで憲兵からスパイの疑いをかけられるのを恐れていた。父が、カシミアのセーターを持って農家の玄関に立っても、誰も出てこなかった。しかし食糧が手に入らないことがわかっていても、父は買い出しに行った。

ある日、農家の戸をあけると、皺の深いそこの主人が「おやっ」という顔をした。

「あんたどこかで見たよ。やせているので別人かな」

農家の主人は首をかしげながら、居間に消えた。しばらくたって、「やはり、あんただよ」とニコニコして出てきて、父を居間に案内した。そこには父の日比谷公会堂での演奏ポスターが貼られていた。

父は懐かしさのあまり絶句した。それから農家の主人は、内緒で食糧を分けてくれるようになった。

食べ物だけでは軽井沢では生きていけない。一〇月にはストーブが必要な地では薪は必需品だった。父は、母が止めるのも聞かずに林に行って薪とりをした。そして薪割りは父の仕事となった。「戦争は、ピアニストに薪割りをさせることなのよ」と、後日母は語った。

一九四四年になると、事態はさらに悪化した。軽井沢は、疎開の人たちでさらにふくれあがった。四四年九月から、南軽井沢の大観楼へ八丈島の島民およそ八〇〇人が集団疎開してきた。島に砲台が築工され、無線隊の基地作りが始まり、軍属として島に残る男たちを除く老人と女性、子供は内地に移動させられた。内地に親戚や知人のない島民は、軽井沢へと集団で移ってきたのだ。八丈島の人々は、冬の軽井沢の寒さに耐えきれず、次々と倒れていった。

そこへさらに東京からの学童の疎開が始まった。軽井沢の小学校は、四四年には四八〇人の転入生を受け入れ、四五年には一九〇〇人のマンモス校となった。東京からは外国人もさらに強制疎開で送られてきた。その中には、母の友達であったロシア人画家のブブノワさんとご主人の姿もあった。四八時間以内に立ち退きを命じられたブブノワさん夫婦は、着の身着のままで軽井沢に着いたが、着いてみると受け入れ先が整っていなかった。両親は奔走して、母がピアノを教えていた北欧の一家の廊下の端の部屋をやっと借りてあげることができた。ブブノワ夫妻の話によると、東京では完全にスパイ扱いで、外出の時は尾行がつき、行動範囲は半径五キロ以上遠くに行けなかったそうだ。その話を聞いて、両親はピアノだけでも軽井沢に持って来ることができたことを喜んだ。

歴史の中で、軽井沢が最大の人口をかかえることになった四五年の、七月三一日、両親の最も恐れていることが現実となった。いつもの憲兵がやって来て、一週間後に取り調べのため警察に出頭するように命令をして帰っていった。

しかしその時、両親はすでに日本がポツダム宣言を受諾するのは時間の問題であることを、軽井沢のスイス公使から聞いて知っていた。でもそれを口にすることはできない。父と母の眠れない日が続いた。

八月六日、広島に原爆が投下された。この日が警察に出頭する日だったが、両親は行かなかった。しかしその日、何事もおこらなかった。次の日も憲兵は来なかった。

ニューヨークの八月一五日はお祭り騒ぎだった。街行く人々は、クリスマスの時のように「おめでとう」の言葉を交わし合った。私はゲームから一人だけはずされたような複雑な気持ちだった。私が育った東京はどうなったのだろう。大好きな美代さんは、子供をかかえて困っているだろう。梅原紅良さんや藤田晴子さん、あの天才園田高弘さんのピアノは焼かれずにすんだだろうか。空襲というものを経験していない私は、日本にいる親しい人たちの暮らしをイメージする力に欠けていた。私には、これで両親に会える、というよろこびの方が大きかった。

タイム誌の特派員に頼んで両親の消息を入手しようと、テレックスを打った。職場の女性たちが全員協力してくれた。

私は特派員からのテレックスを待った。一〇時間の時差があるので、出社すると真っ先にテレックスの部屋に飛んでいった。

待ちに待ったテレックスが届いたのは、一〇月二四日だった。

「シロタさんに両親が元気であることを伝えて下さい。両親は東京の大きな空襲の前に軽井沢に移りました。軽井沢は有名な避暑地です。ミスター・シロタは、音楽のレッスンをやっています。私の通訳が日曜日に会って、元気な姿を確認しています」

特派員、ジョン・ウォーカーが知らせてくれたのだった。私にとってその時が、本当の終戦だった。両親が元気であることがわかると、もう無性に会いたくなった。その日、一日、お花畑にいるようだった。夜、ルームメイトとワインで乾杯をした。

私は日本に行ける仕事を探した。休日を利用してワシントンに出向き、情報を集めた。F・E・A・A（Foreign Economic Administration of Army）でマッカーサーの占領計画のための人材を探していると聞き、これに応募した。日本語ができ、タイム誌に勤めていること、O・W・IやF・C・Cにも在籍したことで、すぐに採用された。私はタイム誌に辞表を出した。

一九四五年一二月二四日、クリスマスイブの日、私は五年ぶりで日本の土を踏んだ。

V　日本国憲法に「男女平等」を書く

時間はいつも同じ速さで流れているのではない。一九四六年二月四日から一二日までの九日間は、私の生涯で最も密度の濃い時間だったかもしれない。

［二月四日　月曜日］

二月四日は、寒い月曜日だった。遮る建物のない瓦礫の町を有名な空っ風が唸っていた。二月一日に降り積もった雪が、焼け跡に鹿の子まだらに残っていた。ところどころ防空壕から白い煙が漂っていた。東京には防空壕を家にした家族がたくさんいた。焼け出された人々の多くは、田舎の親戚を頼って住んでいた。防空壕を家にしている家族は、東京生まれのいわゆる江戸っ子で、田舎に頼れる人が誰もいない人たちだと聞かされた。

日本に来て一か月余り、胸が痛くなる情景に不感症になりかけていたが、朝食の支度の煙を見ると、ほっとする。「あの家庭には、食べるものがあるんだわ」というシグナルに見えた。その防空壕から首を出していた子供は、ふとんを体に巻きつけていた。

いつものように、七時半に宿舎の神田会館を出て、お濠端にある第一生命ビルまで歩いた。女の足で民政局の職場まで二五分。八時から夕方五時までが就業時間と決められていた。

八時五分前の六階ボールルームの民政局の部屋は、いつもと少し雰囲気が違っていた。「グッド・モーニング」を連発して部屋に入っても、いやに返事が少ない。いつもはちょっと遅刻気味に現われるケーディス大佐をはじめ、ハッシー海軍中佐、ラウエル陸軍中佐らの〝お偉いさん〟が来ていて、慌ただしく立ち働いていた。

私は、広い部屋の真ん中にある自分のデスクにつくと、すぐに仕事にとりかかった。その頃民政局では、一月四日に発表した公職追放の、第二弾の調査が行われていた。私は、その内のミニ政党のリサーチと女性運動家についての調査を担当していた。

民政局の朝鮮部を除く全員二五人に、局長のホイットニー准将から隣の会議室に集まるよう命令が来たのは、午前一〇時だった。

会議室と言っても、あまり広くない部屋だ。椅子が足りないので、半分ほどは立っていたように記憶している。女性は、私の他に五人いた。年長のルース・エラマンさんは、準備よく、メモ・ノートを手にしていた。彼女は、会議があると几帳面にメモすることを仕事と思っている人で、今私が本を書くことができるのも、メモ好きの彼女がいたからだ。

ホイットニー准将は、すぐに現われた。全員が揃っているのを確認するとおもむろに口を開いた。

「紳士淑女諸君、今日は憲法会議のために集まってもらった。これからの一週間、民政局は、憲法草案を書くという作業をすることになる。マッカーサー元帥は、日本国民のための新しい憲法を起草するという歴史的にも意義深い仕事を、民政局のわれわれに命じられた」

どよめきで部屋がふくらんだように感じた。私には、この言葉が何を意味するか理解ができなかった。ジョークともつかないホイットニーの次の言葉に、耳をそばだてた。

「諸君は、さる二月一日の毎日新聞がスクープした日本政府の憲法草案について、知っていることと思う。その内容は、明治憲法とほとんど変わるところがない。総司令部としてとても受け入れることはできないものである」

私は、遠慮がちに部屋の隅に立っていたが、ホイットニー准将のすぐそばだった。あから顔で、頭の毛のうすい将軍の額から汗が滲んでいるのが見えた。

「なぜなら、民主主義の根本を理解していないからだ。修正するのに長時間かけて日本政府と交渉するよりも、当方で憲法のモデル案を作成し提出した方が、効果的で早道と考える。そこで、ポツダム宣言の内容と、これから発表するマッカーサー元帥の指令に沿った憲法のモデルを作成する作業に入る」

ホイットニーの言葉は、いかにも、ロー・スクール出身らしく無駄がなかった。

ホイットニー准将は、この時四九歳。陸軍航空隊の中尉時代に、ワシントン駐留中コロンビア・ナショナル・ロー・スクールの夜間部に通って法学博士の学位を取っている人だ。なかなかの努力家で風変わりな才能もあった。航空隊を退役し、一時マニラで法律事務所を開くかたわら鉱山などの実業にも手を染め大儲けをしたという。

一九四〇年に陸軍に戻り、オーストラリアでマッカーサーと運命的な出会いをした後、共にレイテ島で戦い、マッカーサーの知的懐刀として活躍していた。彼は、私の赴任する一〇日前の一二月一五日に、前の民政局長のクリスト将軍のあとを受けてマニラから赴任したばかりで、早々に辣腕《らつわん》をふるうチャンスを得たことになる。

ホイットニー准将は、メモを取り出して読み上げた。後日〝マッカーサー・ノート〟と呼ばれる三原則だ。

1、天皇は、国のヘッド（最上位）の地位にある。

皇位は世襲される。

天皇の職務および権能は、憲法に基づき行使され、憲法に示された国民の基本的意思に応えるものとする。

2、国権の発動たる戦争は、廃止する。日本は、紛争解決のための手段としての戦争、さらに自己の安全を保持するための手段としての戦争をも、放棄する。日本は、その防衛と保護を、今や世界を動かしつつある崇高な理想に委ねる。日本が陸海空軍を持つ権能は、将来も与えられることはなく、交戦権が日本軍に与えられることもない。

3、日本の封建制度は廃止される。貴族の権利は、皇族を除き、現在生存する者一代以上には及ばない。華族の地位は、今後はどのような国民的または市民的な政治権力も伴うものではない。

予算の型は、イギリスの制度にならうこと。

（訳は、『日本国憲法制定の過程Ⅰ』高柳賢三、大友一郎、田中英夫編著による）

ホイットニー准将は、この三原則を朗々と読み上げ、数人にカーボンで複写したものを配ったが、下っぱの私には貰えなかった。

ケーディスさんは、手書きの三原則の文書を、後年まで長い間持っていたそうだが、マッカーサー元帥とホイットニー准将の筆跡は非常によく似ていて、どちらが書いたかわからないという。でも、二人の仲からすると、口述筆記のような気がしないではない。この時の澱みない朗読ぶりは、自分の文章だからできたように思うからである。

ホイットニー准将の話は続いた。

「この草案は、二月一二日までに完成して、マッカーサー元帥の承認を受けることを希望する。というのは、その日は、日本の外務大臣や他の係官と、日本側の憲法草案についてのオフ・ザ・レコード（内密）の会合をもつ予定になっているからだ。

その時、日本側から出される草案は、非常に右翼的な傾向の強いものが予想される。しかし、私としては、その外務大臣らのグループが望む、天皇を護持し、権力として残されているものを彼らが維持するための、唯一残された道は、進歩的な道をとる憲法、即ちこれからの我々の仕事の成果だが、それを受け入れ、認めることだということを納得させるつもりだ」

このあと、後に問題になる発言が出る。

「私は、説得できると信じているが、それが不可能な時は、力を用いると言って脅すだけではなくて、力を用いてもよいという権限をマッカーサー元帥から得ている」

今私は、エラマンさんが書き残した「エラマン・メモ」を見ながら、当時を想起している。が、その時はそんな重要な発言だと感じた記憶はない。何しろこの会合全部が、私にとっては衝撃的な命令だったし、たぶん民政局の高級将校とて同じだったに違いない。この部分は、のちの一九六四年に至って、我々の起草した日本国憲法草案が〈押しつけ〉であると問題になり、ラウエル中佐が、〈この発言はなかった〉と宣誓口供書で取り消している。私個人としては、エラマンさんのメモは、抜けて足らない部分はあっても、創作して書き加えるようなことはないと信じたい。

いずれにしろホイットニー准将の訓示は、すべて耳新しい内容で、GHQの日本を統治するための確固たるポリシーの発表であると同時に、民政局員がどういう姿勢で臨まないといけないかという、具体的な指示が含まれていた。

「我々の目的は、彼らの憲法草案に対する方針を変えさせ、このようなリベラルな憲法を制定しなければならないという、当方の要望を満たすように進めるのがねらいだ。

出来上がった文書は、日本側からマッカーサー元帥に承認を求めて提出されることになる。そして、マッカーサー元帥は、この憲法を日本政府が作ったものとして認め、全世界に公表するであろう」

簡単に言えば、出来のわるい生徒の試験答案を先生が書いて、それを口を拭って生徒が書いたとして提出して及第点を貰おうというようなものだ。でも、そんなことは十分にあり得る状況に、当時の日本は置かれていた。

日本人の歴史には、誰か権力者がいて、その人のためには命をも投げ出すのが美談だとする考えが根を張っているから、「その権力はあなたが持っているのですよ！」と、民主主義の原則を突然持って来られても、戸惑うばかりなのだ。実際、当時焼け跡で授業を再開した学校の先生たちは、そのことで大いに困っていた。

私は、この段階で日本側の憲法草案がどんなものかは知らなかったが、しかしGHQが推進していた日本改革の至るところで、考え方が違い過ぎる事柄にぶつかっていたことは、民政局内の雑談でもよく出ていた。

緊張と驚きはさらに続いた。

「したがって、通常の仕事は一時的にストップし、今週中に書き上げること。トップ・シークレットである」

会議室は、再びどよめいたが、ホイットニー准将は、一〇分程度で話を切り上げると、さっさと自室へ戻ってしまった。

あとを引き継いだケーディス大佐は、用意していた憲法草案作成の組織を発表し、担当者を任命、仕事の進め方を説明した。

私は、それまでに軍隊の作戦命令の現場を見たことはなかったけれど、多分この時のやり方が軍隊式だろうと想像した。いつまでに、何を、どうする、という大筋が、責任者からてきぱき伝えられる。誰が、どういうふうにという細かいことは、部下の仕事という分担である。女性だけの集まりでは、なかなかこうはいかない。このような仕事運びは、後々ジャパン・ソサエティやアジア・ソサエティでずいぶん役立った。

スタッフの割当ては、見事に出来上がっていた。その作業は、ケーディス大佐やハッシー中佐が、昨日のうちに終えていたようだ。今朝も早く来て慌ただしく動いたり囁《ささや》いたりしていたのは、ホイットニー局長との最後の詰めだったらしかった。

二五人のメンバーは、八つの委員会に分けられた。ケーディス大佐と、法規課長としてすでにひとり憲法の調査をしていたマイロ・ラウエル陸軍中佐、それにアルフレッド・ハッシー海軍中佐の三人と、メモを取り続けていたルース・エラマン女史が加わって、運営委員会を構成し、その下に立法、司法、行政、人権、地方行政、財政、天皇・条約・授権規定の七つの小委員会が置かれ、それぞれに強者《つわもの》が配置されていた。

運営委員会は、まだその時は民政局次長の立場ではなかったが、一番位の高いチャールズ・L・ケーディス大佐が責任者についた。彼は軍人でありながら、法律家としても経験を積んでいた。コーネル大学とハーバード・ロー・スクールを卒業している彼は、ニューヨークのホーキンス・デラフィールド・ロングフェロー法律事務所の所属弁護士として活躍をしていた。その意味では並の軍人ではなかった。

民政局員の経歴は、内部だけで閲覧できるものがあったが、それをジャスティン・ウィリアムズさんが詳細に書き留めているので、これから先、他の人の経歴もそこから借りて紹介する。

ジャスティン・ウィリアムズさんは、当時民政局員でたしか大尉だったが、漆にかぶれて病院に入院していたため、不幸にも憲法草案に携われなかった人である。本職は、ウィスコンシン大学の歴史と経済の教授で、いかにも学究肌のやり手だった人物である。一九六七年までメリーランド大学の学長補佐を務められ、退職後に自分の体験を基礎に日本占領政策の内側を見事に分析した立派な書物を執筆されている。

それによると、ケーディス大佐は、一九三三年から三七年まで連邦公共事業局の副法律顧問、同じ年に陸軍中尉として軍務につき、陸軍歩兵学校と指揮・参謀学校を卒業して、陸軍省民事部に配属される。第二次大戦は、主としてヨーロッパ戦線における南フランスの進攻から参加し、アルプス、ラインラントの激戦を経験している。その戦闘中第七軍と第一輸送機動部隊のG5の副官を務めているから、軍歴としても輝かしい。

日本については全く縁がなく、突然の命令でマッカーサー元帥より二日早い一九四五年の八月二八日に、占領軍の先遣隊の一人として厚木入りしている。自分でも、日本のことは全く無知でと口癖のように言っていたが、どうしてなかなか、少なくとも英語で書かれた日本政府の機構についての資料や法律書は、片端から目を通していた。

その当時四〇歳。凄い秀才で、物事の把握が早く、決断も早いという、参謀型にはうってつけの人だった。その割には、いつも気軽に誰とも言葉を交わし、すごいハンサムだということもあったが、私たち女性仲間にも人気があった。「チャック」という愛称で、同僚から声がかかっていた。

もちろん私などが「チャック」と呼んだのは、一九九三年に日本に呼ばれて一緒に来た時、冗談まじりに言ったのが初めてだった。

いずれにしても、憲法草案に限らずケーディス大佐は、民政局のキー・パーソン的存在で、彼がウンと言わなかったら、ホイットニー准将とてこんな無謀とも言える〈作戦〉に踏み切らなかったと思う。

マイロ・E・ラウエル陸軍中佐は、ケーディス大佐より二つ年上の四二歳。カリフォルニアのフレズノ生まれで、地元のスタンフォード大学で学士号をとったあと、ハーバード・ロー・スクールに学び、さらにスタンフォードに戻って法学博士の学位をとるといった輝かしい学歴を持っている。卒業後は、一九二六年から軍務につく一九四三年まで、多くの会社の顧問弁護士を務め、政府機関の法律顧問や、ロサンゼルスの連邦検事補などを歴任した。

軍に入って憲兵参謀学校、シャーロッテスビルの軍政学校、そして日本占領のための特殊教育機関だったシカゴ大学民事要員訓練所とエリートコースを巡っている。

彼の戦場は、レイテ沖海戦のあとのフィリピンの民政班の指揮官から始まった。ホイットニー准将が、マッカーサー元帥の腹心としてフィリピンから頭角を現わしていたように、ホイットニー准将から目をかけられていた一人だった。

彼は、ホイットニー准将が民政局長に赴任する前から法規課長として、日本の政党や民間の憲法学者と積極的に接触していた。民政局員のほとんどの人たちと同様に、彼は軍人を自分の本職と考えていなかった。フレズノに帰って弁護士をやろうというのを無理やり引き留めて憲法作成の作業につかせたのも、ホイットニー准将だった。

彼は、一月の中旬に、当時の進歩的グループだった高野岩三郎、森戸辰男、鈴木安蔵らの憲法研究会の草案に好意的な説明をつけて報告している。その意味では、憲法に関しては民政局の中では抜きんでていた存在だった。

そのラウエル中佐よりさらに二つ年上の四四歳だったアルフレッド・R・ハッシー海軍中佐は、異色だという意味で、運営委員会を支えた人物だ。人柄は、ケーディス大佐と対照的でユーモアに乏しく、内向的な性格で、ピューリタン的な情熱家。文学青年的雰囲気を持ち合わせ、自信過剰でというふうに書けば、大体輪郭がわかるはずだ。後に運営委員会の秘書役のエラマン女史と結婚するが、彼女が彼のどこを好きになったか理解しにくく、私などは好きになれない性格だ。

彼も本職は弁護士で、マサチューセッツ州の出身、ハーバード大学を卒業、バージニア大学で法学博士の学位を獲得している。一九三〇年から軍務につくまで弁護士を開業する傍ら、マサチューセッツ州の公職についたり、州最高裁判所の会計検査官などの特別顧問を務めた。海軍に入って太平洋陸海軍共同訓練司令部に勤務したあと、プリンストン大学軍政学校、ハーバード大学民事要員訓練所を経て日本に来ている。

運営委員会は、この三人に加えて、貴重な「エラマン・メモ」を残したルース・エラマン女史の四人で構成された。エラマンさんは、私たち民政局の女性たちのお姉さん的な存在で当時三〇歳。シンシナティ大学を卒業、シカゴ大学でマスターを取得している。シカゴ大学新聞社で広告や編集の仕事を手掛け、戦時経済委員会や在ロンドンのアメリカ大使館でも働いたという多彩な経歴の持ち主だ。とにかくメモ魔という名を献上したいほど、克明にメモをとる性癖があり、会議の時は常に耳をウサギのようにし、鉛筆を走らせていた。

七つの小委員会のメンバーは、会議に集まった顔ぶれを見ながらケーディス大佐が一人ずつ指名した。

立法権に関する委員会は、フランク・E・ヘイズ陸軍中佐、ガイ・J・スウォープ海軍中佐、オズボーン・ハウギ海軍中尉で構成され、ガートルード・ノーマン嬢が秘書としてついた。立法権に関する事柄は、民主主義の根っこに当たる議会制度を決めるのだから、民政局ではエース格の人物が選ばれた。

ヘイズ中佐は、当時四〇歳。弁護士でケーディス大佐の右腕として信頼されていた人物だった。憲法草案執筆中、運営委員会のメンバーでもないのに「ハロー！　ヘイズ中佐」と呼ばれて相談をもちかけられていた。

彼もシカゴ大学で、民事要員訓練所で日本の占領政策の基礎を教育されて、GHQに赴任していた。軍人とは仮の姿という民政局員の一人だった。

スウォープ海軍中佐は、民政局きっての変わった経歴の持ち主だった。学歴は小学校卒業と自分でも言っていたが、百貨店の監査役、銀行家などたくさんの職業を渡り歩き、ペンシルバニア州政府の予算局長、プエルトリコの総督、内務省の準州担当局長、そしてハリスバーグ地区選出の民主党下院議員と物凄い経歴だ。海軍に入ったのち、コロンビア大学の海軍軍政学校を卒業したあと、サイパンの軍政幹部将校として勤務し、東京にやってきている。

小学校卒の学歴から、どうしてこのような地位を獲得したのかは、聞くチャンスが無かったが、頭の中は大学を十ほども卒業しているくらいの知識と経験を持っている人だった。ルーズベルトによく似た風貌で、声が大きく、物ごとに動ぜず、いつも顔全体でガハハと豪快に笑いとばしていた。ケーディス大佐もそうだったが、ルーズベルトのニューディール政策の信奉者で、ニューディーラーを自任していた。民主主義の下地の無いところに、新しい理想的な憲法を創るのには、最もふさわしい人材だったかもしれない。

ハウギ海軍中尉は、三二歳。ノルウェー系のアメリカ人で、弟のビクター・ハウギ少尉も民間通信局で働いていた。ミネソタ州のセイント・オーラフ大学を卒業後、週刊誌の記者をつとめ、海軍のプリンストン大学軍政学校とスタンフォードの民事要員訓練所を経て日本占領のスタッフに選ばれた。

カメラと骨董が趣味で、マッカーサーの誕生日などは指名でカメラマンをつとめ、休みの日は骨董屋さんをハシゴしていた。当時は、華族や財閥の人たちが、財産税を収めるために、名刀や国宝級の焼き物や書画を売りに出していた。そんなものを安く手に入れては悦にいっていた。

民政局では、いつも同盟通信社からニュースを貰ってくる役目で、民政局の仕事をマッカーサー元帥やペンタゴンに報告する書類を作ったり、日本各地に駐留する軍政部に要約ニュースを出したり、まことに忙しい人だった。記者会見の設営も彼の仕事で、通訳代わりに私もよく駆り出された。

行政権に関する小委員会のメンバーも錚々《そうそう》たる人物が配置されていた。この委員会が変わっていたのは、責任者が軍人でなくて民間人のサイラス・ピーク博士だったことだ。その下に同じく民間人で、ジェイコブ・ミラ氏。それにミルトン・J・エスマン陸軍中尉の三人。

サイラス・ピーク博士は、コロンビア大学で博士号を取得したあと、コロンビア大学の助教授をつとめている。戦前に二年間、日本の大学で教鞭をとっている（残念ながらどこの大学かわからない)。日本通で、民政局内では、私と私の上司のワイルズ博士とともに戦前の日本を知る数少ない知日派で、よく話が合った。

エスマン中尉は、当時二七歳。若かったが民政局では誰もが認める秀才だった。コーネル大学の政治学科を卒業、プリンストン大学で政治学と行政学の博士号を取得している。合衆国の人事院などに勤務したあとバージニア大学軍政学校、ハーバード民事要員訓練所を経てGHQ民政局に赴任した。

専門がヨーロッパの近代政治で、首相の任命と権限の問題で運営委員会と大衝突を起こし、追放されてしまうというエピソードがある。若かったせいか、私たちの目にも溌剌《はつらつ》とした雰囲気が伝わり、女性たちにも人気があった。結構自分の時間をエンジョイしていたようで、勤務時間が終わるといつも仲間を誘って銀座の、今の和光にあったPXや日比谷のアーニーパイル劇場に出掛けていた。

地方行政の小委員会は、民政局ですでに地方行政を担当していた三人のメンバー、セシル・ティルトン陸軍少佐、ロイ・L・マルコム海軍少佐と民間人のフィリップ・O・キーニ氏が選ばれた。責任者のティルトン陸軍少佐は、ハワイ大学、コネティカット大学の教授で、連邦政府物価局の特別行政官を歴任しているが保守的な人物だった。ノエル・ブッシュも軍政の中で最も傑出した人物の一人として『ライフ』に紹介記事をのせている。

「ティルトンは、二人の助手の力を借りて、日本全国にわたる地方自治体の完全な改革を進行中である。

日本の四十六の都道府県の知事は、これまで東京の中央政府によって任命されてきた。今後は地方議会によって選任され、知事によって任命されていた町村長はもちろん、知事も住民の直接投票によって選ばれることになる……」（一九四六年一二月号）

財政に関する委員会は、フランク・リゾー陸軍大尉が一人で担当した。リゾー大尉は、ケーディス大佐が最も信頼している人物のひとりで、最近ハワイで亡くなられたが、私のとても尊敬する人だった。

彼は、コーネル大学で電気工学の学士号をとったあと、ニューヨーク大学、ジョージ・ワシントン大学で、経済学、財政学、国際関係論を学んでいる。民政局には、医学や理工系から文科系まで広く学んだユニークな人が多いが、彼もそんな一人である。彼の有能さは、ケーディス大佐が日本を去った四九年に民政局次長を引き継ぎ、マッカーサー元帥が解任されたあとの連合軍最高司令官マシュー・リッジウェイ大将を支えて民政局長を務めたことでもわかる。

彼は、占領が終わったあとも日本に留まり、「インターナショナル・インスペクション・アンド・テスティング・コーポレーション」の役員になり、日米の経済に貢献している。その功績によって、彼は勲一等瑞宝章を日本政府から受けている。占領軍の一員として日本に来た人で、日本好きになった人は多いが、彼はその最右翼にランクされる人物だ。

会議が進むにしたがってほとんどの人が担当を任されていったが、その時面白い情景が出現した。ケーディス大佐は、人探しをするように首を巡らし、後ろの方に小さくなっていた人物を指名した。リチャード・プール海軍少尉だった。

「君はたしか天皇と同じ日に生まれているね。君が、天皇と条約・授権規定に関する委員会の責任者だ。ジョージ・ネルソン陸軍中尉と二人だ」

「はあ、私は確かに四月二九日生まれでありますが……」

「それに、君は日本生まれだし、日本については特別に関係のある家柄だ。天皇に関する日本人の心情はよく理解していると思う。うまくやってくれ」

人をのせ、やる気にさせるのが上手なケーディス大佐らしい。小委員会の委員長は、すべてが佐官以上か民間人でも博士クラスだ。プール少尉もハヴァフォード・カレッジを卒業しているが、階級は下だし、どうも格落ちの雰囲気は否めない……と私も思った。

ところが、この人選こそケーディス大佐が深く考えての決定だったことが後でわかった。

プール少尉の四代前の祖先は、あの幕末に浦賀にやってきたペリー提督と同行した人物で、初代の函館総領事を務めている。彼自身日本に生まれ、六歳まで育っている。不幸にも関東大震災で焼け出され、神戸に移ったあと、やむなくアメリカに帰ったのだった。BIJ（ボーン・イン・ジャパン）というのは、GHQ内で帰米二世などに軽蔑的に用いられた言葉だが、彼は日本語も忘れてしまっているので例外扱いになっていた。

そして、人権に関する委員会は、ロウスト中佐とワイルズ博士、それに私の三人が任命された。私の役目は秘書でもタイピストでもなかった。

私は、自分の名前が読み上げられた時、「これは凄いことになった！　今、私は人生のひとつの山場にきている」と感じた。まさにこれは、父母の引き合わせた糸の先に必然的にもたらされた運命かもしれないと思った。全力を尽くしてあたらねばならないという、強い使命感が、私の沸き立つような興奮を抑え、冷静にさせていた。

ロウスト中佐、ワイルズ博士という信頼している二人と一緒であることも、私は心強かった。一週間という期限つきは、短いと思ったが、その時は興奮していたので気にならなかった。苦しむのは、少しあとのことだ。

この日の〈憲法会議〉は、実に細かいところまで通達された。慎重に事を運ぶケーディス大佐の周到な準備ぶりがうかがえた。その時は、この準備が前日にあわただしく行われたことなど、つゆほども知らなかったけれど。

「これから自由討議に移る。意見のある者はどんどん言って欲しい。とりあえず、原則のようなものを決めておく。まず、民政局としては、憲法の起草にあたって、構成、見出し、その他の点で、現行の大日本帝国憲法にならうものとする」

アメリカ憲法は、修正を何度も重ねて現行憲法になっているので、大変な作業だと密かに恐れていたが、私は逆に日本の憲法がどうなっているかは、皆目知らなかった。特に人権条項については、ひどいという話だけしか知らなかった。

「英語になっているものがあるかしら……」

そのことがまず気になった。

「草案には、細かな点を多く書き込む必要はない。国民の基本的権利を護るために必要な場合には権力に対する制限をはっきり規定すべきだ。

現行の明治憲法では、天皇の権限と権利とについて、明確な規定があり、保障されている。われわれは、これを完全に覆さなくてはならない」

国民の基本権は、私の受け持ち。天皇の権限についてはプール少尉。それぞれに夢中になってメモする。

「新しい憲法では、憲法上の権利は、成文憲法のないイギリスほど流動的であってはならない。しかしフランスほど詳細であってもいけないだろう。

新しい憲法を起草するに当たって強調しなければならない点は、主権を完全に国民のものにするというところにある。天皇の立場は、社交的君主の役割だけである」

この話は、ラウエル中佐やハッシー海軍中佐、それにエスマン中尉など専門家からの発言も交えて進められた。雰囲気は、法学部の大学院で選りすぐりのプロフェッサーを集めて、憲法に関しての討議をしているといった感じだ。みんな専門的知識の豊かな人ばかりで、二二歳の私には、みんながとても偉く見えた。私などは、ハイスクールの社会科で習った程度の知識しかない。エベレストの谷間にいるほどの落差だ。どうしよう！　でもチャンスだわ！

「国連憲章からの引用と明示する必要はないが、国連憲章の諸原則は、われわれが憲法を起草するにあたって、念頭に置かれなくてはならない」

ポツダム宣言の条文も正確に知らない私にとって、難題がいとも簡単に次々とケーディス大佐の口をついて出る。国連憲章は、戦争終了まえの一九四五年六月に採択されている。まだ一年も経っていない。国連は秋に誕生している。趣旨は、アメリカ人だから理解できても、正確な内容までは知らない。受験前に突然知らない問題が出るという噂を聞いた時の学生の心境だ。まして私は若い。老練なスウォープ中佐のような経験もない。メモをする手がふるえる。

「最後に作業の心得を確認しておく。
1、この作業の一切について、GHQ内といえども完全に極秘にされなければならない。
2、この作業に対しては、暗号名が用いられるべきである。
3、この作業で作成された草案、ノートの類は、すべて「トップ・シークレット」として処理されなければならない。
4、作業は、実行小委員会に分けて行われる。各小委員会の作業は、全体委員会か運営委員会によって調整される。
5、仮草案は、週末までに完成すべきである。
以上、これで本日の憲法会議は終わる。この期間、これまでの仕事はすべてストップしてよろしい。民政局の大部屋の廊下側の大きな扉は、この期間閉ざされる。レストルームなど、部屋の外に出るときは横の扉を利用すること。この仕事は、米占領軍としての最高機密だから、両親、兄弟といえども他言無用」

これが極秘であることは、私のその後に大きな制約として残り続けた。私が憲法について五〇年近く黙秘を続けたのも、この命令に違反しないためだった。実際に、「もう話してもよろしい」という命令を、私はかつての上官から受け取っていない。

会議が終わると時計は一二時を回っていた。会議室を出たメンバーは、全員口を一文字に結んでいた。誰も口を開く人はない。メモもみんないつの間にかポケットの奥にしまいこんでいた。ポケットの無い私は、手を後ろに回して隠すのが精一杯だった。

大部屋に戻ると、ロウスト中佐が、

「あなたは女性だから、女性の権利を書いたらどうですか?」

と言ってくれた。嬉しかった。飛び上がるほど嬉しかった。

「教育の自由についても書きたいのです」

「いいですよ」

ロウスト中佐は、にこやかに頷いた。ひそひそ話のような会話のやりとりだった。

私は、方針を立てた。まず日本の女性にとって、どんな条項が必要なのか? そのためには、手本になる憲法を見つける必要があると思った。

タイム誌で覚えたリサーチャーの経験がひらめいた。

ロウスト中佐とワイルズさんに外出許可を貰って、ジープで都内の図書館や大学を巡った。日比谷図書館、東京大学……忘れてしまったが、全部で四か所か五か所を駆け回った。

アメリカ独立宣言、アメリカ憲法、マグナカルタに始まるイギリスの一連の憲法、ワイマール憲法、フランス憲法、スカンジナビア諸国の憲法、それにソビエトの憲法……。

徹底的に空襲を受けた東京に、まだこの種の憲法の本が残っていたことが奇跡のように思えた。しかも英語で書かれたものとなると〈期待できないかもしれない〉と密かに思っていた。本棚に憲法の原書を発見するのは、秋の森でキノコを採る喜びに似ていた。

二時間くらいで、原書を含め十数冊を借りだし、両手にかかえて帰ると、みんなが砂糖にたかる蟻のように寄ってきた。

「いい本を持っているな。ちょっと見せて……」

「これ、しばらく貸してくれない？」

私はたちまちポピュラー（人気者）になった。

午後は、その資料読みに没頭した。民政局員のほとんどが、私と同じように声も立てずに、ページをめくっていた。まったく試験を明日に控えた付け焼き刃の勉強だった。英語、フランス語、ロシア語、ドイツ語、スペイン語、日本語。私は自分が読める六か国語を駆使し、人権に関する条文で役に立ちそうな箇所を、片端から抜き出しメモをつくった。

民政局の大部屋には、朝鮮半島担当の局員が数人いて、無線電話でやりとりしていた。「○○について連絡ねがいたし、どうぞ！」という、声の出る無線機だったから、交信が忙しくなるととてもやかましい。当時、朝鮮半島は、占領こそ南北に分かれていたが、国というものが、まとまっていなかった時期なので、朝鮮部も大変に忙しかった。ガーガーというノイズに声が混じって聞こえてくる。言葉が聞こえにくく、大声でどなるようにやりとりしている。

最初はうるさかった彼らの声も、次第に聞こえなくなった。

昼食は、第一生命ビルの最上階（七階）にある簡易食堂で、サンドウィッチですませたが、夕食はきちんと食べたかった。二二歳の私の食欲は、憲法の本に気持ちを集中させるには、あまりに健康的過ぎた。

宿舎の神田会館まで片道二五分の時間はもったいなかったが、食欲には勝てなかった。会館の夕食は七時までにすますことが義務づけられていた。

私は、憲法の本や書類、メモを民政局の金庫に仕舞い込んだ。軍隊での秘密厳守は「これはないしょの話よ」などというものではない。この最高機密が漏れた場合は、軍法会議で徹底的に追及され、極刑に処せられると、ホイットニー准将は念を押した。閉ざされた通路側の入り口からは出入りできないので、たくさんの机の間をかき分けて横の通路から廊下に出た。民政局員のほとんどは、まだ資料の虫になっていた。

二月の六時半は、闇の中にあった。朝、あれほど冷たく感じた空っ風が頬に快い。その夜、私は憲法草案のことを考えて何回も寝返りをうった。

［二月五日　火曜日］

朝、八時に民政局の大部屋に入ると、昨夜遅くまでやっていた人たちの煙草の匂いがこもっていた。

私は、午前中は憲法の本を読んで抜き書きを続けた。ワイマール憲法とソビエト憲法は私を夢中にさせた。ロシア革命のすぐ後の一九一八年に制定されたソビエトの憲法は、その後何度か修正されているが、社会主義が目指すあらゆる理想が組み込まれていた。

ソビエト社会主義共和国連邦憲法（一九三六年成立）。

第一二二条

1　ソ連邦における婦人は、経済的・国家的・文化的及び社会的・政治的生活のあらゆる分野において、男子と平等の権利を与えられる。

2　婦人のこれらの権利を実現する可能性は、婦人に対して、男子と平等の労働・賃金・休息・社会保険及び教育を受ける権利が与えられること、母と子の利益が国家によって保護されること、子供の多い母及び家族のない母が国家によって扶助されること、妊娠時に婦人に有給休暇が与えられること、広く行きわたつて産院・託児所及び幼稚園が設けられていること、によつて保障される。

要点をメモするつもりが、全文を書いてしまう。なんだか一文字もゆるがせにできない感じが、行間から伝わってくるのだ。

一方ドイツは、ソビエト憲法の影響を受けて一九一九年にワイマール憲法を成立させる。理想の国家を描いて作った憲法だったが、皮肉なことにヒトラーに逆手にとられて利用されてしまったのだった。しかし、理念としてのワイマール憲法は、実にすばらしいものだった。ワイマール憲法からのメモもかさ高くなった。

第一〇九条〔法律の前の平等〕
1　すべてのドイツ人は、法律の前に平等である。
2　男女は、原則として同一の公民的権利および義務を有する。

第一一九条〔婚姻・家族・母性の保護〕
1　婚姻は、家庭生活および民族の維持・増殖の基礎として、憲法の特別の保護を受ける。婚姻は、両性の同権を基礎とする。
2　家族の清潔を保持し、これを健全にし、これを社会的に助成することは、国家および市町村の任務である。子供の多い家庭は、それにふさわしい扶助を請求する権利を有する。
3　母性は、国家の保護と配慮とを求める権利を有する。

これに対し、アメリカの憲法は、学校で習っていたが、改めて読みなおすと、人権の獲得の歴史書のような印象を受けた。アメリカが世界に謳《うた》い上げている信教・言論の自由、人民の権利、法の平等保護も、いわゆる修正条項で書き加えられたものだ。女性の権利についても、素っ気ない字句が並んでいた。

第一九修正〔婦人参政権〕（一九二〇年成立）
合衆国市民の投票権は、合衆国または州によって、性別を理由として、拒否されまたは制限されることはない。

私は、各国の憲法を読みながら、日本の女性が幸せになるには、何が一番大事かを考えた。それは、昨日からずっと考えていた疑問だった。赤ん坊を背負った女性、男性の後をうつむき加減に歩く女性、親の決めた相手と渋々お見合いをさせられる娘さんの姿が、次々と浮かんで消えた。子供が生まれないというだけで離婚される日本女性。家庭の中では夫の財布を握っているけれど、法律的には、財産権もない日本女性。「女子供」（おんなこども）とまとめて呼ばれ、子供と成人男子との中間の存在でしかない日本女性。これをなんとかしなければいけない。女性の権利をはっきり掲げなければならない。

私は、抜き書きしたものを整理し、女性の権利に関するものを事柄別に分けた。

まず、男女は平等でなくては……。財産権は当然。教育、職業、選挙権に関する平等。これは、独身であっても、妻であっても同じ。妊娠中や子だくさんのお母さんの生活の保護。病院も無料にならないと……、これは子供にも適用すべきだ。婚姻も、親ではなく自分の意思で決められるように……。

午前中にミーティングの声が、ケーディス大佐からかかったが、大きな宿題を背負っている人権委員会のメンバーは、誰も立ち上がらなかった。

「何か人権委員会に関する重要な議題が出たら、声をかけてくれ！　我々にとって時間が薬なんだ、今は！」

ロウスト中佐が、運営委員会のメンバーに顔も上げずに大声でどなった。私だけが会議に出るのもおかしいので、同じように下を向いて下原稿に熱中していた。人権条項に関しては、マッカーサー・ノートに基本的な指針が示されていない。それだけに、草案の下ごしらえを始めからしなくてはならない。

指針といえば、ワシントンから来ていた国務・陸軍・海軍三省調整委員会のSWNCC228があったが、内容は、〈日本の国民は、過去一五年間は事実上憲法が彼らに保障している人権の多くのものを奪われていた。その理由は、憲法に「法律に定めた場合を除き」などという制約が設けられていたためである〉というような考え方が書いてあるだけで、どういう条文を書けというものではない。四日の会議で出てきた国連憲章にしても同じだ。しかも、人権といえば、民主主義の根本原理なのだから責任は重い。項目の打ち合わせ段階から、条項は三〇を越えると予想していた。一週間のプレッシャーは、大変なものだ。天皇小委員会のプール少尉も、向こうの方で声をあげていた。天皇については、戦犯になるかどうか、日本国民が一番心配している事柄だ。ポツダム宣言の解釈から、各国の思惑とワシントンからの指令、それにマッカーサー元帥の本音も理解しておかなければならない。大変な仕事なのだ。会議欠席宣言の気持ちは痛いほどわかる。

会議の内容は、エラマン女史が伝えてくれた。一院制か二院制かの問題や内閣などが、出席した委員たちの話題だったようだが、これだけは大切と丸をつけたメモには、「日本流の術語を使うように」とあった。

「日本政府が作ったものとして発表する」とした条件を満足させるためだ。人権という概念の無い日本に、日本式の術語でどれだけ豊かな表現ができるか？　自信など持てそうもない。

午後になると、タイプを打つ人が多くなった。アンダーウッドのタイプライターが、あっちからもこっちからも歌い出し、大部屋はまさにルロイ・アンダーソン作曲の「タイプライター」の曲になった。私の隣で、ロウスト中佐は神経質な字でペンを走らせていたし、ワイルズ博士は丸っこい字で書いていた。

私は、「男性も女性も人間として平等である」をキーワードに据えたらよいことに気づくと、すぐにタイプに向かった。タイプは、F・C・Cの頃に使いこなしていたので、一分間に六〇ワーズの速さで打つことができた。

私は、人権条項中の〈具体的な権利と機会〉に関することを担当した。これは、ロウストさん、ワイルズさんの二人が章立てを決めた一つで、人権条項の第三番目に位置していた。

私は、生きていく人間にとって一番大切なものは、〝家庭〟であり、その家庭の中では〝男女は平等である〟ことを謳っておかなければならないと考えた。

――家庭は、人類社会の基礎であり、その伝統は、善きにつけ悪しきにつけ国全体に浸透する。それ故、婚姻と家庭とは、法の保護を受ける。婚姻と家庭とは、両性が法律的にも社会的にも平等であることは当然であるとの考えに基礎をおき、親の強制ではなく相互の合意に基づき、かつ男性の支配ではなく両性の協力に基づくべきことを、ここに定める。

これらの原理に反する法律は廃止され、それに代わって、配偶者の選択、財産権、相続、本居の選択、離婚並びに婚姻および家庭に関するその他の事項を、個人の尊厳と両性の本質的平等の見地に立って定める法律が制定されるべきである。

ともかく思っていることを、余さずに書き綴った。タイプに打ったものを、私は何回も検討した。家庭の中心である妻の権利が、すべて含まれているかどうかを確かめた。

憲法草案を書くにあたって、私の一番の気がかりは、日本女性の権利について法律がどういう立場をとっているかという点だった。分厚い民法にも目を通した。私にとって日本語は、話すことは自由だが、読み書きの方は完璧とは言い難かった。一〇年間の日本での小学校からハイスクールに至る基礎教育はドイツ学校とアメリカンスクールだったからである。それでも、辞書と大格闘を演じつつ、女性の権利の条項は繰り返し読んだ。

旧民法の第一四条には、〈妻カ左ニ掲ケタル行為ヲナスニハ夫ノ許可ヲ受クルコトヲ要ス〉とあって、妻は準禁治産者（現行民法の被保佐人）と同じ扱いを受けている。つまり、日本女性は、裁判を起こすこともできないし、財産の相続権もない無能力者なのだ。まして、選挙権などというのは全くなかった。

すでに、マッカーサー元帥は、一九四五年の一〇月一一日に指令した五大改革の中に、婦人解放と参政権の付与を決定していたが、これがいかに日本女性史にとって画期的な革命であるかは、日本の歴史と法律を見比べてみればよくわかる。

歴史の本のはじめに書いてある〝アマテラス〟は、女性の神様で大変な権力を持っていたし、古代には何人かの女帝がいた。続く平安時代でも、アメリカにも研究者の多い『源氏物語』の作者は、紫式部という才能豊かな女性だった。しかし、時代が下がって武士階級が幕府を開くころから、女性の立場はひどく下落する。女性は貢ぎ物になったり、売れたり、買われたりする。これは、ヨーロッパの中世でもあったが、現代社会にまで継続していたのはアジアの国々に多い。そうした国はまだ残っているが、明治維新から先進文明を積極的に取り入れた日本は、人権、特に女性の権利に関する部分は、支配者の男性にとっては不都合だったとみえてほとんど改革していない。

一八八九年（明治二二年）に制定された大日本帝国憲法では、国民は天皇家にお仕えする臣民の立場でしかなく、兵役や納税義務の条項ばかりが目につく。

第二二条

日本臣民ハ法律ノ範囲内ニ於テ居住及移転ノ自由ヲ有ス

第二七条

日本臣民ハ其ノ所有権ヲ侵サル、コトナシ

第二八条

日本臣民ハ安寧秩序ヲ妨ケス及臣民タルノ義務ニ背カサル限ニ於テ信教ノ自由ヲ有ス

この法律で、よく国民が黙っていたと思うほど権利がない。実際には義務教育があったにもかかわらず、教育という文字は憲法には無いし、社会福祉については、第九条に〈臣民ノ幸福ヲ増進スル為ニ必要ナル命令ヲ発シ……〉と、天皇の仕事として僅かに出てくるだけで、健康とか、生活保護について国が責任を持つという考え方は全くない。

ケーディス大佐は、起草にあたっては明治憲法にならうようにと条件をつけていたが、私にとって参考にしようにも、反面教師でしかなかった。

二月一日に毎日新聞がスクープした、日本政府の松本烝治《じょうじ》国務大臣グループによる草案が、ケーディス大佐の意見をつけて人権委員会にも回ってきていたが、こんな条文しか書かれていなかった。

第二章　臣民の権利義務

第一九条　日本臣民は法律上平等なり、日本臣民は法律命令に定むる所の資格に応じ均く官吏に任ぜられ及その他の公務に就くことを得

第二二条　日本臣民は居住及移転の自由並に職業の自由を有す、公益の為必要なる制限は法律の定むる所に依る

第二六条　日本臣民は其の信書の秘密を侵さるることなし、公安を保持する為必要なる制限は法律の定むる所に依る

第二八条　日本臣民は信教の自由を有す、公安を保持する為必要なる制限は法律の定むる所に依る

神社の享有せる特典は之を廃止す

この毎日新聞スクープの第二章は、大日本帝国憲法と同じ一五条項あって、まだ〈臣民〉つまり〈天皇陛下の持ちもの〉という表現を使っていたし、〈法律の定むる所〉というカッコつきの権利なのだ。さすがに三〇条に、教育や勤労についての権利義務や、法律によらずして自由や権利を侵されることはない……といった条文が加えられていたが、その中に女性、母親、家庭、児童という言葉は全く発見できなかった。

私は、女性が幸せにならなければ、日本は平和にならないと思った。男女平等は、その大前提だった。

私が、この条項のお手本にしたのは、すでにご紹介したドイツのワイマール憲法。その第一一九条。婚姻は、家庭生活、民族の維持増進の基礎として、憲法の特別の保護を受けること。婚姻は両性の同権を基礎とすること。家族を社会的に助成することは、国家の義務であること。そして母性は、国家の保護を求める権利があること……などを詳しく書いた。〈母性の保護〉条項は、日本の憲法に全く欠落している。どうしてもきちんと取り上

げなければ、女性として憲法草案に参加する意味がない。若いせいもあったが、不幸な歴史を背負う日本女性のために、ここはどうしても頑張らなければと心に誓った。

西欧のように、〝個〟という概念がなく、男尊女卑の日本では、このチャンスに独立した条文としてしっかり憲法に謳っておかなければ、全く見落とされてしまうだろうと考えた。

一つの条文を完成させるのに、何度タイプしたかわからなかった。仕上がった条文の単語をさらにふさわしいものに変えたり、短い文章を鉛筆で記入したりしては、清書のつもりでタイプする。もう一度読みなおすと別の考えが浮かぶ。その繰り返しであっという間に一日が暮れた。

気がつくと、窓の外は夜に変わっていた。大部屋は、煙草の煙で白く濁っている。私は立って窓を開いた。闇の中に一段と濃い闇があった。それが皇居だった。

夜気が頬に快かった。時間は六時を回っていた。七時までに神田会館に帰らなければ夕食にありつけない。私は、一番大事なことを書き終わった安堵感で、今日の仕事はここまでで打ち切ってもいいなと思っていた。

しかし、大部屋の誰もが自分の席で格闘していた。ケーディス大佐は、端正な横顔を崩さずタイプを打ち続けていたし、プール少尉の顔は紅潮していたが、しかし太い万年筆のゆっくりした筆づかいで一行一行書き綴っていた。

ハウギ中尉が持ってきたらしい、二月五日付のこの日の新聞には、憲法に関する日本政府の動きを伝える小さな記事が載っていた。松本国務相が、正月過ぎから臨時閣議を重ねてきた憲法改正草案の甲案、乙案の逐条的説明を終わり、五日の閣議で今後の取り扱いを協議するという内容である。その記事からGHQの考え方を気にする雰囲気は全く伝わってこない。民政局で私たちが必死に草案を練っていた〝トップ・シークレット〟は、完全に護られていた。

【二月六日　水曜日】

「日本海に横たわる寒冷前線の影響で、雲が多くうすら寒い天気でしょう」という予報の通りに、風はなかったが襟を立てて歩かないと寒い朝だった。そういえば、戦争中は天気予報がなかったので、傘を持たずに出掛けてずぶ濡れになったり、台風の接近も知らなかったと、父や母から聞かされた。戦争というのは、庶民の暮らしのすべてを略奪してしまう。憲法の仕事が始まって、父母に電話もしていない。どんな仕事をしているか聞かれたら、困ってしまうからだ。

民政局の大部屋では、朝の八時からタイプの音が快いリズムを作っていた。

私は、昨日の草案を読みなおしてから「母性の保護」についての条項にとりかかった。私生児を産んだ女性も、国からの保護が受けられるようにしたいと思った。

――妊婦と乳児の保育にあたっている母親は、既婚、未婚を問わず、国から守られる。彼女達が必要とする公的援助が受けられるものとする。

嫡出でない子供は法的に差別を受けず、法的に認められた子供同様に、身体的、知的、社会的に成長することに於いて機会を与えられる。

母の開いたパーティでしばしば耳にした「お妾さん」や「養子縁組」の話題。出席した日本の女性が眉を顰《ひそ》めて、「あそこの家では、お妾さんと奥さんが同居なさっているんですのよ」と言った。

「まあ、そんな酷いことを……」と驚いた母の顔。

ある夫人は、夫がどこかで産ませた子供を、突然連れて帰ってきて養子にした……と語った。

「ひと言相談さえしてくれれば、私だって考えますものを……」

私の脳裏に、諦めの中に深い嫉妬と怒りを押し殺して生きる女性たちの顔が、次から次へと浮かんだ。

――養子にする場合には、その夫と妻、両者の合意なしに家族にすることはできない。

養子になった子供によって、家族の他のメンバーが、不利な立場になるような偏愛が起こってはならない。

長子（長男）の単独相続権は廃止する。

嫡出ではない子供は、日本では徹底的に差別される。子供にとって何の罪もないのに。

——すべての子供は、生まれた環境にかかわらず均等にチャンスが与えられる。

そのために、無料で万人共通の義務教育を、八年制の公立小学校を通じて与えられる。

中級、それ以上の教育は、資質のある生徒は全員無料で受けることができる。

学用品は無料である。

国は援助を必要とし、またそれに値する生徒に対して援助することができる。

私の育った乃木坂には、独身のドイツ人が住んでいて、その身の回りを日本人の家族がみていた。使用人一家の男の子は、近所でも評判の勉強ができる子で、ドイツ人が学費を出して大学に通うことができた。あの男の子も学徒出陣で戦場に行ったのだろうか？

私はタイプを打つ手を止め、黒い詰め襟の学生の端正な横顔をふと思い出した。

追憶は追憶を呼ぶ。

冬の日、炭屋さんの店先で、炭団《たどん》を投げ合いっこして叱られたこと、鼻水をいつも垂らしていた男の子、トラコーマでただれた目をしていた子、歯痛で頬を倍ほどに膨らませ手拭いで縛って、それでも石けりをしていた女の子……。乃木神社で遊んだ腕白やおてんば仲間の顔が浮かんだ。

——公立、私立を問わず、国の児童には、医療、歯科、眼科の治療を無料で受けさせなければならない。

また適正な休養と娯楽を与え、成長に適合した運動の機会を与えなければならない。

この条文のお手本は、ソビエト社会主義共和国連邦憲法、第一〇章にある。

第一二〇条

ソ連邦の市民は、老齢並びに疾病及び労働能力喪失の場合に、物質的保障を受ける権利を持つ。この権利は、国家の負担による労働者及び事務職員の社会的保障の広範な発展、勤労者に対する無料医療の提供、勤労者の利用に供せられる広く行きわたつた保養地の供与、によつて保障される。

私は、日本の国がよくなることは、女性と子供が幸せになることだと考えていた。だから、いろいろな国の憲法を読んでも、その部分だけが目に入ってきた。

しかし、二二歳の私には、老人の福祉ということまで考えが及ばなかった。その頃西欧諸国でも、老人問題はほとんど取り上げられることがなかったからでもある。今、もう一度私にチャンスが与えられるならば、老人福祉に関する条項を必ず付け加えるだろう。

当時の私は、お手伝いの美代さんや母を通じて、昭和の時代に入っても、農村の子供が口減らしに子守りに出されたり、丁稚奉公に出されていることを知っていた。そういう子供たちは、学校も低学年で止めさせられて、半年に一回着物を貰うだけで賃金はないという事実も教えられていた。農村が飢饉の年は、〝娘身売り〟が頻発することは、ロウストさんが、会議の度に口癖のように繰り返して説明した。そうした状況をなくすには貧困をなくすしかない。憲法には絶対に子供の立場からの、子供の権利について書いておく必要があると考えていた。

——学齢の児童、並びに子供は、賃金のためにフルタイムの雇用をすることはできない。児童の搾取は、いかなる形であれ、これを禁止する。

国際連合ならびに国際労働機関の基準によって、日本は最低賃金を満たさなければいけない。

私は、女性の権利を具体的に憲法に書いておけば、民法でも無視することができないはずだと考えた。官僚になるのは、大半が男性であるだろうし、その男性たちは、保守的であることがわかっていたからだ。

——すべての日本の成人は、生活のために仕事につく権利がある。

その人にあった仕事がなければ、その人の生活に必要な最低の生活保護が与えられる。

女性は専門職業および公職を含むどのような職業にもつく権利をもつ。

その権利には、政治的な地位につくことも含まれる。

同じ仕事に対して、男性と同じ賃金を受ける権利がある。

私は自分にまかされた、女性の権利と教育を受ける権利の条項を、二日間で書き上げた。

後はロウスト中佐とワイルズ博士に見てもらう作業が残っていた。

しかし、二人とも自分の持ち分が出来上がっていないので、私の方まで手がまわらない。その日は、夕食を神田会館に食べに帰って、また戻って仕事を続けた。他のメンバーは七階の簡易食堂でサンドウィッチをつまんだ程度でタイプを打ち続けた。

天皇小委員会は、第一稿が早くも上がったようだ。トップを切って運営委員会との会合が始まっていた。運営委員会の部屋は、トップ・シークレットだというのに大声が飛び交っていた。当然のことだが、条項をひとつひとつ検討するのだから時間はかかる。

これは、あとで聞いた話だが、この憲法は一〇年間は改正を禁止するというような話題まで出たようだ。私も、人権条項、特に女性の権利に関しては同じような思いがあった。封建的支配になれている日本人は、面従腹背がひとつの生き方の文化になっている。占領軍のおっしゃることだからご無理ごもっともと、なんでもハイハイと従って、強い人がいなくなったら、さっさと改正してしまうかもしれない。日本と縁が深い家柄のプール少尉ならではの指摘だ。なんだか一筋縄ではいかないぞという雰囲気が、大部屋を包んでいた。

天皇小委員会と運営委員会との会合は、果てしなく続いていた。

私たちも六日は、夜の一〇時頃まで大部屋にいただろうか？　私とタイプの担当だったエドナ・ファーガソンさんが宿舎に帰るとき、ほとんどの男性はまだ残っていた。

［二月七日　木曜日］

蒙古からの風とかで、西からの木枯らしで顔が痛いほどの朝だ。
気持ちがあせる私は、いつもより早く民政局の大部屋に出勤したら、みんな同じ気持ちなのか、ほとんどの人たちが揃っていた。昨日から徹夜したメンバーもいたようだ。ロウスト中佐もワイルズ博士も目が赤い。

私は、タイプしたものを読みなおし、訂正し、またタイプしなおして二人の上司に見てもらうチャンスが来るのを待った。待っている間も、各国の憲法を読みなおし、女性の権利で見落としている事柄はないかとチェックしたりした。

気づかなかったばかりに、後で日本の女性たちが苦労することがないように、と念を入れた。私は、自分の肩にかかっている責任を強く感じていた。今朝もお濠端を歩いて不思議な思いに駆られた。

「あなたの未来は今私が書こうとしている事柄で決まるのよ」

行き交う女性の顔を見ると、そんな科白《せりふ》が口をついて出そうになった。日本女性の味方は私一人しかいない。それは、孤独感ではなかった。励みとか決意とかいう、血の熱くなるものだった。赤茶けた焦土だからこそ、第一歩から新しいことが心機一転可能なのだ。

日本が変わるまたとないチャンスだと思われた。

ロウスト中佐とワイルズ博士は、自分たちの机に強い磁石で吸いつけられているようだった。たとえ横で強盗事件が起こっても、振り向かないだろう。手書きの二人は、でき上がった原稿を、タイプのエドナ・ファーガソンさんに次々に渡すので、彼女は休む暇もない状態になる。私は、見るに見かねてタイプを手伝った。

新聞記者、高校教師、雑誌の主筆という経歴のワイルズ博士は、書くことに慣れていて自分の文章にも自信を持っていた。装飾的な文章を書くのが特徴の博士は、タイプアップされたものに、さらに補筆する。エドナさんは、大変な作業量だ。

さきにも述べたが、人権については、マッカーサー・ノートには触れられておらず、大日本帝国憲法は形式の引用すらできない。アメリカ人の頭の中には、人権の観念が成熟して入っている。それは、もともとが異民族の集まった国家で、しかも黒人奴隷という、人権としては最悪の傷口を持っているからだ。アメリカの歴史といえば、人権の歴史といえる程のものだから、ハイスクールの社会の授業でもかなりの時間を費やす。

それだけに、それぞれの人は、人権に関する理想像を持っている。私たちの仕事も、最高の理想に限りなく近づける作業だ。特に私は、日本女性に最高の幸せを贈りたかった。私は、ロウスト中佐の原稿をタイプしながら、その一語一語に興奮を覚えた。

〈1　総　則〉

第　条　すべての自然人は、法の前に平等である。人種、信条、性別、カーストまたは出身国により、政治的関係、経済的関係、教育の関係および家族関係において差別がなされることを、授権しまたは容認してはならない。
華族の称号の授与は、今後は、国民的または市民的な政治権力を伴わないものとする。貴族としての権利は、皇族のそれを除き、現存する者一代限りとする。称号、栄誉、勲章その他の栄典の保有または賜与は、いかなる特別の特権をも伴ってはならない。またこれらの栄典の保有または賜与は、現にこれを保有しまたは将来それを受ける者の一代に限り、その効力を有するものとする。

「すべての自然人は……」という表現に、私は爽やかさを感じた。民族とか国によって束縛されない、コスモポリタンのロウスト中佐の考え方が輝いていた。「人種、信条、性別、カースト……」のくだりに、女性への気配りも、インドでカースト問題を研究した中佐の心配りも、文字になっていた。文章の中にある出身国というのは、アメリカ人ならではの表現だが、日本人には通じにくいかもしれない。

第　条　外国人は、法の平等な保護を受ける。犯罪につき訴追を受けたときは、自国の外交機関および自らの選んだ通訳の助けをうける権利を有する。

外国人は強制送還されない。

ロウスト中佐は、タイプアップされたものに目を通して、最後の「外国人は強制送還されない」という文を削って欲しいと言った。

ロウスト中佐の草案には、明治憲法に全くなかった自由の権利が、微に入り細を穿《うが》って書き込まれていた。

〈2　自由権〉

第　条　何人も、奴隷、農奴、その他いかなる種類にせよ奴隷的拘束を受けない。また、犯罪に因る処罰の場合を除いては、その意に反する苦役に服せられない。

第　条　集会、言論および出版の自由は、これを保障する。この自由には、公務員、公の機関もしくは公の慣行を批判する権利、または法律の制定、改正もしくは廃止を提唱する権利が含まれる。

検閲は、これをしてはならない。

通信の秘密は、これを侵してはならない。

言論および出版以外の一切の形式における表現の自由も、同様の本質的自由を与えられるが、青少年の保護および公衆道徳の高い水準の維持のために、卑猥で下品な文学、演劇、映画、放送および展示を抑制するための法的措置をとることは、許される。

ロウスト中佐の書いた自由権は、まだまだ続く。でもこれが憲法になれば、父親宛の手紙が封を切られて届くこともなくなるし、家に毎日憲兵がやって来ることもなくなるのだ、と嬉しくなった。

条文の中には、アメリカにもない進歩的なものもあった。

〈3　社会的権利および経済的権利〉

第　条　土地および一切の天然資源に対する終局的権原は、国民全体の代表としての資格での国に存する。従って土地およびその資源は、国が、正当な補償を支払い、その適正な保存、開発、利用および規制を確保し増進するためにこれを収用する場合、並びにそのために必要または便宜な法律を制定する場合には、このような国の権利に服せしめられるものとする。

土地の国有化を掲げたこの条項は、後にレッド条項と騒がれるものだが、土地が日本に貧富の差をつけている元凶であることを思えば、この条項は当然書かれるべきものと思う。ニューディーラーの面目躍如としたこの条項も、世界の理想の姿を掲げたものといえた。この〈3〉のグループの中に、私の草案も入る予定だ。ここに例をあげた条文は、ロウスト中佐の書いたもののほんの一部だけしか紹介していない。ともかく、人権小委員会の最初の原稿は、一冊の本ができるほどの量があった。

司法上の人権については、ワイルズ博士が担当した。

〈4　司法上の人権〉

第　条　何人も、現行犯として逮捕される場合を除き、裁判所の一員で権限を有する者により発せられ、かつ、訴追のなされる可能性のある犯罪を明示した令状によらなければ、逮捕されない。

何人も、理由を直ちに告げられ、かつ、弁護人を依頼する権利を与えられなければ、抑留または拘禁されない。また、何人も、外部との連絡を一切遮断されたままで留め置かれることはなく、正当な理由がなければ、拘禁されない。拘禁の理由は、被疑者またはその弁護人からの要求があれば、直ちに公開の法廷で示されなければならない。

何人も、国会の定める手続きによらずに、その生命、自由または財産を奪われることはない。また何人も、裁判所に出訴する権利を奪われることはない。

ワイルズ博士は、戦前の特高警察の思想犯の扱いや憲兵による不法逮捕を知っているだけに、実に事細かく書き込んでいた。日本を過去に引き戻すことは、絶対にしてはいけない……という信念が迸《ほとばし》るような草案になっていた。私は、その行き届いた配慮に、なるほどと頷いたが、心配も大きくなった。この原稿が全部憲法になったとしたら、電話帳のような世界最大の憲法になるかもしれなかったからだ。私の原稿だけでも、ダブルスペースで数ページもあった。

もっと心配なのは、まだ人権委員会の原稿が完成していないことであった。

天皇小委員会に続いて、今日は、ヘイズ中佐とスウォープ海軍中佐の立法権に関する小委員会が、運営委員会との会合を持ったし、リゾー大尉ひとりの財政に関する委員会、それにこの日だけではけりがつかないほど揉めた行政権に関する委員会も、運営委員会との会合が持たれていた。

私たちの人権委員会は、七日の夜になっても全部タイプできていないばかりか、ロウスト中佐とワイルズ博士は、まだ条文を書き足していた。

タイプのエドナさんは、働きづめだった。提出の時間はとっくに過ぎていた。しかし明日には、何がなんでも運営委員会に提出しなければならない。リーダーであるロウスト中佐の顔に、焦りによる疲労感が滲み出ていた。

［二月八日　金曜日］

朝からどんよりとした曇り。天気予報は夕方から雪を告げている。日本人は傘を用意するところだが、兵隊たちはコートだけ。私のようなシビリアンは、こういう時に困る。運営委員会との会合が、今日できなければ大変なことになるので、今夜は雪の中を深夜に帰ることになりそうだ。大きなマフラーを用意して出掛ける。

四日も寝不足が続くと、さすがに体が重い。神田会館の前でピック・アップしてくれるジープを待とうと思ったが、もし満員で乗れなかったらと不安がよぎる。

満員の乗客でふくらんだ都電が、元気に走っていた。都電という手もあるなと思ったが、この考えはすぐ消えた。オフ・リミットと書いた看板をぶら下げていて、進駐軍の兵隊は乗ってはいけないことになっている。一度違反して、原宿に間借りしている両親のもとに行くときに乗って、シラミをうつされて散々な目にあっていたからだ。

結局、迷っているより歩く方が早いという結論に達した。

民政局の大部屋の大きな扉は閉ざされていた。

横から回って入ると、ロウスト中佐とワイルズ博士が、原稿の添削をしていた。どうやら昨夜は徹夜だったらしい。その横で、エドナさんがもうタイプを打っていた。

運営委員会に提出する草案は、ダブルスペースで三部コピーをとることという指示が出ていたが、当然訂正があるからだ。当時は、コピー機などはないから、カーボンを間に入れてコピーをつくるしかない。ミスタイプしたら、カーボンをめくっては消しゴムで訂正するのだから手間のかかることおびただしい。

とりあえず人権条項だけのシリーズ・ナンバーをつけた条項をつくることになっていたが、最初の総則を受け持っているロウスト中佐の部分が完成していないので、通し番号のつけようがない。

締め切りを丸一日過ぎても、まだ完成しない。頼みの綱は、予定されている運営委員会との会合が、行政小委員会の会議がエスマン中尉の事件でもめて、のびのびになっていることだった。

私たちの条項は、午前中にようやくタイプアップできた。四一条になった。一条一条が長いから、ページ数にすると一〇枚を越えてしまった。

運営委員会の部屋に入ると、前の行政小委員会の煙草の煙が残っていた。私は、灰皿とコーヒーカップを片づけたが、部屋の空気まで入れ換えることはできなかった。

運営委員会との会合は、ケーディス、ラウエル、ハッシーの三人の他に、スウォープ海軍中佐が参加していた。エラマン女史は、例のメモ・ノートを拡げてスタンバイしている。人権委員会のメンバーは、ロウスト中佐とワイルズ博士と私。

ロウスト中佐が、四一条の条項をタイプした分厚い草稿を提出すると、ケーディス大佐は、「これは、たくさんあるなあ」と大きく息をついた。一瞬不吉な予感がした。

予感はあたった。

ハッシー中佐が口火を切った。

「原案の第二条だが、この憲法に列記されていない権利は、国民に留保されているとしているのは反対だね。残された権能も国会にある。国民が、国民自身が創設した国会の定めたことに反する権利を持つということは矛盾している。この憲法は、他の条文で、国会を通じて行使される国民の意思が最高だと定めてあるが、どうだろう?」

議論となった第二条は、こんな条文だった。

第二条　この憲法には、国民の諸種の自由、権利および機会が列記されるが、このことをもって、国民になお留保されるその他の諸権利が否認ないし軽視される ものと解してはならない。

これが、会議の結果、こんなふうに変わった。ハッシー中佐は、前文にも似た雰囲気の文章を書いており、名文家を任じているだけに、彼の匂いがする文言に変貌した。

第二条　この憲法が、日本国民と協議して保障する基本的人権は、人類の多年にわたる自由獲得の努力の結果であり、これらの権利は、過去の長い時間と経験を通して、現在および将来の国民に対して侵すことのできない、永久の権利として信託されたものである。

〈この第二条は、最終的に現行憲法では、第一一三条と第九七条になっている〉

議論は、一条ごとに行われた。第三条は、一部をカットすることで、両方の意見が一致した。私は緊張した。それと同時に、この調子では、四一か条すべてを終えるのに、膨大な時間がかかりそうなことに苛立《いらだ》った。

第四条でまたもや躓《つまず》いた。

「第四条には、この新しい憲法以後に定められる憲法、法律や命令は、この憲法が保障しているいろいろな権利を制限したり破棄することを禁止している。しかも、公共の福祉と民主主義より以上に尊重される事項を作ってはいけないと書いてある。これには、反対だね」

第四条　この憲法の後日での改正と、将来できる法律、法令は、すべての人に保障された平等と正義、権利を廃止したり、限界をもうけることはできない。公共の福祉と民主主義、自由、正義はいかなることがあろうとも、将来の法令によって侵されない。

今ある法律は、この基本のないものがあれば、すべて無効となる。

ケーディス大佐は、原案を注意深く読み上げながら発言した。

「つまり、これは暗黙のうちに、この憲法の無謬《むびゅう》性を前提としている。一つの世代が、つまりわれわれのことだが、他の世代に対して自分たちの手で問題を解決する権利を奪うことになる。原案のままだと、権利章典の改正は不可能になる。つまり権利章典の変更は、革命を起こすしか方法がなくなる。とても賛成できないね」

シャープな頭脳の持ち主であるケーディス大佐の指摘は、鋭い。顔は寝不足ふうだが、言葉を慎重に選び、切れ味のするどい問題を提起する。エラマンさんのノートは、乱雑な文字で埋まる。ケーディス大佐の選んだ単語を正確に記すだけでも、大変な作業だ。私は、そんな彼女の姿を尊敬のまなざしで見るしかなかった。

「しかし大佐！　現代はある発展段階に達しており、現在人間性に固有のものとして認められている諸権利、つまり〈基本的人権〉は、将来の世代が廃止するということは、許されるべきでないと考えます。

大佐がお考えのように、今回の憲法改正は、日本に民主主義政治を樹立するだけでは、不十分です。今日までに、人類が達成した社会および道徳の進歩を、永遠に保障すべきだという、理想を掲げなくてはなりません」

ロウスト中佐は、人権に支えられた自由と民主主義を理想とするアメリカ人の考えを代表していた。

確かに、将来に不届きな支配者が現われて、基本的人権まで奪う法律を制定したら、弱者である普通の農民や市民は、酷いことになる。実際にワイマール憲法のドイツが、簡単にヒトラーの手で変えられてしまったし、大正時代デモクラシーを謳歌した日本が、治安維持法という悪法で、軍国主義一色に染め上げられたという歴史がある。

出征兵士を送る日本の妻や母親は、人前では毅然とした態度をみせていても、台所の片隅で涙を拭っていた。そのことはみんな知っていても、〈非国民〉という言葉の前には、口を噤《つぐ》んだ。「大きな声では言えないけどね」と言っていた美代さんの言葉が、こんな場面で思い出された。

日本の事情に詳しいワイルズ博士がフォローする。

「この第四条を削除すれば、日本がファシズムへの扉を開くことは、避けられないと思いますよ」

運営委員会のハッシー中佐は、
「第四条は、政治についての意見と理論を、憲法という高い次元の存在にしようとするだけでなく、実際的でないことを指摘しておきます。もうひとつ意見を付け加えさせていただくならば、この条項の趣旨は、憲法に規定を置くことではなく、最高裁判所の解釈を待つものだと思いますが……」

エラマンさんのメモは、よく書き留めたと思うほど、人権条項についての議論を書き残している。それはそれは激しかったし、こんなふうに順序立った会話ではなかった。メモの一字一句は、発言者のその時の顔つきや声音まで思い起こさせてくれる。

とにかく、戦勝国の軍人が、支配する敗戦国の法律を、自分たちに都合よくつくるのだなどという傲慢な雰囲気はなかった。自分たちの理想国家をつくる、といった夢に夢中になっていた舞台だったような気がしている。

議論は続いたが、妥協点が見いだせず、ついにホイットニー准将の判断を仰ぐことになった。

まあ、一条一条がこんな調子だったから、時計の針の進む速度の早かったこと……。運営委員会は、ちょっと意地悪と思えるほど人権小委員会の案をチェックした。このあたりを丁寧に書くと私の出番がなかなか来ない。記憶に残っていること、大事なことだけを書くことにする。

第五条の生命、自由および幸福追求に対する個人の権利は、すべての法律において、最大の尊重を受けるとしている点のチェック。これは、第四条に、共同の福祉は個人の権利に優先する、と書いてあることに矛盾するという指摘だった。

この矛盾は、いまもって真の解決には至っていないが、執筆の時にも議論があった。明治憲法の〈臣民の権利義務〉条項が、すべて〈法ノ定ムル所ニ従ヒ〉とか〈法律ノ範囲内ニ於テ〉という制限が付けられていて、実際ほとんど人権は国の力で圧殺されていたからだ。憲法草案作成の考え方の柱にするようにと指示されていたSWNCC228にも、このことは明確に述べられている。

結局「一般の福祉の範囲内で」という文言が加えられておさまった。公共の福祉の前には、辛抱しなさい……というのは、共同体の中に生きる私たちにとって、永久にして、最大の矛盾なのかもしれない。

同じ趣旨の論議が、第一一条でも起こった。完全な人身の自由を謳った表現が包括的すぎるという問題提起だ。ケーディス大佐は、法律論から主張した。

「この条項が憲法にあると、国が何か措置をとろうとした時、その行動が人身の自由を侵害するという理由で反対することが可能になる。この条項の趣旨は、人間は誰もが〈物〉ではないことを定めることだと思う。したがって、〈何人も、奴隷、農奴、その他いかなる種類にせよ奴隷的束縛を受けない〉とすれば十分だと考えるが、どうかね？」

こうした議論は、私のその後の生き方に大いに影響した。座って耳を傾けるだけの私は、人権の問題を考えると、世間の仕組みは矛盾だらけだなと、漠然と思っていた。そして憲法の条文となると、国家の論理とか、それまでの長い男性支配の政治形態の歴史を、無視できないことが山ほど出てきた。世の中を変えるというのは、大変なことなのだ。その変える仕事を私たちがやっている……。

第一三条の信教の自由についても問題があった。この条項には、〈信教の自由を保障する〉だけではなく、〈聖職者はいかなる種類の政治活動にも従事してはならない〉ことを定めていた。

ケーディス大佐の指摘は、こうだった。

「この後段の部分は、理論的にも実際的にも矛盾している。聖職者の政治活動を禁止することは、言論・出版の自由を否定することを意味するからだ。憲法というのは、制限の章典ではなく、権利の章典であるべきだ。この特段の禁止規定は、憲法の中に置かれるべきではないと思う」

執筆者ロウスト中佐の考え方は、全く違ったところに発想の起点があった。

「この条項は、霊的な権威が政治的目的のために濫用されるのを防止することを目的として書きました。日本は、数世代にわたって、聖職者――つまり天皇――によって左右される国家でした。精神的な刑罰を科すという脅しによって、政治的な暴政が強化されていました。日本人に対して、どのような宗教組織にも政治的な権威が付与されることはないことを、明らかにしておく必要があると思うのですが……」

日本の歴史は、アマテラスというシャーマンの女性から支配が始まり、政治の変革の背後には、神のお告げを聞きに行くということがあった。日本の古代仏教は、政治と結びついて巨大になり、果ては天皇の位を脅かした。混然とした宗教形態から国家神道に立ち戻ったことが、明治維新であり大政奉還であった。この時期に廃仏毀釈が行われ、たくさんの文化財レベルの仏像が壊され、神社だけが立派になっている。歴代の天皇のお墓……御陵に鳥居が建てられたのも明治だと、書物に書いてあった。

天皇が、日本の神道を司る大神主《かんぬし》だからだが、伊勢神宮も靖国神社も国のお金で運営され、国の権威の上で動いていた。台湾、朝鮮、満州、果てはシンガポールにまで鳥居が建てられ、支配された民族が皆目知らない神に手を合わせることを強要された。

私にとって、乃木神社の境内は、子供の遊び場としてとてもよい環境のところだったが、その守り神さまが日露戦争の将軍だと知ったのは、ハイスクールに通うようになってからだった。

井戸やトイレにも神様がいる日本文化は微笑ましいが、戦争に勝つ度に将軍が神社に祀られるとすると、日本中が鳥居だらけになってしまう。

国家神道が、日本の侵略の精神的バックボーンになっていることは、ＧＨＱのメンバーのほとんどが民事要員訓練所のカリキュラムで学んでいる。ロウスト中佐が危惧しているのは、この〈国家神道ニッポン〉の再生だったのだ。

「確かに、人々が神社や寺、教会の権威によって政治行動に走ることについては、同じ意見だが、これは個人の良心の問題で、憲法や法にまで期待する事柄なのだろうか？　条文は、〈宗教の名のもとに、他の団体に対する敵意をあおり、敵意を持った行動を行い、または公の秩序および道徳を強める代わりに、弱めるような宗教団体は、宗教団体とは認められない〉としているが、これは新しい宗派の抑圧になる。執筆者は、一方で宗教の政治介入を禁じながら、他方では国が宗教に干渉することを是認しているのは、大きな矛盾だと思う」

発言者は、ハッシー中佐だが、ヨーロッパの君主国家の法律が、国王の宗旨まで決めていることを考えると、随分進歩的な考え方だ。人権論議というのは、ほとんど自分に関係してくるような話なので、論旨が細部にわたり、迷路に入り込んでしまう。

ケーディス大佐は、フランス憲法のように何でも書いてしまうというのは、避けたかったようだ。簡潔明瞭に短く、詳細はそれぞれの法に委ねる、というポリシーの持ち主だった。レポートのような分厚い人権委員会の条文は、この論議の中で見事に整理されていった。そしてＳＷＮＣＣ２２８にしたがって、制限条項は極力削られた。

第一四条の言論、出版、表現の自由についての、〈名誉毀損に対する例外規定〉、一六条の集会の自由にあった、〈平穏な討議のために〉という限定句は同じ精神でカットされた。条文は、見事に短縮された。

興味深かったのは、第一二条の大学における教育、研究の自由に関する条文の検討の中で、連合国がある種の調査研究を厳しく制限していることを取り上げ、〈調査研究の自由の保障〉の文言を取り消したことだ。これは、日本軍部の力の再生を恐れたGHQが、大学のサイクロトロンを破壊したり、航空機の研究の制限をしていることの、うしろめたさにあった。夢と理想を追った憲法草案の中に残った、GHQの爪の部分であった。

私の書いた第一八条からの諸条項に番が回ってきた時は、午後一番から始まった会議が夕方を迎えていた。

運営委員会の三人は、私の一八条を声も立てずに読んだ。男女平等や結婚・離婚の選択の自由、女性も財産権・相続権がもてることを謳った条項である。女性の基本的人権がすべて盛り込んである重要な条項だ。

三人の目が行を追いながら、時々静止する。手の内側が汗ばんだ。

審判は、意外にあっさりと下された。

「〝婚姻と家庭とは、法の保護を受ける。婚姻と家庭とは、両性が法律的にも社会的にも平等であることは当然である〟のところは、文章をもう少し簡潔にしなさい」

肩の力が抜けて、ほっと息をついた。しかし、その安心は束の間だった。

運営委員会の厳しいチェックと分析は、各条項を次々と血祭りにあげていった。「既婚未婚を問わず妊婦と乳児を持つ母親は、国から援助が受けられる。私生児は、法的に制約を受けず……」の第一九条から第二五条に至る一連の社会保障制度は、ヒューマニズムの根源のような条項で、私が神様に成り代わって書いたような気持ちでいた。

条文は、のちに正確に紹介するが、日本の社会制度、公衆衛生、無償の教育制度、医療制度、さらに養子法および若年労働と搾取の禁止など、どれも不幸な立場の日本の女性と、かわいそうな子供たちを救いたい気持ちで書いたところだ。

ケーディス大佐は、文案から目を上げると私の顔を見て言った。

「このような具体的な指示は、有益かもしれないが、憲法に入れるには細かすぎる。原則を書いておくだけにとどめ、詳細は制定法によるべきだと思うがね。憲法に記載するレベルのことではないのではないだろうか？」

早い話が、運営委員会として全面カットを主張したのだ。私が口ごもっていると、すぐにロウスト中佐が反発した。

「大佐！　社会保障についての諸規定を憲法に入れることは、最近のヨーロッパ諸国の憲法では、すでに常識になっています。日本では、このような規定を入れることは、特に大事だと思います。これまで日本には、国民の福祉に国家が責任を負うという観念がなかったからです。この観念を国民に受け入れられるようにするには、憲法に謳っておく必要があります。現実に、今の日本では、婦人は商品と同じです。子供を父親の気まぐれによって、庶子を嫡出子に優先することもよくありません。米の作柄の悪い時には、農民は娘を売るのですよ、これは本当の話です」

私が言おうとしていた娘身売りのことを、ロウストさんも知っていたのだ。

すると同席していたスウォープ中佐が、行政経験者らしい意見を出した。

「しかし、乳幼児をかかえている母親の保護や子供を養子にすることについて、詳細な指示を憲法に折り込んでも、それを補う法律を国会が作らない限り、事態は良くならないだろうね」

ワイルズ博士は負けていなかった。

「その通りです。だが、われわれはこれらの事項について、日本政府に確約させなければならないのです。これは是非ともやらなくてはならない。人権侵害は、日本では常識的に行われているのですよ！　民権という単語はありますが、人権という日本語はまだないのです」

日本女性には、人権など存在しないのです！　女性は泣いています！　子供は、そのために黙って死んでいっているのです！　私は、そう言いたかったが、運営委員会のラウエル中佐が口を挟んでしまった。

「だが、社会保障について、完全な制度を設けることまでは、民政局の責務ではないよ。

もし、この規定を入れることを強く主張したら、多分強い反発が起こるかもしれない。日本政府は、われわれの憲法草案を全面的に拒否する恐れもあると思うが……」

興奮して紅潮した顔で、ワイルズ博士は、なおも抗議した。

「私たちは、日本社会に革命をもたらす責任があり、その近道は、憲法によって社会の形を一変させることにあります」

「法によって、他の国に新しい社会思想を押しつけることは不可能だよ」

ラウエル中佐との論争は、止まるところを知らなかった。実際、GHQは日本の古い殻を破ることをいくつもやっているのに……。私の言いたいことは、のどの所で止まってしまっていた。

幾度か、断片的に発言していたが、文章にならない言葉ばかりだったのだろう、エラマンさんのメモには、私の発言はひと言も書かれていない。支離滅裂でエラマンさんが、とても困ったのかもしれない。

運営委員会の三人と、私たち三人は、まるで検察官と弁護人の関係に似ていた。しかしこの闘いは、最初から運営委員会が力を持っていた。その点では軍の組織だった。

激論の中で、私の書いた〝女の権利〟は、無残に、一つずつカットされていった。一つの条項が削られるたびに、不幸な日本女性がそれだけ増えるように感じた。痛みを伴った悔しさが、私の全身を締めつけ、それがいつしか涙に変わっていた。

気がついたらケーディス大佐の胸に顔を埋めて泣いていた。

民政局で最も尊敬していたケーディス大佐が、理解を示してくれないことが、私には悔しかった。大佐は、泣いている私の背中に手をまわして抱きとめてくれたが、私の条項は冷たく拒絶された。私がケーディス大佐に抗議できたのは、彼の軍服の胸を涙で濡らすことだけだった。

運営委員会との会合は、深夜になったが半分も進まなかった。

エラマンさんのメモによると、「社会理論についての対立する見解に由来するこのような問題では、妥協点を見いだすことは不可能であった」ので、結局ホイットニー准将にあずけることになった。

この会議に、ホイットニー准将が顔を出したのか、運営委員会の誰かが、将軍の部屋に行って相談したのか、その状況にあまり記憶がない。原型を留めないほどに、朱が入った原稿をどうするかで、私は頭がいっぱいだった。

ホイットニー准将が出した結論は、「社会立法に関する細々した規定は削除して、社会保障制度を設けるという一般的な規定のみを置く」というものだった。この考え方は、ケーディス大佐の簡潔主義と一致していた。

この裁きの結果、私の書いた条項は、「家庭は人類の基礎であり……」という第一八条はほぼ残ったが、あとはカットされた。

第一九条　妊婦と乳児の保育にあたっている母親は、既婚、未婚を問わず、国から守られる。彼女達が必要とする公的援助が受けられるものとする。嫡出でない子供は法的に差別を受けず、法的に認められた子供同様に、身体的、知的、社会的に成長することに於いて機会を与えられる。

〈最終的にカット〉

第二〇条　養子にする場合には、その夫と妻、両者の合意なしに、家族にすることはできない。養子になった子供によって、家族の他のメンバーが、不利な立場になるような偏愛が起こってはならない。長子（長男）の単独相続権は廃止する。

〈最終的にカット〉

第二三条　すべての公立、私立の学校では、民主主義と自由と平等及び正義の基本理念、社会的義務について教育することに力を入れなければならない。学校では、平和的に向上することを、もっとも重要として教え、常に真実を守り、科学的に証明されたことや、その研究を尊ぶことを教えなければならない。

〈最終的にカット〉

第二四条　公立、私立を問わず、国の児童には、医療、歯科、眼科の治療を無料で受けさせなければならない。……

〈最終的にカット〉

第二五条　学齢の児童、並びに子供は、賃金のためにフルタイムの雇用をすることはできない。児童の搾取は、いかなる形であれ、これを禁止する。国際連合ならびに国際労働機関の基準によって、日本は最低賃金を満たさなければいけない。

〈最終的に第二七条の三項「児童はこれを酷使してはならない」となる〉

第二六条　すべての日本の成人は、生活のために仕事につく権利がある。その人にあった仕事がなければ、その人の生活に必要な最低の生活保護が与えられる。女性は専門職業および公職を含むどのような職業にもつく権利を持つ。その権利には、政治的な地位につくことも含まれる。同じ仕事に対して、男性と同じ賃金を受ける権利を持つ。

〈「女性は……」以下カット。最終的に第二七条〉

第二九条　老齢年金、扶養家族手当、母性の手当、事故保険、健康保険、障害者保険、失業保険、生命保険などの十分な社会保険システムは、法律によって与えられる。

国際連合の組織、国際労働機関の基準によって、最低の基準を満たさなければならない。

女性と子供、恵まれないグループの人々は、特別な保護が与えられる。

国家は、個人が自ら望んだ不利益や欠乏でない限り、そこから国民を守る義務がある。

〈母性の手当、恵まれないグループの保護などが削除され、最終的に第二五条となる〉

改めて書き出してみると、この時喪失した女性の権利の部分の大きさがわかる。アメリカでも、まだ男女は平等ではないが、職業の機会均等や同一賃金、母性の保護などは、世界的にみても、まだまだ達成されていない国が多い。

実際、この憲法作成作業に携わったGHQのアメリカ人すら、女性への理解者ではなかった。その分私が頑張らなければいけないと思ったが、力不足がつけとして今日まで残っている。

この日、会議が終わった時間を正確には覚えていない。コーヒーだけを何杯も飲み、煙草の煙のむせかえる中での会議は、深夜まで続いた。夕食をどういう形でとったかも、全く記憶にない。

席に戻った深夜、各小委員会のメンバーは、全員残っていた。ヘイズ、ピーク、ティルトン、プール、ハウギ……みんなの目が充血していた。どういうわけか、行政小委員会のミルトン・エスマン中尉の席だけが空白で、机の上がきちんと片づけられていた。

これは、あとから知ったことだが、彼はあのもめにもめていた運営委員会との会合で、違う意見を出して追放されていたのだ。民政局には、すばらしい秀才が揃っていたが、その一人だった彼は、ヨーロッパの現代政治の専門家で、たしか二七歳だったが、すでに大学教授の肩書を持っていた。

なんでも、総理大臣にもっと権限を持たさないと、第一次大戦後のフランスのように、政権交代ばかり続いて困ると主張したという。その一方で、民主化された地位の天皇にも、少し権限があった方がよいという意見だったようだ。これは、当時の日本をどうするかというGHQの考え方の流れとは逆で、私でもデリケートな返事しかできない重大なことのように思う。

空白の席は、占領軍の意思を無言で示していた。ひょっとすると私の涙と、同じものだったかもしれない。

深夜の日比谷通りは、予想したように雪だった。神田会館まで、幌だけの大型ジープに遠慮なく雪が舞い込んだ。そう言えば、泣いたあとお化粧も直していなかった。

［二月九日　土曜日］

寒い週末。国会議事堂まで何の障害もなく見える風景は、白色が主人顔をしていた。二月上旬の東京は、よく雪が降った。寒いうえに、暗いニュースが続いた。この週の記事には、焼け残った学校に住む母と子たちの寒さに震える生活描写や、インフレでお味噌の値段が四倍に跳ね上がったこと、隠退蔵物資が摘発されたこと、フィリピンの司令官だった山下奉文《ともゆき》大将の死刑が決定したことなどを伝えている。日本の領土だった沖縄、奄美大島、小笠原、それにサイパンなどの南洋群島が、アメリカの信託領になるという重要な記事も載っている。八日には、憲法担当の松本烝治国務大臣が、日本政府の憲法改正草案を天皇陛下に奏上するという記事が出ている。四回閣議で説明したので、天皇にも私案として説明するのだということだ。当然のことだが、GHQの民政局でこうした作業をしていることは、全く気がついていない。ハウギ中尉が、新聞を持ち回っていたので、強く印象に残っている。

寒さの中で、人々が飢えと闘っている時、私は熱気でむせかえる民政局の大部屋で、その人たちの、数年、数十年先の生きるデザインを考えている。不思議な運命なのだが、二二歳の私にそんな余裕はなかった。昨夜検討のすんだ原稿を、なんとか文章にする仕事で頭がいっぱいだった。

「週末までに各委員会は、第一稿を書き終えること」という命令を、人権小委員会の私たちは一応達成した。

しかし、四一か条もの条文を、ひとつずつ運営委員会と検討するには、八日の午後からの時間では足りなかった。作業は、九日の午前中まで持ち越された。

九日は、私だけはその会合に出ないで、前日に訂正、補筆することが決まった条文の手直しの仕事にかかった。

ロウスト中佐とワイルズ博士は、社会的保障をふくらませて、できるだけ多くの事柄を憲法に織り込もうとした。しかし、すべて簡潔、原則主義のケーディス大佐と意見が合わなかった。成り行きを心配したホイットニー准将は、九日は朝から会議の席に座ったままだった。

ロウスト中佐とワイルズ博士は、性格も育った環境も、めざす方向も全く違っていたが、こと憲法の人権条項についてだけは、完全に一致していた。だからこの仕事の八年後にワイルズ博士が、占領時代について書いた『東京旋風』に、ロウスト中佐と明らかにわかる人物を、無能呼ばわりして書いているのを読んだ時、私は不思議な感じを持った。

ワイルズ博士については、日本的な表現をすれば、頑固で偏屈な人物に入ると思う。それが、『東京旋風』では、かなり筆のすべりでオーバーランしているような気がするが、その中で、憲法制定にかかわったことに、全く触れていないのも、不思議といえば不思議だ。GHQの民政局の二五人が、憲法作成にかかわったことは、一九四九年に民政局自身が、*Political Reorientation of Japan*（『日本の政治的改革』）で公式に発表して何年も経過しているのに、である。頑固な性格が多分、ホイットニー准将の「トップ・シークレット」という命令を、私と同じように忠実に守り続けていたのだろう。

私が、閉ざした口の鍵を開けたのは、一九七七年にミシガン大学の研究者スーザン・ファーに話した時で、それまで両親にも話してはいなかった。私の性格は、とても頑固というほどではないが、一度封をした口は、誰かがこじ開けないと自分から開けにくいものだ。その私が、こうして書物を書いているのも、時間のなせる業かもしれない。

さて、私は九日の会合には出席しなかったが、エラマンさんが律儀にメモした記録が残っているので、再現が可能だ。前日と同じように、ロウスト中佐とワイルズ博士は、運営委員会のケーディス大佐、ラウエル中佐、ハッシー中佐を向こうに回して、大激論をかわしている。メモは、詳し過ぎるので、私に関係のある部分だけを書く。

「原案の、〈第三条　この憲法によって定められた自由、権利および機会は、国民の自律的協力に由来する〉とある自律的という言葉は、意味が曖昧で、誤って解釈されると思うが……」

これは、ケーディス大佐の発言。受けてラウエル中佐も意見を述べる。

「同じように第二六条にも曖昧な字句がある。原案の第二六条は、〈法律は生活のすべての面につき、社会の福祉並びに自由・正義、および民主主義の増進と伸長のみを目指すきである〉という条文だが、これは大ざっぱ過ぎる。社会福祉以外が目的の法律は沢山ある。もし、このような法律がすべていけないとなると、私的な契約も、無効のものが多くなる。この種の規定は、プライバシーに干渉することになるのではないか？」

エラマンさんの記録には、先の第三条は次のように修正されたとある。

〈この憲法が宣明した自由、権利および機会は、国民の絶え間ない警戒によって、保持されるものである〉

国民の絶え間ない警戒によって……という表現は、誰が発言したのかわからない。多分ハッシー中佐の発想のような気がしないではないが、当時の民政局の考えを反映している。民主主義が日本に根づくのに年月がかかることへの危惧だ。

軍国主義時代の日本で育った私は、心配だったのだ。日本民族の付和雷同的性格と、自分から決して意見を言い出そうとしない引っ込み思案的な性格、しかも過激なリーダーに魅力を感じる英雄待望的な一面は、昭和の誤った歴史を生み出した根源的なもののように思う。日本が本当に民主主義国家になれるのかという点で不安を持っていた。だからこそ、憲法に掲げておけば安心といった気持ちから、女性や子供の権利を饒舌に書いたのだった。その気持ちは、当時の日本を少しでも知っている人なら、理解し賛成してくれるはずだ。

ラウエル中佐の指摘した二六条は、私の書き直した条項だ。

この日、私は、手直しを命じられ、再タイプしては、会議室へ持っていった。法律の条文として冗長な文案を直すように命じられたのだ。議論は、その何回目かのものが対象になっている。先に紹介した二六条と辻褄が合わないのはそのためだ。

その修正した第二六条。

第　条　法律は、生活のすべての面につき、社会の福祉並びに自由、正義および民主主義の増進と伸長のみを目指すべきである。国民の福祉を制限しまたは破壊する傾向をもつすべての法律、合意、契約または公的もしくは私的な関係は、国民の福祉を増進するものによって代置さるべきである。この目的を達成するため、国会は次のような法律を制定するものとする。

妊婦および乳児の保育に当たっている母親を保護援助し、乳児および児童の福祉を増進し、嫡出でない子および養子並びに地位の低い者のために正当な権利を確立する立法。

確立された真理に基づいた無償の普通義務教育を設立し、維持する立法。

児童の搾取を禁ずる立法。

公衆衛生を改善するための立法。

すべての人のために社会保険を設ける立法。

勤労条件、賃金および就業時間について適正な基準を定め、勤労者の団結する権利および団体交渉をする権利並びに生活に必要欠くべからざる職業以外のすべての職業においてストライキをする権利を確立する立法。

知的労働並びに内国人たると外国人たるとを問わず、著述家、芸術家、科学者および発明家の権利を保護する立法。

何でも書き込んだような、この文案はたくさんの条文を合体した痕跡を残している。私も、至る所手書きの文字が挿入されている文書を、いくつか保存しているが、どれが先でどれが後だったかもわからないものが多い。ほとんどこの日の数時間に修正されタイプを繰り返した遺跡のような文書だ。この日、大部屋と会議室を何回往復しただろう。最後にマッカーサー草案になったものと比較して見ていただくと、条文の修正がいかにすさまじいものだったかが想像してもらえると思う。

「生涯の中で、一国の憲法を書くという、誰にも経験できないまたとないチャンス」と気持ちは張りつめていたが、体は連日の知的ハードワークで、どんよりと重かった。

しかし、もうもうと立ち込める煙草の煙の中で、ロウスト中佐とワイルズ博士が運営委員会の三人と闘っている姿を見ると、ここでへばっては申し訳ない気持ちになった。「今ガンバらねば、いつガンバるのだ!」私は自分を叱った。

この日の運営委員会との激論の中に、興味深いやりとりがある。

原案の第三六条に、〈土地および一切の天然資源に対する終局的権原は、国家に与えられる〉という条文があった。後にレッド条項といわれる条項だ。民政局には、アメリカ国内では進歩的思想の持ち主といわれるニューディーラーが多かったが、憲法草案に大きな影響力を持ったのは、ワイマール憲法とソビエト連邦憲法であった。その最も影響を受けた条文がこれだった。執筆者はロウスト中佐だ。

条文は、先の文言にこんなふうに繋がっている。

〈従って、土地およびその資源に対する所有権は、賃借権と解釈され、不当な使用または継続的不使用があれば、それらのものに対する権利は国に復帰する〉

ケーディス大佐もニューディーラーだが、鋭く指摘した。

「この条項を厳格に解釈すると、不動産に対する私的所有権は、すべて否認されることになりはしないか？　土地および資源に対する私的所有権は、〈賃借権〉と呼ぶべきではないのではないか？」

ロウスト中佐の言い分はこうだ。

「この条文は、個人はその土地に対して、一般の福祉に考慮を払うことなく、何でも好き勝手にできるという、昔ながらの考えを弱めることを、意識的に目指したものです。現代は、国という公の目的も視野に入れる必要があると考えたからです」

ケーディス大佐は、その考え方を認めて条件を添えた。

「確かに、すべての土地とその資源の終局的権原は、国にあり、国は、土地やその資源を、公の用に供する必要があるときは、どんな土地や資源でも、これを収用できる権利を持つことは必要だろう。しかし、このような財産の収用が行われる時は、充分の補償がなされるべきだという規定は、書いておかなくてはならないね」

ケーディス大佐のいつもながらの見事な裁断ぶりだ。私が何度も出入りする度に、ホイットニー准将は黙ってその采配ぶりにうなずいていた。そのホイットニー准将が、口を挟んでいるメモがある。原案の第三二条で、私がまとめてリライトした内容の部分だ。

「ストライキ権の部分だが、憲法がストライキを奨励しているようなニュアンスがある。これは、不幸な解釈を生む可能性を否定できないね」

鶴の一声でこの条文は、単純に勤労者の団結権の保障になった。

週末の土曜日は、ふだんの日なら勤務時間は、午後三時までだったが、運営委員会と人権小委員会の会合が終わった時は、その時間をとっくに越えていた。

それればかりか、この第一草稿を明日中には、マッカーサー元帥に届けるということが決まって、各委員会は運営委員会の手で修正された草稿の仕上げに汗を絞っていた。人権条項は、この段階で四一か条が三三か条に整理されているが、仕上がった憲法全文の三分の一を占める膨大なものとなった。とても終わったから帰るといった状態ではなかった。

この日、ついに間に合わなかった地方自治の条項を除いて、マッカーサー元帥に草案が届けられたのは、もう夜中に近かったように思う。マッカーサー元帥は、今日的表現でいうと、将軍のくせにワーカホリックだった。いつも午後の昼寝を終わって、四時に執務室に戻っていたが、午後一〇時までは確実に働いていた。土曜も日曜もなかった人だ。

多分、その夜の検討会にはホイットニー准将も同席したはずだ。その日も、神田会館への深夜の道は、凍てついて白かった。

草案完成へ

二月四日から始まった一週間は、一本の棒のように区切りがなかった。それでいて、わずか七日しか経っていないことが、不思議だった。もう何年もこんな生活が続いているような感じだった。一〇日の日曜日を働いたか休んだかの記憶は、五〇年も経つと忘れてしまう。

毎週のように父母のために食料品をジープに積んで来るブラウン中尉にも、曖昧な返事をして、後日その疑いを晴らすのに苦労したのも、この週末だった。とにかく秘密を守れという厳命にたいして、ひと言も漏らしてはいけない立場だったので、原宿の父母にも連絡を取らなかった。民政局の現場は、そんな私的なことの入り込む余地がない〝戦場〟だった。

実際、人権条項は運営委員会との会合のあと、もう一度書き直していわゆるマッカーサー草案として完成している。つまり第三稿まで修正が行われて、最後に完成案になった。

私の手元には、その途中の文書がいっぱい残っている。手書きの単語やセンテンスが、乱雑に書き込まれていて、この文書の次にこの文書という順番も追跡できないほどだ。草案完成の作業は、この週末に集中した。

もうひとつ、この一〇日は、GHQの外で騒がしいことが起こっている。公職追放に関するマッカーサー指令が、日本政府の閣議で正式に決定され、具体的な該当者名が発表されたからである。衆議院議員、貴族院議員、ほとんどの政党のメンバーはこれに該当していたので、日本の政界は、上を下への大騒ぎになっていた。

この公職追放には、私も大いに関係していたので、その新聞報道は気になったが、民政局には、その嵐の吹き込んでくる余地すらなかった。

その同じ新聞の片隅に、民間情報教育局の女性課長のエセル・ウィード中尉が、婦人参政権の意味を指導するために、名古屋、京都、大阪、神戸、東北地方を行脚《あんぎゃ》するという記事が出ていた。彼女は、日本の女性の権利のために本当によく働いた人で、この時はまだ面識がなかった。私がアメリカに帰ってからの付き合いになるが、GHQの中には日本の女性のために、本気になって働いた人が多かった。ウィード中尉は、農村の台所まで入って「あなた方がシッカリしなくちゃ」と激励して歩いていた人で、日本女性は、彼女に少し感謝しなければと思う。

この日、どの委員会も昨日に続いて、全員が最後の手直しに熱中していた。運営委員会では、この草案の各章について、どういう考えで書いたかをマッカーサー元帥に説明するための書類を作るという、余分な仕事もあった。すべての仕事運びに律儀なホイットニー准将とケーディス大佐のコンビの、どちらが言い出したかわからないが、日常の仕事でもきちんとした報告書を作っていた。こういう書類が、今日国立公文書館や国会図書館に残されているのだ。

一〇日中には、地方行政委員会の草案が間に合わないとわかり、マッカーサー元帥には、その部分を除いた草案が上げられた。マッカーサー元帥は、日曜も返上して草案ができ上がるのを待っていた。

マッカーサー元帥が、そんなにあせったのは何故なのか?

その理由の一つに、その月の二月二六日に、占領軍に対する諮問委員会である極東委員会が、ワシントンで発足することになっていたことがある。連合国一一か国で構成されたこの極東委員会ができれば、マッカーサー元帥は、この委員会にいちいちお伺いをたてて占領政策を進めなければならなくなる。小姑のような組織だ。

この一一か国の中には、すでに冷戦関係に入っていたソビエトや、日本の天皇制には反対のオーストラリアやニュージーランドが入っていた。

また四月一〇日には、戦後初の総選挙がある。ここで、新しい憲法に関する判断を日本国民自身がすれば、〝日本国国民の自由に表明せる意思に従い〟というポツダム宣言の目的にも適う。さらにそのあと、極東国際軍事裁判が始まる。〝天皇を戦犯に〟という声の大きい中で、憲法を武器に中央突破をしようという作戦だったようだ。

こうした知識は、その後に得たものだが、当時二二歳の私には、〝こんなに重要なことを、どうしてそんなに急がなくちゃならないの？〟というのが最大の疑問だった。

いずれにしろ、私たち人権委員会は、一二日までに完全な草案に仕上げなくてはならない。四一か条が、第二稿の段階で三三か条になり、最終的にマッカーサー草案では、三一か条になったが、その減った部分の多くは、私の書いた〝子供と女性の権利〟に関するところだった。消しては書き、書いては修正し、まとまった文案にするために、どれだけの時間を費やしたかわからない。

しかし、全部で九二か条だったマッカーサー草案のうち、人権条項はその三分の一を占めることになる。明治憲法に一字も入っていなかった「女性」や「児童」の文字を、とにかく新しい憲法の中に入れることはできたのだ。ケーディス大佐らに削られた条項のことはくやしかったけれど、やるだけはやったのだ。

完全な九二条の草案が完成したのは、一二日火曜日の夜になった。この日も朝から、ホイットニー准将と運営委員会と小委員会の主だったメンバーが参加して最後のミーティングが行われ、引き続き修正がなされた。

天皇条項で、それまで皇位（Imperial Throne）となっていた主語が、天皇（Emperor）と重なるということで、天皇に統一されたり、私たちの人権条項は、「人権に関する章」の表題が、「国民の権利および義務」に変わった。

細かいところでは、「外国人は、法の平等な保護を受ける」という条文はこの段階では残っていたが、日本政府の手に渡ってからなくなった。「生活の面において社会の福祉の増進と伸長をめざす」という条文から、現在の関連した法律を廃止するなど義務条項が外された。

この会議で、国家にとっての憲法とは何かという本質論で論争があった。当時の私には、雲の上のような話だったが、今読み返してみると非常に大切なことなので ご披露しておきたい。

議論は、ハッシー中佐が、前文に次の趣旨の文案を加えたいと提案したところから始まった。

〈われらは、いずれの国民も自己に対してのみ責任を負うものではなく、政治道徳の法則は普遍的なものであり、われわれはこの法則によって主権を有しているものであることを確認する〉

これに対してケーディス大佐は、直ちに反対した。

「国民や国家というものは、節度をもって行動し、他の国の人や国家が持っている権利を

ホイットニー准将（左）と
ケーディス大佐

GHQの人たちと。中央がベアテ

1946年11月３日，日本国憲法の
公布を傍聴する民政局員たち

GHQの同僚エレノワ（中央）と
そのボーイフレンド（右）と

1946年，軽井沢にて

1947年５月，出航前の船上

帰国を見送ってくれたシーラ・ヘイズ（左），沢辺美代さん（中央）と

24-G-2-7

III. Specific Rights and Opportunities

18. The family is the basis of human society and its traditions for good or evil permeate the nation. Hence marriage and the family are protected by law, and it is hereby ordained that they shall rest upon the undisputed legal and social equality of both sexes, upon mutual consent instead of parental coercion, and upon cooperation instead of male domination. Laws contrary to these principles shall be abolished, and replaced by others viewing choice of spouse, property rights, inheritance, choice of domicile, divorce and other matters pertaining to marriage and the family from the standpoint of individual dignity and the essential equality of the sexes.

19. Expectant and nursing mothers shall have the protection of the State, and such public assistance as they may need, whether married or not. Illegitimate children shall not suffer legal prejudice but shall be granted the same rights and opportunities for their physical, intellectual and social development as legitimate children.

... shall be adopted into any family without the ... consent of both husband and wife if both are alive,

私が執筆した人権条項の一部（メリーランド大学所蔵）

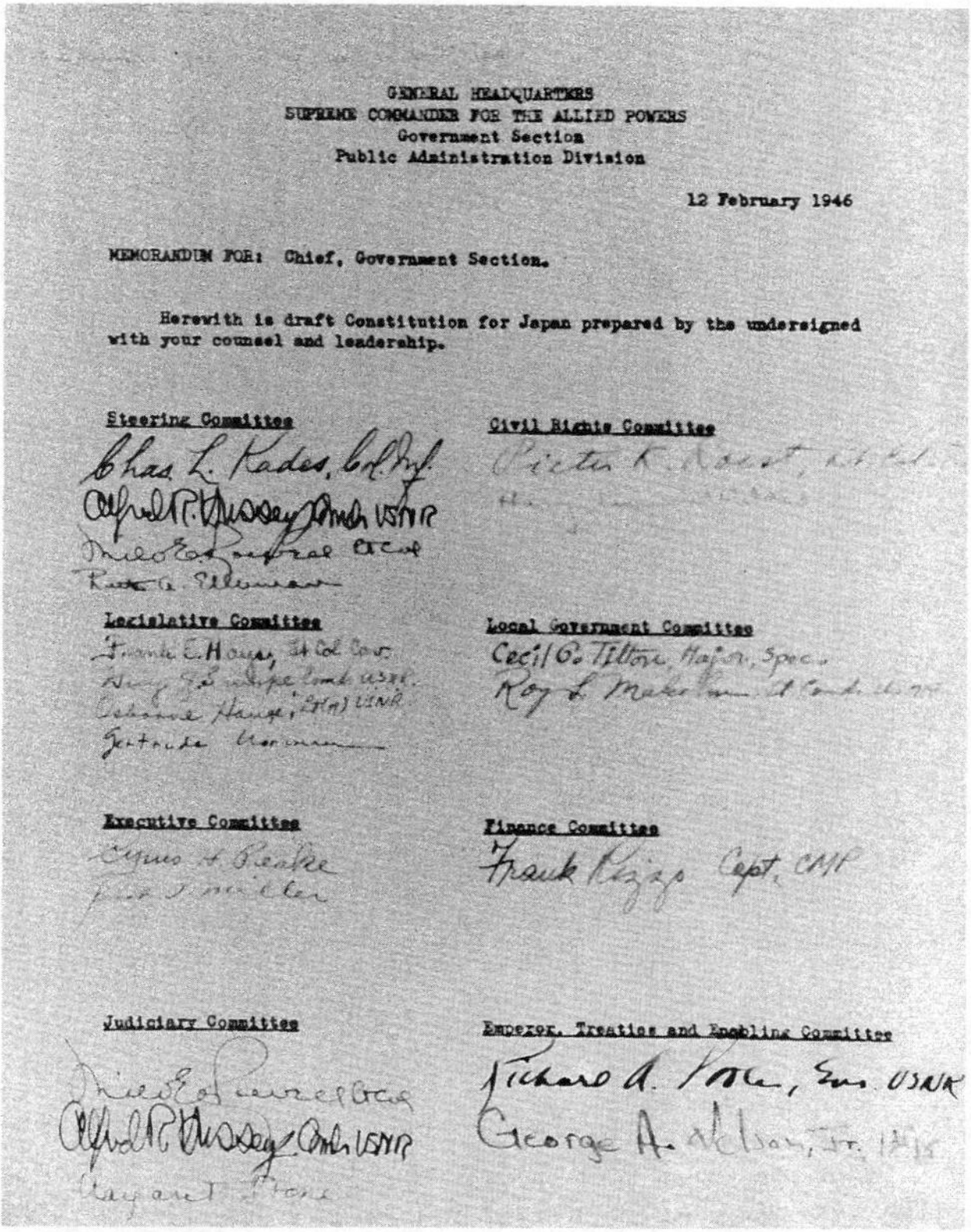

GENERAL HEADQUARTERS
SUPREME COMMANDER FOR THE ALLIED POWERS
Government Section
Public Administration Division

12 February 1946

MEMORANDUM FOR: Chief, Government Section.

Herewith is draft Constitution for Japan prepared by the undersigned with your counsel and leadership.

Steering Committee

Civil Rights Committee

Legislative Committee

Local Government Committee

Executive Committee

Finance Committee

Judiciary Committee

Emperor, Treaties and Enabling Committee

憲法草案作成に携わった人たちのサイン。私を含めて３人の分がない
（東京大学附属図書館蔵）

侵害しない限り、自分の行動は自分が決めるという侵されざる権利がある。もし世界国家というものがあったとしても、国家の権利を侵すような口出しはできない。各国家は、自分の運命の最終判定者であって、政治道徳と主権とは関係がない」

ケーディス大佐は、ニューディーラーを自称していたけれども、国家の主権は人権と同じという考えで、戦争放棄の条項も心の底では、賛成していないところがあった。

ハッシー中佐は、ニュルンベルク裁判は、人類普遍の道徳の上に立っているからドイツの国内問題を他国が裁くのであるし、国連の時代に、国家主権のエゴを認める考えは古すぎると反論した。論争は、エラマンさんのメモを見るだけでも随分長いが、実際にも、延々と燃えさかった。ケーディス大佐も、一〇〇年後はこの種の条文が当たり前かもしれないと勝ちを譲ったが、最後には、ホイットニー准将も参加し、結局、前文の最後の三行を自分が書くことで一件落着した。戦争を放棄した日本は、普遍的な政治道徳に支えられなければ、一日たりとも生きられない理屈だ。現行憲法の前文の最後にこの一節は、立派に生きている。

当時の民政局員は、私ばかりではなくみんな理想国家を夢見ていた。戦勝国の軍人とて、家族や恋人を失った人は多かった。私もその一人だし、みんな戦争には懲りていた。

この日、運営委員会は、さきに述べた、各章ごとの説明書をつけて、マッカーサー元帥にあげている。そして、その最終稿をマッカーサー元帥は、ただ一か所だけ修正してOK

を下した。

その修正箇所というのが、「人権条項は、永久に修正してはならない」という部分で、マッカーサー元帥も「後世の歴史まで束縛するのはよくない」としてカットされていた。これは、ケーディス大佐と同じ意見で、現場では混乱は起こらず、やっぱりという雰囲気だった。

とにかく、こんなふうに事細かに訂正ばかり繰り返しているので、清書のタイプの係は大変だった。この完成草案をタイプアップしたのは、運営委員会の秘書で、ホイットニー民政局長の秘書でもあったシーラ・ヘイズさんと、人権委員会のエドナ・ファーガソンさんの二人だった。数時間がかりで、二〇ページのダブルスペースの原稿をステンシルペーパーに打ち上げ、丁寧に読み合わせをしたあと、手回しの回転謄写版で三〇部のコピーを作った。

ホイットニー准将は、そのNo.1とNo.2のコピーを、翌日日本政府に手渡す予定であること、修正箇所が民政局のメンバーが思っていた点と一致したこと、などを書いた報告書、それに担当者がサインしたメンバーリストを合わせてマッカーサー元帥に届けた。ところが、このメンバーリストの中には私のサインがない。サインがないのは、行政小委員会のエスマン中尉と、地方行政委員会のキーニ氏と三人だが、いつ皆がサインをしたか全く知らなかった。残念といえば、こんな心残りなことはない。こうした書類があったことも、ずっとあとから知ることになるが、多分、マッカーサー元帥は、私が人権条項を書いたメンバーの一人であることは、ご存じないままこの世を去られたのではないかと思う。

密室の作業は、この一二日の夜半に終わったが、執筆に心血を注いだ二五人は、完成を喜びあう余裕などなかった。乾杯も何もなかった。みんな眠りたい一心で、よろめきながら宿舎に帰った。ホイットニー准将が、風邪で高熱を出して頑張っていたことも、数日後に知ったほどだった。

第一生命ビルの六階の灯が九日ぶりに消えた。

この憲法草案が、日本側の吉田茂外務大臣と松本烝治国務大臣の手に渡されたのは、二月一三日、麻布の外務大臣官邸であった。

この時の反応は、当時の記録と、後にケーディス大佐から聞いた話を合わせると次のようになる。

「先日あなた方から提出された憲法改正案は、自由と民主主義の文書として、最高司令官が受け入れることの全く不可能なものです。しかし、日本国民が、過去にあったような不正と専断的支配から守ってくれる、自由で開明的な憲法を強く必要としていることを、充分に了解している最高司令官は、ここに持参した文書を、日本の情勢が要求している諸原理を具現しているものとして了承し、あなた方に手交するよう命じました。私たちはしばらく退席し、あなた方がこの文書を自由に討議できるようにしたいと思います」

一語一語ゆっくり話すホイットニー准将の発言に、日本側は大きな衝撃を受けた。日本側としては、先に渡してある松本案について意見を聞くつもりで会談に臨んでいたので、大変なショックだった。そのショックは、手渡されたGHQ草案を読んで、一層大きな衝撃に変わった。

いくつかの応答のあと、ホイットニー准将は、日本側の質問に答え、決定的な発言をする。

「あなた方は、ご存じかどうかわかりませんが、最高司令官は、天皇を戦犯として取り調べるべきだという、他国からの強まりつつある圧力から、天皇を守ろうという決意を固く持っています。これまでも、最高司令官は、天皇を守って参りました。それは、彼が、そうすることが正義に合致すると考えていたからで、今後も力の及ぶ限りそうするでしょう。

しかし皆さん、最高司令官といえども、万能ではありません。けれども最高司令官は、この新しい憲法の諸規定が受け入れられるならば、実際問題として、天皇は安泰になると考えています」

ホイットニーの言葉は、日本側にとっては脅迫に近いものだった。

しかし、准将の発言は、当時の時代背景を代弁するものであった。アメリカの議会で、天皇を戦犯にという意見は強いものだったし、極東軍事裁判所のウィリアム・ウェッブ裁判長などは、部下ばかり戦犯に問われているが親分はどうした、などと言っていたからである。

この会談は、わずか一時間一〇分で終わった。この短い儀式は、私たちの努力の結晶を日本へ伝えるものだったが、その中に込められている人類共通の願いや民主国家への誓いなどは、とても通じる状況ではなかったようだ。

日本側は、GHQ案を持ち帰って幣原《しではら》首相に報告する。そして相談の結果、松本案の再説明書を書いて、GHQに再考を促そうと試みる。再説明といっても、人権条項などのない松本案を基準に考えさせて欲しいというものだから、落差がありすぎてとても相談に乗れるというレベルのものではなかった。当然のことに、二月一八日「再考の余地はない」と門前払いとなる。

こうした日本側とGHQ側のやりとりが、このあとも二月二二日に二回行われる。しかし、もともと極めて保守的な松本国務大臣の考え方が基調となっているので、相談に乗れるはずもない。GHQは、申し入れを拒否するが、内心、そうしたやりとりで時間ばかり経過するのにいらいらしていた。

日本側が時間を費やす理由は、二月一三日に渡したGHQ案が、日本語に翻訳されていないことのようだった。これも後に知ることになるのだが、二月二二日に、日本政府が閣議に諮ることを決めた時には、松本国務大臣が自分で翻訳した第九条までしかできていなかった。アメリカ側でも通訳、翻訳者に人がいないのでとても困っていたが、日本政府はもっと深刻だったようだ。実際、閣議でGHQ案を本格的に検討しようとするための翻訳全文が外務省で完成するのは二月二六日になる。その時点で閣僚たちは、やっと理解できたのだ。

そして、GHQがあんなに強く言うのだから仕方ない、GHQ案を骨子にして日本案を作ろうという決定をして、三月一一日を目標に作業を始めていた。ところが、はかばかしく進まない。二月二六日、極東委員会は予定どおりにワシントンで発足している。マッカーサー元帥の気持ちとしては、もう遅すぎるくらいなのだ。

あまり民政局がやいやい言うので、日本政府は三月二日、日本案を日本語のまま提出することになる。

そして、問題の三月四日がやってくる。一緒になって逐語訳を進めようという提案で、日本政府と民政局とで会議を持とうという運びになる。

その日の朝、ケーディス大佐から声がかかった。

「日本語の通訳は、何人いても困らないからね。シロタさんも出席してください」

かくして、私は憲法制定の重要な二幕目の舞台に駆りだされることになったのだった。役目は通訳だったが、はからずも自分の書いた人権条項の行方を見届けることになる。

三二時間マラソン通訳

その三月四日は、確か月曜日だったと思う。会議は、午前一〇時から第一生命ビル六階の民政局六〇二号室で行われた。

日本側は、松本烝治国務大臣、佐藤達夫法制局第一部長、白洲次郎終戦連絡事務局次長、外務省の小畑薫良《おばたしげよし》、長谷川元吉氏が出席。民政局側からは、ホイットニー民政局長と運営委員会のメンバーであるケーディス大佐、ラウエル中佐、ハッシー中佐がメインテーブルを囲み、後ろの椅子にヘイズ中佐、ロウスト中佐、プール少尉らの執筆陣が控えた。GHQ側の通訳陣は、現在の私の夫で、ATIS（連合軍翻訳通訳部）のジョセフ・ゴードン中尉をリーダーに、臨時の私も含めて五人。

この会議は、両者の思惑違いから始まった。松本国務大臣は、ホイットニー准将に、この案はまだ閣議決定を経ていない試案に過ぎないという前置きの挨拶をして席についた。日本側は、これを叩き台にして折衝を続け、時間をかけて草案づくりを進めていくものと考えていた。

しかし、ケーディス大佐は、その案をすぐさま翻訳に回し、一条ごとに英文ができ上がると検討を始めた。

そして第一条の、国民主権の部分がカットされているのを知って、このような案では審議できないといきなり怒り出してしまった。

もともと、松本甲案の第一条は、明治憲法と変わりがなく、乙案にしても、「日本国ハ万世一系ノ天皇統治ス」とか「日本国ハ君主国トシ、万世一系統ノ天皇ヲ以テ君主トス」とかいうもので、日本人にとって、天皇が存在していて主権在民というのは矛盾でしかないのだ。日本人のこころの中に占める天皇の絶対的地位を、アメリカ人に説明することは、至難の業に近い。シンボルという言葉は、そんなに軽い意味ではないという、プール少尉の言葉を懸命に通訳して何とか収める。

やっとの思いで第一条をまとめ、次に進んだ。

ところが、第三条で暗礁に乗り上げてしまった。

〈内閣の助言と同意を必要とし…… The advice and consent of the Cabinet……〉が、〈補弼《ほひつ》〉だけになっていると、民政局側がまた怒ったのだ。

「内閣のコンセントを必要とするとなっている私たちの案を改め、これを単にアドバイスを意味する補弼だけとしたのはなぜですか?」

松本国務大臣の顔は、不快げに曇る。

「補弼をアドバイスと訳すのは適当ではないが、補弼なくしては、天皇はなんらの行為も有効に行うことはできない。補弼が憲法上の要件である以上、これを掲げて十分ではありませんか?」

松本国務大臣は、専門は違っても、およそ法にかけては日本中の尊敬を集めている専門家の威厳で、弁護士ではあっても若く経験不足のケーディス大佐を説得しようと試みる。

どうしても、それでは不足だというケーディス大佐の主張に、今度は言葉さがしが始まる。コンセントを〈同意〉〈賛成〉〈承認〉という単語に訳しては、天皇に対して畏れ多いという感覚が足りないと、日本側は反論した。

この〝畏れ多い〟という言葉を英語に直すのが大変で、なかなかGHQ側に伝わらない。私は、〝申し訳なくて頭が上がらない〟様子を、身振りをつけ、あらゆる言葉を動員して説明した。

ようやく〝賛同〟という日本語を発見して一件落着となった。第三条が終わったところで、私の口の中はカラカラになっていた。日本側も、民政局側も、大きな声でしゃべるので、自然と私たち通訳陣五人の声も高くなるのだった。

天皇条項では、一語一語が論議となり、日本語の制約と意味の多彩さに、改めて日本文化の深さと、天皇に対する日本人のこころのありようを知らされた。

民政局側は、私たち通訳が日本案を英語に直すと、大幅に変わっていることに苛立ち、次第に不機嫌になっていった。そして声高に質問する。

「どうして修正したのですか？」

日本側は、少し口ごもりながら言い訳をする。私たちは、日本側の言い分を細かく、正確に伝えようとした。

一〇時から始まった会議は、午後二時半になってもほとんど進んでいなかった。テーブルにはコーヒーとサンドウィッチが運ばれ、休憩なしで進められた。サンドウィッチでほっぺたを膨らましながら、お互いに口角泡を飛ばした。議論はどんどん熱を帯び、部屋の空気が薄くなっていった。松本国務大臣は、このままいけば、他日に妥協の余地がなくなってしまう危険を察知して、後を佐藤達夫法制局第一部長に託して帰ってしまった。ことの重大さを、何よりも内閣に報告しなければならなかったのだ。

何時ごろか、白洲氏がトイレに立ち上がった。その椅子の上に、なにか日本語に訳したものがあったので、ふと手にとって見ると、GHQ案を日本語に訳したものだった。すぐに「これでやろう」ということになった。この時点で、日本政府の〈三月二日〉案はボツになったことになる。

これが見つかったあと、比較翻訳の作業はとてもやりやすくなった。

午後六時、日本側草案の英訳作業が一段落したころ、ケーディス大佐から、

「今晩中に、日本国憲法の確定草案（ファイナル・ドラフト）を完成することになった。日本側もこれに参加してもらいたい」

と申し入れがされた。この作業を執務室でずっと待機しながら見守っていたマッカーサー元帥が、ホイットニーに命令したらしかった。二人は、会議の一部始終を聞き、翻訳・検討の終わった条項に目を通していたのだった。日本側からは、「ほーっ」という声が出

たが、すべてGHQペースで進んでいたこともあってか、抵抗する気配もなかった。

またサンドウィッチとコーヒー。頭に血が上っているせいか食欲もなく、コーヒーだけを立て続けに飲んでは、一条一条尺取り虫が這うように、翻訳、整合性を検討していった。人権条項に入ったのは、午前二時ごろだった。日本側も民政局側も、疲労困憊して、スムーズに事を終了させたいという気運が生まれてきた。私は睡魔と闘っていた。

「次の人権に関する条項は、日本の国には向かない点が多々あります」

日本側の発言に、私の眠気は吹っ飛んだ。そして、日本人には適さない点が次々と指摘された。その中には、聞き捨てならない発言もあった。

「女性の権利の問題だが、日本には、女性が男性と同じ権利を持つ土壌はない。日本女性には適さない条文が目立つ」

通訳として会議に出ていた私は、日本側の言い分を正確に伝えなければいけない。気持ちは複雑だった。

「しかし、マッカーサー元帥は、占領政策の最初に婦人の選挙権の授与を進めたように、女性の解放を望んでおられる。しかも、この条項は、この日本で育って、日本をよく知っているミス・シロタが、日本女性の立場や気持ちを考えながら、一心不乱に書いたものです。悪いことが書かれているはずはありません。これをパスさせませんか?」

ケーディス大佐の言葉に、日本側の佐藤達夫さんや白洲さんらが一斉に私を見た。彼らは、私を日本人に好意を持っている通訳として見ていたので、びっくりしたのだった。

一瞬、空白の時があった。

「このシロタさんが？　それじゃあ、ケーディス大佐のおっしゃる通りにしましょう」

日本側は、私の顔を見て承諾せざるを得なかった。ケーディス大佐の演出的な発言は、見事に的を射ていた。私の胸に熱いものが膨らんでいった。二月八日に〈このような女性の権利については、民法に入れるべき〉と言った人物と同一人とは思えない采配だった。

しかし、人権条項がすべてスピーディにパスしたわけではなかった。レッド条項といわれた〈土地、天然資源の終局的権原は、国に存する〉という例の条項は、日本側の強い態度で、結局押し切られてしまった。この条項が、第二八条。この項でもめて時計の針は、午前三時を回っていた。全文で九二条ある条文の検討の道のりは、果てしなかった。

国会の一院制は、最初の作戦通り民政局側がゆずって二院制になった。しかし、二院の性格や選挙の方法などで時間は費やされる。

冬の夜が明け、同じくサンドウィッチの朝食があって、私が一条ずつ説明し、検討、翻訳、言葉探しのあらましが終わったのは一〇時ころであった。部屋の空気は濁り、全員の皮膚は黒ずみ、目は充血していた。女性の私は、この段階で解放され宿舎にもどった。鏡の中の顔は、女性の権利の擁護者にしては、見る影もなくはげ落ちていた。ベッドに倒れ込んで泥のように眠った。どのくらい寝たかは記憶に定かでない。

私が退席したあとは、ゴードン中尉の記憶を借りよう。

ともかくこの日中に発表まで漕ぎ着けたい民政局側は、完璧な対訳を完成させなければならなかった。重い十字架を背負わされた佐藤達夫さんらは、ケーディス大佐との間でこと細かに誤訳や矛盾がないよう検討を続けた。泥沼の中を一歩一歩あるくような作業だった。ケーディス大佐や日本側メンバーの記憶によると、午後四時半に一応の完成をみる。ゴードン中尉は午後六時まで働いた覚えがあるという。

すべてが終わった時、ホイットニー准将が入ってきて、全員にねぎらいの言葉をかけて回ったという。それは不自然な程だったと日本側の記録は書いている。

かくして、三二時間にわたる日米案翻訳戦争は終わった。

この日完成した草案は、GHQとしてはその日のうちに発表したかった。日本政府は、手続きが非常にむずかしいので、明日にして欲しいと申し入れてきた。閣議決定も必要だし、天皇にも奏上しなければいけない。枢密院のような重臣の組織も残っていたからだ。

日本国憲法草案は、六日夜、憲法改正草案要綱として日本政府から発表された。もちろん、この草案は、日本政府が作ったものとしてであった。

三月七日の新聞は、『戦争放棄の新憲法草案!』という大きな見出しで載せた。マッカーサー元帥は、ただちに「余が全面的に承認した新しきかつ啓蒙的な憲法を……深く満足するものである」と声明を出した。

二月一日のあの毎日新聞のスクープから、僅《わず》か一か月余りで、全く発想の違う憲法が発表されたことについて、疑いを投げかけた記事はひとつもなかった。焼け出されて家もなく、肉親を失った人たちにとって、憲法より食べ物の方が切実だった人たちも多かったかもしれない。しかし、戦争放棄という言葉だけは、戦争に懲りた人々の胸にしっかりと刻まれたように思う。

この日を最後に、私が憲法にかかわることは、ほとんどなくなった。民政局員二五人の間でも、打ち上げのパーティをしようという声も上がらなかった。トップ・シークレットの厳命は、まだまだ生きていたからである。

憲法の仕事が終わっても、私の周辺は慌ただしかった。両親がアメリカに移住することになったからである。父には演奏のステージが必要だった。お陰さまで「なぜしばらく顔を見せなかったの？」というママの質問を聞くこともなく、時間がすぎた。両親の出発の日は五月二二日。羽田飛行場は草むらのようなところだったが、父にとってニューヨークの舞台への花道だった。世界一お金持ちの国アメリカ、世界一大きな町ニューヨーク。そこで父の大きな花が再び咲くよう手を合わせた。

両親のいなくなった東京は、私にはポッカリ穴のあいたような町に変わった。しかし、民政局の仕事が面白いので、早くアメリカに帰りたいとは思わなかった。憲法の通訳を機会に、ジョセフ・ゴードン中尉というボーイフレンドができたからだ。ユーモアのセンスが抜群の彼といると、私は初めて自分に青春が訪れたことを感じることができた。

一九四六年一一月三日。日本国憲法は公布された。憲法公布の詔勅を読む天皇の手がかすかに震えていた。日本に残っていた民政局のメンバーは、揃って貴族院本会議場の傍聴席に固まって座っていた。新憲法の成立に大勢の人が拍手を送ったが、私たちの存在に気づく人はいなかった。

翌年の五月三日、憲法は施行された。その日は憲法記念日という祭日になった。それからしばらく経って、吉田茂首相から銀杯と、女性には特別に白の羽二重が一反贈られてきた。上等なシルクで、私は早速ブラウスに仕立てた。二五人全員に贈られた銀杯は、菊の紋が入っていた。なぜ日の丸ではなく、天皇家の紋なのかわからなかった。異物を呑み込んだような気持ちだった。

銀杯は、いまニューヨークの我が家にある。夫のジョセフ・ゴードンのと私のと二つ。

Ⅵ 既婚女性とやりがいのある仕事

一九四七年五月。

小柄な美代さんが大きく手を振っていた。シーラ・ヘイズさんも、手を振っている。ホイットニー准将の秘書である彼女は、神田会館の宿舎でも一緒だったから、民政局の女性の中で一番親しかった人である。

「私もそろそろアメリカが恋しくなっているけど、占領下の日本では、私にも何かやれることがあると思うの。ホイットニー准将の下で、もう少しやってみるわ。こんなチャンスは一生のうちにそう何回もないものね」

と言っていたヘイズさん。彼女は、やり手のホイットニー准将の下で働くことに、楽しみを感じているようだった。

甲板から見ると、ヘイズさんの口紅は赤いビーズ玉のようだ。

美代さんは、時々ハンカチで目をこすっている。私の名前を呼んでいるのだろうか。甲板までは聞こえない。彼女の涙も見えない。突堤は見送りの人で何重にも人垣ができ、甲板の人を見つめていた。別れを惜しむ人々の顔に、五月の風が渡り、陽が一様に人々の顔を白くみせていた。

私の脳裏に、沼津の美代さんの実家へ食糧を届けに行ったときの光景が甦る。潮に焼けた純朴な美代さんのお父さん、美代さんと似た目の大きな兄妹たち、外国人が珍しくて覗きに来た村の人たち、どの顔も私を見て、黙って微笑んでいた。その日、村の人たちがあまりに集まりすぎて、座敷や居間の床板が抜け落ち、その普請が大変だったことを後日、美代さんから聞かされた。

「気前のいいお父さんはね、せっかくベアテさんからいただいたGHQの缶詰を公平に村の人にやっちまったもんだから、結局私たちの手許には二、三個しか残らなかったの。ベアテさんがジープにいっぱい持ってきてくれたのに、ゴメンよ。でもお父さん、ベアテさんのお陰でいい事ができたって、とっても喜んでいた」

美代さんとの思い出を、汽笛が断ち切った。美代さんが大きく手を振っている。ヘイズさんがハンカチを振っている。美代さんは何か叫んでいる。私は、美代さんにもう一度再会できますようにと祈った。

横浜は水平線の向こうにだんだん細く薄くなり、やがて視界に海だけが残った。

一年六か月の日本滞在。私は何年か先にこの国に来てみたいと思った。私の関わった憲法の条文が、どんなふうになっているか、見届けねばならないと思った。赤茶けた東京の町が、この次来日した時には、どれだけ復興しているだろうか。平和は、本当に日本人の胸に刻み込まれるのだろうか。日本の女性は、私の書いた条項をフルに活用してくれるだろうか。奥さんや娘にいばりちらす男性は、本当に少なくなるのだろうか。主婦は財産の権利を持つようになるのだろうか。国が復興していけば、まただんだんと保守的な勢力が強くなって、女性は端に追いやられるのではないだろうか。ケーディス大佐は、私生児の権利や妊婦や子供を持つ母親の権利は、民法に書かれると言ったけれど、民法に法令として書き込まれるのだろうか。それは何年先のことなのか？　日本人はコンサバティブな民族だから、意外に時間がかかるのではないだろうか。やはり私はあの時、運営委員会のケーディス大佐らにもっと強く主張して、条文を認めさせるべきではなかったのか。

私は今さらどうすることもできないことを、すっかり海だけになってしまった彼方を見て思った。そして、これらの疑問の答えを知るためには、日本に来ることのできる仕事に就かねばならないと考えた。

主婦の再就職

ニューヨークには、両親の他に待ってくれている人がいた。私の気持ちは急に弾んだ。

民政局で通訳をやっていたジョセフ・ゴードンは、私より一年早く帰国していたが、文通を続けていた。彼は、父のカーネギーホールでのデビュー公演に、大奮発して花束を贈り、それ以来私の母のお気に入りになっていた。

「あんなにセンスのあるゴージャスな花束を、私は今まで見たことがないわ、ベアテ」

母の手紙には、ハンサムで知的なジョセフをほめちぎる文章が書かれていた。彼は母のお墨付きの人だった。

私たちは一九四八年一月一五日に結婚した。ゴードンは二九歳、私は二四歳。私たちの仲人は、焼け跡の〝日本〟だったかもしれない。私は刺身は苦手だったが、彼は天ぷらやすき焼き同様に刺身も好物で、日本語を読むのは私より達者だった。私たちは自分たちの将来の話をする以上に、日本での思い出話、日本の文化や日本人について語り合った。私たちの共通の話題も〝日本〟だった。

四七年一一月、父がセントルイス音楽学校の教授として迎えられ、両親はニューヨークを去っていた。

父は音楽家としての新しい舞台を得て意気揚々だった。戦争中の空白期を、世界一お金持ちの自由な国で取り戻したいと考えていた。大学では、自分の後継者を育て、セントルイス交響楽団で演奏し、毎週地元のKFUOラジオ局でも演奏した。全米の演奏会にも精力的に出演し、時にはベネズエラのような南米の国へも演奏旅行をした。

母は日本での生活と同様にパーティを開き、日本の料理の盛りつけを取り入れた料理で、客をもてなし、音楽家の夫を支えた。

両親がいつアメリカ国籍をとったのか正確に覚えていないが、アメリカに渡って数年後の一九四〇年代の末頃だと思う。戦中、戦後に多くのユダヤ人が選択したように、二人ともアメリカ人になることに抵抗はなかったはずだ。両親は一九四六年に日本を去ってから、音楽の都のウィーンに帰ろうともしなかった。

ウィーンには、まだナチスの残党がいたし、戦争が終わってみると、親戚はヨーロッパには姪ひとりしか残っていなかった。ほとんどの身内は収容所送りになったり、戦死していた。かろうじてナチスから逃れることのできた親戚は、アメリカに移住していた。ヨーロッパに戻る必要がなくなっていた。戦争中、両親の生活はひどいものだったが、ユダヤ人差別の少ない日本にいたから命だけは助かったといえる。

両親がニューヨークを去ると、私たちもこの町から引っ越すことになった。夫が義兄と一緒に不動産の仕事をすることになり、ニューヨークから車で二時間のポキップシーという町に移った。人口五万人のその町は、静かで緑の多い所だったが、文化的な刺激もプライバシーもない町だった。日曜ごとにパーティが開かれ、私たち夫婦も近所のパーティに誘いを受けて出席したが、パーティでの会話は、ファッションと料理と噂話だけで、小姑のような近所の人たちになじめなかった。

私は結婚しても働きたいと思っていた。そのことを夫に言うと、

「自分のやりたい仕事をした方がいい。君の才能は民政局でみているからね。できれば一生続けていける仕事をみつけるといいね」

と言ってくれたので、おおいに意を強くした。ゴードンの義姉二人は、結婚しても仕事を続けていたので、夫は当時の平均的アメリカ男性より進歩的な考え方の持ち主だった。というのは、その当時、「男は外、女は家庭を守って……」というのが、アメリカの庶民の考えだった。夫婦共働きは、貧しい階級の人たちのすることと考えられていたからだ。

私は精力的に仕事探しを始めた。そしてようやくIBMで、スペイン語を使う仕事を見つけたが、採用書類に〝既婚〟と書くと、「ミセスは採用しません」とはねられてしまった。

くさりきっていた私に、母はダンス教室を開けばとアドバイスをくれた。早速部屋を借りた。生徒も一五人集まった。しかしモダンバレエに熱心な子はたったひとりだけ、才能のある子はひとりもいなかった。皆、なんとなく暇つぶしに、おしゃべりをしに来ているだけで、生徒より先に教える方が飽きてしまった。

夫も仕事に満足していなかった。もともと学者肌の彼に、不動産の仕事は向いていなかった。

ゴードンがコロンビア大学の日本語と東洋史のマスターコースの試験にパスしたのをき

っかけに、私たちは二年間のポキップシーでの生活に見切りをつけ、ニューヨークに戻った。逃げ帰ったという方が正しいかもしれない。

夫が、土地の売買のアルバイトをしながら勉強を始めたので、私は経済的な事情からも仕事につかなければならなくなった。

ニューヨークは、さすが世界一の都市である。仕事はすぐに見つかった。

ハノーバー銀行での翻訳の仕事だった。しかし翻訳の仕事は、午前中に終わってしまい、午後からはぼんやり雑誌をめくって、夕方五時までの時間をつぶす毎日だった。たとえパンのためとはいえ、一日の活力に満ちた自分の時間を切り売りするのはもったいないと思った。仕事の内容を工夫すれば充実感が持てるという種類のものではなく、翻訳の内容は、お金に関する事柄ばかりだったからだ。

私は、何とかせねばと焦った。苛立った。ニューヨークは、一見、可能性にあふれているように見えるが、実際は、そうそうチャンスなど転がってはいなかった。ショーウインドーに飾られた品物は、ガラスという壁で仕切られ、手にすることができないようになっているのだった。鬱々とした気持ちで銀行勤めをしていた時、決定的にこの職場が嫌いになることが起こった。食堂で妊婦の社員を見て、年配の女性社員がこれみよがしに言ったのだ。

「何もあんなみっともない格好をして働かなくてもよいのに」

言われている当人は聞こえないふりをしていたが、私は自分に言われたように傷ついた。女の敵は女なのだろうか？　妊婦を醜いとみる同性がいるかぎり、女性が仕事と家庭を両立させるなんてことは、ほど遠いことになってしまう。女性たちの意識が変わらないのに、どうして男社会であるこの世の中を変えることができるだろう。男性たちは、ひそかに、「妊婦の妻を働かせている男は、男じゃないよ」と思っているからだ。

こんな嫌なことがあっても、私は生活のために銀行をやめることができなかった。

ある日、コロンビア大学で日本語を勉強している夫が、私の気晴らしを持って帰ってきた。韓国の留学生が博士号を取るために書いた英語の論文だったが、自分の英語力に自信が持てないので校閲してほしいというものだった。

韓国では大学教授だというその人の論文は、日本の学生運動をテーマにしたものだ。ところが、文法が目茶苦茶なため、さっぱり論旨がつかめない。論文は、リポート用紙に三六〇枚という膨大な長編だ。しかも私はハングルがわからない。

私は、彼のヘンな英語の論文を読んでいるうちに、彼がハングルの文法にそって英語の単語を置いていることに気づいた。ハングルも日本語と同じように、述語が最後にくる。そこで、彼の英語をまず日本語に直してみた。すると内容がわかってきた。

こうして三六〇枚のハングルの文法で書かれた英語（!?）を日本語に書き換え、それから英語になおす作業が始まった。二か月たっぷりかかったが、韓国の教授はその論文を提出し、みごと博士号を獲得したのだった。

「博士号は、ベアテさんのものなんですがね」

韓国人の教授は、何度も何度もお礼を言って帰っていった。

本当に、情けは人のためならずの諺どおりだ。このことが、私にも大きなチャンスを開くことになった。私が市川房枝先生の通訳に抜擢されることになったからだ。

アメリカでの市川房枝先生

一九五一年の秋、ロックフェラー財団の援助で、日米の指導的人物を交換して、両国の文化の交流を図ろうという会が発足していた。日本側からは、第一陣として市川房枝先生が渡米することになったのだった。市川先生の後には、長谷川如是閑《にょぜかん》、木原均、都留《つる》重人《しげと》、長與《ながよ》善郎《よしろう》といった人たちの渡米が内定していた。この窓口になっていたのが、コロンビア大学で、その担当者はデーン・カーマン教授だった。教授と夫が面識があったことから、私に通訳のお鉢がまわってきたのだ。

嬉しかった。ようやく退屈な銀行生活にピリオドを打つことができるうえに、日本語をしゃべるチャンスができたのだから。

市川房枝先生が来られたのは、五二年九月。大統領選挙の真只中だった。先生の渡米目的も、この大統領選挙運動を見ることと、アメリカの婦人運動を視察することだった。

五八歳の市川先生は、化粧っけがなかったが、肌は若々しく、少年のように好奇心旺盛で、商社マンのようにエネルギッシュだった。

化粧をしない先生は、朝起きて朝食をとり、ホテルを出るまで一時間もかからない。そして夜遅くまで精力的にいろんな人と会った。場所の移動の時間が、先生の睡眠時間となる。先生は、バスの中であろうと汽車であろうとどこでもすぐ眠ってしまう。そして車が目的地に着くと、シャンと背すじを伸ばして、こんなポイントで話を聞きたいとおっしゃる。どこでも眠れるナポレオンのような先生と一緒に行動する私には、とても体力が必要だった。私は枕が変わると眠れないたちだったから。

市川先生の日程は、ニューヨークの女性運動家のサークルから、黒人の大学の視察までと、広範囲にわたっていたが、その中にルーズベルト大統領の未亡人、エレノア・ルーズベルトとの会見も入っていた。ルーズベルト夫人は、いくつかの社会福祉活動をやっていたので、市川先生は終戦直後、米兵のGIと日本人女性との間に生まれた混血の子供たちへの援助を頼もうと考えていた。

ニューヨーク西五六街のパークシェラトン・ホテルの二五階にルーズベルト夫人は住んでいた。私たちの通された部屋には、故ルーズベルト大統領の写真が飾ってあって、周囲は書棚になっていた。

ルーズベルト夫人は、黒いドレスで現われた。大統領選挙の時、マジソン・スクエア・

ガーデンでスティーヴンソン候補への支持を訴えた時に比べて、元気がなかった。二〇年間にわたる民主党政権をアイゼンハワーの共和党にあけ渡すことになり、気落ちしていたからかもしれない。

市川先生が、共産主義者を追放するマッカーシズムに触れて、

「日本で予想していたよりも赤狩りが広く一般にしみわたっていることに驚いています。アメリカだけの問題ではなく、日本にも深い関係があり、ひいては世界の将来に関係があるので、私は非常な関心を持っています」

と言うと、ルーズベルト夫人は間髪を入れずに答えた。

「そうです。その通りです。赤狩りは非常に危険です。それに対して闘わなければなりません。共産党を必要以上に恐れるのは、自分の国に対して自信がないことになります」

ルーズベルト夫人と市川先生の会見は、スムーズに進んだ。

先生が朝鮮問題の解決に国連が失敗したことの話題にふれると、ルーズベルト夫人は、

「国連では解決がむずかしい。ビッグ・パワー（強大国）の間で説得する以外に方法はありません」

と巨頭会談を支持した。ルーズベルト夫人はとても明晰で、市川先生と話が一致しているように思えた。先生は、会見の目的であるＧＩと日本女性との間の混血の子供問題を切り出した。ところがルーズベルト夫人の返事は、

「混血の子供たちが成人した時、アメリカに留学できるようにスカラシップを与えたらどうでしょう」

というものだった。混血の子供をかかえて母親が今日の生活に困っているのに、大統領夫人の返事は悠長なものだった。先生の顔には明らかに落胆の色がにじみ出ていた。私は憤慨した。私と先生は、親子ほど年齢が違っていたが、このことで、より親密になった。

アメリカのフェミニズム運動が活発になるのは六〇年代だが、この頃も女性の運動はあった。会見の数日後、連日、過激な女性たちの運動の顛末が、新聞に揶揄をこめて取り上げられた。運動グループが、ブラジャーを山のように積み上げ、それに火を点《つ》けたという記事を読んだ時、私は、

「なにもこんなことまでしなくてもいいのに。世の中は、男と女しかいないのだから仲良くやるべきで、女が男になろうとしてもできないのに」

と言った。すると、先生はゆっくりと首を振った。

「確かにそうですよ。でも女性たちが世の中の不平等に抗議していることを人々に印象づけるためには、これもひとつの方法なのです」

先生はどこまでも女の味方だった。

先生は視察するだけでなく、女性のサークルや大学で「日本の女性」というテーマで講演もされた。それまで日本といえば富士山、芸者しか知らず、日本の女性は弱々しくて自

分の意見を持っていない、と思っていたアメリカ人たちには、先生の話は驚きの連続だった。先生が「日本には女医がいます」と言っただけで、聴衆からホオーと溜め息がもれた。私のミルズ・カレッジ時代の日本認識と少しも変わっていないのだった。聴衆にとって、直接日本女性から話を聞くのは初めてのことだったし、その内容は今まで書かれていたものと違っていたので、先生の話はとても新鮮だった。

市川先生はスケジュールを確実にこなしていった。ところが、一月になってピンチが訪れた。先生はアメリカに着いた時から三四代目の大統領に就任したアイゼンハワーの夫人との会見を申し込んでいたが、秘書がまちがって大統領その人に会見の時間をとったのだ。

先生はびっくりして「大統領夫人に会わせてほしい」と言ったが、秘書は「あなた方は明日、一一時にコモドーア・ホテルに来なさい。会見時間は一〇分です。大統領は忙しい方なので、一〇分間を厳守してください」と冷たく事務的に突き放した。

アイゼンハワーは一一月に当選し、まだホワイトハウスに入っていなかったので、ホテルで会見ということになったのだった。私たちは慌てた。一月二日の時点で、アジア人で大統領と会見した者はいなかったので、大きなチャンスではあったが、しかし会見相手が違ったので、質問を用意していない。時間はない。

先生は考えこんでおられる。私は、自分たちを助けてくれる人物を必死に頭のなかでさがす。閃いた。政治記者だ。私は日本の新聞社のワシントン支局に電話を入れた。朝日、毎日、読売の支局長に「大統領に尋ねてほしい質問事項はないか」と電話をすると、たちまち質問が集まった。それを市川先生と整理し、質問する順位をつけた。与えられた時間はわずか一〇分、こうなればできるだけ大統領にたくさん質問して、回答がほしい。

そこで、市川先生が質問する事柄は英語に直して私がしゃべり、大統領の返事だけを翻訳することを決めた。私たちは一〇分間を最大限に使うためにリハーサルをした。長い夜だった。

翌日、あらかじめ英語に訳した質問事項を大統領秘書に渡し、会見に臨んだ。

大統領の部屋はコモドーア・ホテルの六階にあって、廊下にはFBIが立っていた。通された応接室は、これが世界一お金持ちの国の大統領の部屋かと思うほどせまくて、飾り気がなかった。秘書に再び「一〇分間だけですよ」と念を押された。

秘書が言い終わらないうちに、大統領が現われた。一瞬濃密な空気で、部屋が縮んだような錯覚にとらわれたが、それはほんの二、三〇秒のことだった。

大統領は笑顔で、直立不動の姿勢で立っている市川先生に椅子を勧めた。私は、先生との打ち合わせ通り、朝鮮動乱の見通しを質問した。大統領の回答は明快だった。

「朝鮮動乱は日本にとってよい教訓になるだろう。韓国が無防備状態におかれた瞬間、北朝鮮軍は韓国に侵入した。日本国民は、この事実を肝に銘じておくべきだ。自由諸国はすべてまず自分自身で自国を守る責任をとらなければならない。朝鮮動乱がどう処置されるかについては誰も予言できない」

といった返事だった。大統領の顔をじっと見つめていた先生は、

「日本人にとって戦争の記憶は今なお新しいもので、日本人の多くは武器をとるという気持ちになっていませんが……」

と切り返された。

すると大統領は「それはわかる」と言いながらも、

「問題は独立と自由をいかに維持するかである。共産主義を受け入れるということは、モスクワの支配下に入ることを意味するのですよ。もし日本が自由を守りたいなら、日本人はまず自らその手段を講じなければならない」

と、つき放した。しかし大統領は、「もちろん、われわれは自由諸国を援助したいが……」と言葉をつけ加えた。それが、世界に君臨するアメリカの考えだった。

私たちは、中国貿易や、増加している日本の人口問題についても質問した。その一つひとつの問いに大統領はていねいに答えた。たえず微笑を浮かべ、まるで物わかりのいいビジネスマンのそれだった。しかし答えの内容は、微笑とはかけ離れたものだった。

時計をみると一〇分をすぎていた。しかし市川先生は、大統領の答えに対して次の質問をする。私はそれを通訳するが、気が気でなかった。すでに一八分を経過していた。

二〇分になった時、市川先生は、

「アメリカ大統領はアメリカだけの大統領ではなく、事実上、自由世界最高の指導者であり、この意味で日本国民は、あなたに期待することは大きいのです」と、最後の言葉を述べた。私は安堵した。先生は用意していった質問をすべて終わっていたのだった。帰り際に、大統領は私にも握手をして、「あなたはどこで日本語を覚えたのですか？　私が聞いた中で一番うまい日本語でしたよ」と、ほめてくれた。

私は、会見の内容と一緒に、そのことも夫に報告した。

「大統領は全く日本語の知識のない人ですよ。日本語の上手、下手がわかるはずがない。お世辞ですよ」

夫に笑われても、私は会見を無事終えた満足感で、その夜は興奮してなかなか寝つかれなかった。

市川先生と私は、大統領の考えに納得したわけではなかったが、世界のトップから日本についての考えが聞けたこと、アジア人で一番最初にアメリカ大統領との会見に成功したことで、一層親密になった。妹だけが知っている遊び場所に、得意になって姉を連れていくのに似ていた。私は先生が驚き、感心してくれると嬉しかった。

しかしいつもそうとばかりは限らない。しばしば先生を失望させることになった。

アメリカ南部にあるタスキーギ大学に行った時のことだ。その大学は、黒人教育者のブッカー・T・ワシントンが一八八一年に創設した学校で、学生も教授も黒人が占めていた。

大学を見学した後、ホテルまで黒人の教授が自分の車で送ってくれることになった。私が助手席に座ると、教授の顔が急にほころんだ。

「あなたは、私の車の助手席に初めて座った白人女性ですよ」

それを聞いた市川先生は溜め息をついた。

「アメリカは、まだこんな状態なんですか」

その頃、南部では白人女性が黒人のそばに腰かけることはほとんどなかったのだ。

ホテルに着くと黒人の教授が、私たちの荷物を持ってロビーに入ろうとした。するとボーイが音もなく寄ってきて教授の荷物を取り上げると、これ以上入らないでほしいと言ったのだった。私が、この方は私たちの大切な友達だと言っても、ボーイはきかない。他の客に迷惑になるからと言うのだ。教授はトラブルになるのを恐れて帰っていったが、市川先生は憤慨された。私は自分が叱られるより辛かった。その夜、ふたりで人種差別のことを遅くまで話し合った。

私は、自分が卒業したカリフォルニアのミルズ・カレッジにも先生を案内した。ところが母校に行ってみると、ビジネスコースとタイピストコースに分かれていて、職場のアシスタント養成所に変わっていた。学長も男性だったし、新しい女性の社会進出を奨励する校風は、すっかりなくなっていて、私はとてもきまりが悪かった。

先生はミルズ・カレッジの女子学生たちに講演をした。

「女性も仕事をもって社会に出て、責任のある地位につくように努力しなければなりません。職場でいつまでも男性の助手の地位に甘んじていてはいけません」

学生たちは、アメリカに負けたちっぽけな日本からやってきた老婦人が、突然革新的な女性の生き方を話しだしたので、びっくりし戸惑った。なかには、冷ややかに壇上の先生を眺めている学生もいた。しかし先生が、日本の女性の虐げられていた時代の話をし始めたころから、彼女たちの表情に変化が表われ始めた。講演の終わりには、自分でも気づかなかった能力を知ったように、誰もが眼を輝かせ、夕立の後の植木のように元気になっていた。

先生は世界一の国アメリカに来たのに、二か月間アメリカの大学と女性団体で講演し、女性たちを励ましたのだった。英語の全くできない先生だったが、先生に出会った女性たちは純粋で真っ直ぐ未来を向いている先生の生き方に共鳴し、好意を持った。女性たちがこれほど先生に魅了されていたのに、男性たちはほとんど無関心だった。私はそのことに、すごくがっかりし、なんだか先生に申し訳ない気持ちになった。「男女平等」への道の遠さを感じた。

市川先生が理想選挙をかかげて参議院議員に立候補して当選されるのは、この翌年である。

家庭と仕事の両立のために

さて私の方は、先生を見送った後、疲れが後から後からしみ出てきて、まる二か月間腑抜けのようになっていた。その虚脱状態から抜け出して、フリーランスとして仕事を始めたのは、一九五三年の春だった。

最初の仕事は、ジャパン・ソサエティのオバトン館長の紹介で得た演劇雑誌の日本芸能特集だった。オバトンさんは、青山学院の元教授で、日本にいるとき両親とも顔見知りの間柄だった。

私は日本についての初仕事に、ようやく自分の出番がまわってきたと意気込んだ。というのも、アメリカでは日本の芸能について全くといっていいほど知られていなかったし、関心も持たれていなかった。日本文化を紹介する絶好のチャンスである。

アクターズ・スタジオのディレクターが歌舞伎の写真、それも歌舞伎役者の隈取りの写真を持っていることを知っていたので、それを借りに行き、コロンビア大学で日本研究をしているドナルド・リーチには日本映画について原稿依頼をした。五一年に黒澤明の『羅生門』がベネチア国際映画祭でグランプリを受賞し、アメリカの映画人が日本映画に注目しはじめていたときだった。

私の仕事は、記者としての仕事だけではなかった。ニューヨークの日本企業にも広告を出してもらうために何回も足を運ばなければならなかった。しかしこの特集は大成功だった。

仕事の成功は、次の仕事を私にもたらした。オバトン館長がジャパン・ソサエティでパートタイマーで雇ってくれたのだ。私はこの時すでに妊娠していたので、パートタイマーの方が都合がよかった。しかも仕事は自宅でやってもよろしいというおまけ付きだった。その当時、ジャパン・ソサエティはニューヨーク六〇丁目のサボイ・ホテルのワンフロアを使っていたので、私の机を入れるスペースがなかったからだ。

仕事は人脈である。子供が生まれ、育児に手がかかっても、細々と社会との繋がりをもっていることが、本格的に仕事をする場合に役立つことがわかっていた。

一九五四年九月四日、私は長女ニコールを出産した。アメリカではミルクで育てる人が多かったが、私は日本のお母さんのように母乳で育てた。母乳のほうが母子のスキンシップがより深いように思えた。

そして一か月後の一〇月からベビーシッターに子供を預け、私はジャパン・ソサエティの正式メンバーとして仕事を始めた。一週間のうち二、三日赤ん坊を家に残して協会に出た。女友だちは「赤ん坊がかわいそうだし、そんな無理をするとおっぱいも出なくなる」と忠告してくれたが、私は仕事がしたかった。確かに、二、三時間外で働いて、急いで家に帰っておっぱいをふくませて、また仕事に戻るのは大変なことだった。私はなるべく人に会うときは家の近くで会うようにして、自宅でできる仕事を多くした。私はふと憲法草案に書いた母子の保護の条文を思い出し、やっぱりあの条文は必要だったと思った。

こうした日々が九か月続いて、無事に離乳の時期をむかえた。私は、友達が心配したようにナーバスになることもなく、お乳が出なくなることもなかった。

しかしそんなふうにして仕事をしても、経済的には全く報われなかった。ベビーシッターに給料を払うと、手元にはほとんどお金は残らなかったからだ。

ジャパン・ソサエティは、オバトン館長をいれて、スタッフは六人。私の担当は留学生たちの相談係だった。日本から来た学生の進学相談からアパート、アルバイトの相談までのよろず相談係だった。まだ一ドル三六〇円の時代である。学生たちは、アルバイトをしなければ奨学資金だけではとうていやっていけない。特に舞踊家や演奏家志望の学生は、有名な先生について習うので、月謝が高く、アルバイトは不可欠だった。私は日本の企業にアルバイト先を探しにいったり、日本企業の駐在員の夫人たちに呼びかけて、留学生のコンサートを開き、カンパを募った。

私は留学生たちに講演や一流の演奏が聴けるチャンスを与えたいと思った。一級のアーチストになるためには、「最高のもの」を知っている必要があったからだ。しかし留学生たちは、それを知るための情報もお金も持っていなかった。そこで私はアメリカのお金持ちにも声をかけた。ロックフェラー夫人はニューヨークの家を開放して、コンサートの会場を提供してくれた。ジュリアード音楽院に留学していたバイオリニストの小林健次さん、作曲家の一柳慧《いちやなぎとし》さんらは間もなくこの会場の常連になった。

留学生たちは、日本語で話す私に学校生活のささいなことでも相談にやって来た。多分、英語の生活に疲れてノスタルジックな気持ちから私のところにやって来たのだろうが、私もお姉さん風をふかせることができて楽しかった。彼らの相談にのっている時、自分の故郷は日本なのだとしみじみ感じた。私は、初めてやりがいのある仕事をしていることを実感できた。

やがて長女がコロンビア大学付属の保育所に行くようになったので、保育所でも留学生出演のコンサートを開いた。プログラムの半分は、日本の伝統的音楽、残り半分は西洋音楽にした。

ある日のコンサートに、有名な教育者で哲学者のジョン・デューイの未亡人が出席していて、「この次はいつ開きますか。一回だけではもったいないので、定期的にやってはどうでしょう」と提案した。私は、定期演奏会にするためには維持費がかかることを話した。

翌日、未亡人はジャパン・ソサエティの館長に電話をして、この演奏会を続けるように強く推奨してくれた。ニューヨークの有名人からの特別な電話に館長は意を強くして、日本領事館にこのことを報告し、領事館から三〇〇〇ドルの寄付をもらうことに成功した。

その資金で、ジャパン・ソサエティに「パフォーミング・アーツ」(舞台芸術)という部門ができ、私はその初代ディレクターに就任した。一九五八年、私は三五歳になっていた。

ようやく自分の進むべき道の入り口に立ったと思った。この年、日本では売春防止法が実施された。

私は張り切っていた。しかし仕事の充実は、家庭にかけるエネルギーと反比例すること だった。私は、夫にたいして申し訳ない気持ちになったが、夫のゴードンはとても率直に私の仕事の成功を喜んでくれた。時には、仕事がうまくいかずに悩んでいると、私の悩みを順序だてて整理してくれ、問題点を的確に抽出してくれた。私は彼の頭の良さに目をみはり、先生の発言を忠実に実行する生徒になった。夫は私にとってのシンクタンクだった。

でも一家にふたりのスターはいらない。ゴードンは、給料の安いコロンビア大学の講師の席を捨て、不動産の仕事を本職として選ぶことになった。それは、全く生活のための選択だった。

一九五八年に長男ジェフリーが生まれた。私たち夫婦は、自分たちには財産がないので、子供にはせめて高い知識をつけるために、良い学校に入れようと決めていた。これは、よく母が言っていたことでもあった。「お金は時代が変われば、価値が目減りするが、あたまの中に教え込まれている知識は減らない」と。しかしニューヨークの場合、優秀な学校は私学だったので、学費がとても高かった。夫は、子供を良い学校に入れるために、コロンビア大学の教授への道をあきらめざるをえなかった。

これは贔屓《ひいき》ではなく、夫は教えるのが上手で、学問好きだったから、教師には向いていた。しかし私は、不動産業を選んだ夫に反対しなかった。私はせっかく摑んだ「パフォーミング・アーツ」の仕事を捨て、給料の高い通訳の仕事を選ぶ気にはなれなかったからだ。私は、夫ひとりに家庭の犠牲をはらわせたことに、時々後ろめたい気持ちになった。しかしその気持ちをすぐに忘れてしまうほど、仕事は手ごたえがあった。

パフォーミング・アーツ部門主催の第一回コンサートは、盲目の箏曲家、衛藤《えとう》公雄《きみお》さんにお願いした。衛藤さんの琴には、桜の花弁をふくんだようなしっとりとした日本の四季の美しさと日本人の清い情熱があった。端正な衛藤さんの容貌と相まって、その琴の音は聴衆をうっとりさせた。

私はこの偉大な演奏家を有名にしたかったし、琴という楽器をアメリカ人に知らせたかった。父の才能を高く評価して、世界の檜舞台にデビューさせたブゾーニのように、私も東洋の音楽家のために何かしたかった。ちょっと前に、ヘンリー・カウエルにインタビューしたことを思い出し、彼に琴の曲を作曲してもらおうと考えた。

ヘンリー・カウエルは衛藤さんの琴を聴いて、すぐにのってくれた。

「衛藤さんのためにコンチェルトを書きましょう。その代わりどこかで演奏するのが条件ですよ」

曲はできあがったが、ジャパン・ソサエティは演奏会を開く資金がない。

私はヘンリー・カウエルの曲が好きな人を探した。すぐにレオポルド・ストコフスキーの名前が浮かんだ。しかしストコフスキーはあまりにも有名で忙しい人だ。通常のルートでは、資金面からいっても無理である。でもあきらめるわけにはいかない。ヘンリーとの約束がある。

私はストコフスキーのことを調べた。リサーチは私のお得意だ。ストコフスキーは女性に弱い人であるのがわかった。日本の女性が好きだというのもわかった。そこで、ジャパン・ソサエティでパーティを開いて、彼を招待することにした。ジュリアード音楽院に留学している日本の女性には着物姿で出席してくれるように頼んだ。もちろん、会場には衛藤さんの琴を流した。

ストコフスキーは、日本女性の着物からすぐに琴に関心をうつした。「この美しい曲は?」ストコフスキーの質問に、私はタイミングよく衛藤さんを紹介した。

「ミスター衛藤、あなたは素晴らしい音楽家だ」

ストコフスキーは、衛藤さんの琴の生演奏をいつか聴きたいと言った。

数日後、衛藤さんはストコフスキーにアポイントをとった。カバンの中に、ヘンリー・カウエルの曲を入れていくことを忘れなかった。衛藤さんは自分の曲を弾いた後で、ヘンリーが書いてくれた曲を見てほしいと頼んだ。彼は私の筋書きどおりにやり、ついにストコフスキーに「これを演奏したい」と言わせることに成功したのだった。

そしてストコフスキー指揮、フィラデルフィア交響楽団、衛藤公雄の琴による演奏会が実現することになった。しかし衛藤さんは盲目なのでスコアが読めない。ちょうど父がニューヨークに遊びに来ていたので、スコアをピアノで弾いてテープに録音した。衛藤さんはそれを練習して公演にそなえた。

この演奏は大変な評判で、ニューヨークだけでなく全米とハワイでも行われた。

この成功で勢いがつき、私はパフォーミング・アーツの活動の第二弾として狂言の野村万蔵（六世）さんを招いた。日本からは次々といろんな人たちがやって来た。北大路魯山人さん、花柳寿々紫《はなやぎすずし》さん……。

草月流の勅使河原蒼風《てしがはらそうふう》さんの生け花は、人々の注目度の高いリンカーン・センターで紹介したかった。私は、桐朋学園のコンサート会場も同じリンカーン・センターのホールを使い、そのホールの前に勅使河原蒼風さんの生け花を飾るのが一挙両得だと考えた。

でもアイデアを実行に移し、実現するには時間とエネルギーがかかる。この場合一〇〇パーセントの完璧さをめざして準備にかからないと失敗する。最初から八五パーセントをめざせば六五パーセントの出来ばえになるからだ。そのことを私は父の練習姿から学んだ。コンサート前の父は猛烈な練習をしたからだ。

勅使河原さんの生け花は、造形芸術だった。花を使った世界に類を見ない美術を一〇〇パーセント効果的に見せなければならない。「大きな枯れ木がほしいですね」と言う勅使河原さんの希望をかなえなければならない。しかし、セントラルパークの樹を切るわけにもいかない。ジャパン・ソサエティの会長がロックフェラー財閥のジョン・D・三世であることに気づいた。ジョンはニューヨークの郊外に広大な別荘を持っている。あそこなら雷に打たれた枯れ木があるはずだ。ジョン・D・三世の秘書に電話した。快く承諾がもらえた。

次はマスコミへの売り込みだ。この種の催しの成功の鍵をにぎるのは、マスコミが事前にどれだけ書いてくれるかにかかっている。私はニューヨーク・タイムズの編集長に話をもちかけた。

「ロックフェラーの別荘から樹を持ってきて、それを使って日本の伝統的な〝生け花〟をつくるんです。西洋のフラワーアレンジメントとは全く違う造形芸術なんですよ。アメリカで初めての試みだからぜひ見に来てください」

マスコミの連中は〝初めて〟という言葉に弱い。ジャパン・ソサエティのディレクターの仕事は、相手が何を欲しているかを察知して、それにアイデアを付けて提供することである。

リンカーン・センターの前に、樹齢何百年の樫の枯れ木がトラックで運ばれた。すぐにニューヨーク・タイムズから記者とカメラマンが飛んできた。この作戦はみごとに当たった。横に倒された一本の樫に様々な花を配した巨大な生け花は、ダイナミックな中に花の持つ繊細さと華麗さがバランスよく盛られ、枯れ木を生命の樹に再生していた。ニューヨーク・タイムズは大きく写真入りでとりあげ、勅使河原さんの作品はニューヨークっ子の評判となった。

しかしいつも日本から来たアーチストに感謝されることばかりではない。時には怒らせてしまう失敗もある。

裏千家の一四代家元、千宗室（淡々斎）さんがやって来たのは一九五五年だった。私は彼の通訳を兼ねていた。茶会は土曜、日曜の二日間にわたって催されることになったが、私は子供が小さかったので、休日は子供のそばにいてやりたかった。そこで、土曜日は通訳をするが、日曜日の分は私の声を吹き込んだテープを会場で流してもらえないかと頼んだ。

その瞬間、宗室さんの柔和な顔が赤黒くなったかと思うや、雷が落ちた。

「私はロボットではありません。あなたの声どおりにお点前をすることはできません。そういったことは、利休が最も嫌ったことです。茶道は単にお点前をすることだけではないのです」

わたしは、子供との時間を犠牲にすることにした。

ニューヨークで行われた茶会は、見学にやって来たお金持ちの夫人たちの何人かを完全に虜にした。その夫人のひとりによってニューヨークに裏千家の茶道教室ができたのは、それから間もなくのことだった。

ジャパン・ソサエティの仕事は、私が少女時代を過ごした日本、GHQで一年半占領政策にたずさわった日本を、文化の面から見直す機会を与えてくれた。ジャパン・ソサエティにやって来る日本人は、それぞれの分野の第一人者だったから、その人たちと接することは大変な勉強になった。彼らは、私が戦前の東京で育ったことを言うだけで、心を開いてくれて、弟子にも言わない伝統芸能の極意を教えてくれた。それを知るたびに、この素晴らしい文化を、我が物顔で世界を闊歩しているアメリカ人に伝えなければならないと思うようになった。ギリシア・ローマ文明の伝統をひくものだけが、世界の文化ではないことを知らせなければ……。それをするのは、日本で育った私の使命であるように思えた。

当時のアメリカでは、竹槍で戦って負けた日本人という見方が大半を占めていたし、東洋の文化にエキゾティシズムをかきたてられることはあっても、それが西洋文化と同じ厚みをもった文化であることがわかっている人は、大学のアジア研究室にしかいなかった。アジアに興味をもつこと自体が特殊だったころである。私は、日本文化、東洋文化の橋渡しをしたいと意識して思うようになっていた。

しかし現実の私は、五歳と二歳の子の母親で、育児に一番手のかかる時期にはいっていた。育児は、家事と同じようにこれで完璧というものがない。私とベビーシッターの二人でも手が足りなかった。この育児戦争に参加してくれたのは、夫だった。深夜赤ん坊が泣くと、疲れ切って起きられない私に代わって、夫はミルクを与えてくれた。大きな手で器用に長男のおむつを換えている夫を見ると、「男女平等」を実践しているのは、憲法草案の条文を書いたこの私かもしれないと妙におかしくなった。

Ⅶ　新しい道　アジアとの文化交流

若いということは可能性があるということであり、お金がないということでもある。

一九五〇年代、六〇年代にアメリカに留学してくる学生たちは、雪の結晶のような才能の輝きを感じさせる若者たちだった。でもエリート青年特有のもろさを持っていた。この頃のニューヨークは、今のように探せばアルバイト先が見つかるというわけにはいかなかった。日本企業もそれほど進出していない時代である。ジャパン・ソサエティの学生係の私としては、可能性を秘めた若者たちが安心して勉強できるように学費援助をしたかった。

当時のアメリカの大学では、一か月に一回くらいの割合で講演やコンサートを行っていた。これに目を付けた。私はジャパン・ソサエティでビラを刷り、売り込んだ。一回の演奏料が一五ドルぐらい。一ドル三六〇円の時代、留学生たちが一か月六〇ドルで暮らしていた時代だったので、一五ドルは魅力的な額だった。

私は留学生のために、〝オアシスクラブ〟も作った。ここでも留学生のコンサートや発表会を開いて、その売上金を学生たちに分配した。

しかし留学生の皆に分けると雀の涙だった。クリスマスが近づいていたので、オアシスクラブの会費から、留学生たちに缶詰セットをプレゼントした。すると会員の日本夫人たちからクレームがついた。

「彼らはイワシの缶詰を食べていればよいのよ。そんな缶詰セットなんかぜいたくです」

私は思わず、それでもあなた方は同じ日本人ですか、と叫びたくなった。夫人たちは自分たちの生活だけに忙しくて思いやりに欠けていた。

そしてついに私の堪忍袋の緒が切れる時がきた。

ジュリアード音楽院に留学している学生が一〇ドルの薬が買えなくて病気に臥せっていると聞いたので、私はオアシスクラブで援助したいと夫人たちに話した。するとクラブの幹事の奥さん二人が事実を確かめるために、何の前触れもなくその学生のアパートを視察に行ったのだった。夫人たちの不躾《ぶしつけ》な態度にすっかりプライドを傷つけられた学生は私に文句を言ってきた。

「あんなことをされるくらいなら、薬などいりません」

私は自分でクラブを作っておきながら、そこを脱退した。

このオアシスクラブには後日談がある。奥さん連中はクラブに積立金が残っていたので、その費用で高級美容室に行っておしゃれをし、学生たちにもその美容室の料金一〇ドルのうちの半額をクラブで払うから行くようにと案内を出したのだった。しかし留学生たちはニューヨークの美容学校へ行き、そこの研修生に一ドル五〇セントで散髪してもらっている人たちだった。

この一件ですっかりしょげているとき、日本から素晴らしい一家が船でやってきた。一九五九年一月のことである。

天衣無縫の国際人、棟方志功

芸術家は丸い分厚い眼鏡をかけていた。その横に着物姿の夫人が仏さまのようににこやかな笑顔で寄り添っている。息子は瞬きもせず、出迎えた私と田中総領事夫妻を見つめた。棟方志功《むなかたしこう》五六歳、夫人のチヤさん五〇歳、息子の巴里爾《ぱりじ》さん二五歳だった。

ジャパン・ソサエティは、ロックフェラー財団から特別寄付をもらい、一〇か月間棟方先生を招待できることになった。先生の担当は私だった。

「ありがとうございました。ニューヨークにまいりました」

〈山君丸〉から下船した棟方先生の声はとても大きく、元気にあふれていた。

「まあ棟方先生、よくいらっしゃいました。よくいらっしゃいました。ほんとに待っていました」

私が言うと、先生はまっすぐ私を見て言った。

「アメリカにはサケはありますか?」

「お魚のサケですか?」

「そうです。自分はとても鮭が好きで、一週間に一遍食べないと力がでないのです」

「ありますとも、ありますとも先生」

棟方先生の顔がぱっと明るくなった。私はその瞬間、感じのいい先生だと思った。日本人には珍しく率直な人だと安心した。

実は棟方先生の前に私は北大路魯山人を担当して難儀していたので不安だったのだ。魯山人は気難しいところのある人で、展示について細かい指示をし、ちょっと気に入らないと、ついている杖を振りかざし、展示室のガラスを割るふりをするので、私ははらはらのしどおしだった。地方の町で講演したとき、その町ではアルコールが禁止されていたのに、彼はビールを飲みたがり、講演会担当の教授はわざわざ隣町まで買いに行く羽目になった。そんなことがあったので、日本の芸術家に用心深くなっていたのだった。

私は一家の宿をハドソン河のすぐそばのリバーサイド・ドライブ・ブッディスト・アカデミーにとっていた。そこは日本人が経営しているアパートだったので、言葉が通じるのと、私のアパートとも歩いて五分の近さだったからだ。

棟方先生はすでに東京で、ニューヨークのウィラード画廊のジョンソン夫人に個展を開く承諾をとっていた。電話をすると、ジョンソン夫人は一刻も早く作品が見たいとやって来た。

先生がスーツケースをパタンと開けると、板画の何枚かが蓋の開いた勢いで床に散った。作品は新聞紙に無造作にはさんであった。なかには板画の両端が折れているもの、シワになっているものもある。作品は芸術家にとって自分の命と同じであるはずなのに、この乱暴な整理の仕方はなんだ。私は目を丸くした。ジョンソン夫人の顔に明らかに失望の色が出ている。

「板画の掛け軸にして持ってこられると思っていたのに」

「いや、板画の紙は生きているから、きれいに整理してフレームに入れない方がいいんですよ」

棟方先生は、床に散った板画を拾った。

「ずいぶん板画にシワが寄ってしまっている」

ジョンソン夫人は泣きだしそうな顔になっている。私は夫人が個展の中止を言いださないかとヒヤヒヤした。

「大丈夫、大丈夫シワなんか。私がアイロンかけますから」

棟方先生は陽気なものだ。丸い分厚い眼鏡なので一層陽気そうに見える。先生はアイロンを持ってきて、板画のシワを伸ばした。すると板画はみごとに蛹から蝶に変身したのだった。

個展は大好評だった。

息子の巴里爾さんは演劇に興味を持っていたので、アクターズ・スタジオに通うことになった。チヤさんは新しいアパート暮らしにすぐに慣れて、ソロバンを持ってマーケットへ買い物に行き、〝計算がスゴク早いニッポン人〟と尊敬されていた。

「ベアテさん、郷に入っては郷に従えですよ」

チヤさんはマーケットでカリフォルニア米を買い、中華食品店で先生の好物の豆腐や醬油を買い、上手に材料を使って日本食を作っていた。英語などからっきし駄目なチヤさんが、三人のうちの誰よりも早くニューヨークの生活になじんでいた。女性は、夫と子供がいれば、その場所にすぐなじむことができるのだと思った。チヤさんは日本女性のたくましさやおおらかさ、夫への献身のお手本のような女性だった。棟方先生が描く女神は、チヤさんその人だと思った。

ニューヨークにいてもチヤさんが一緒だから棟方先生は、日本にいるように板画の制作をしていた。その制作の合間に講演が入った。

ニューヨークの日本クラブでの講演の日、朝から雪が降って、午後からは吹雪となった。

「先生、こんな雪では誰も聞きに来ないわ。でもポスターを貼って予告してあるし……」

私は途方にくれた。

棟方志功と

「ベアテさん、心配しないでください。私の作品を見に、ひとりでも来てくれる人があったら、私はその人のために話をします」

丸い眼鏡の中の眼がやさしく微笑んでいた。主催者の私は先生のその言葉にどれだけ救われたかしれない。

幸い講演会には五人集まった。先生は、板画について技巧を語らずに、その思いを語った。板画というものが、どういうものか、どういう心根や、どういう生活を通して出てくるか、どんな魂から生まれるかを語った。

「自分の板画は、私が彫っているのではありません。私は仏様の手先になって版木の上を転げ回っているだけです」。つまり芸術というのは、自分の力だけで作れるものではない。もっと大きな力によって動かされていると先生は言う。「他力で生まれてくると考えている人には、下手なところは神様が助けて下さる」。宗教と芸術の真髄に触れる抽象的な話なのに、先生が身振り手振りで話されると、聞いている者を納得させる力があるのだった。

そして話が終わると、ふかぶかと頭をさげた。出席者は、二つものビエンナーレのグランプリを受賞しているアーチストの謙虚さに感動した。

あとで実際に彫ってみせた。

まず版木大の薄手の和紙に版下（下絵）を描く。次に下絵を裏返しにして版木に貼る。そして板刀で彫る。「板画とは、板の命を彫り出していくことです」。先生はそう言って顔を版木すれすれに近づけ、版木を右に回し、左に回ししながら勢いよく彫っていく。その速さに五人の観客は息をのむ。

彫り上がった版木は水で洗って版下の紙を落とす。湿した新聞紙や布で版木を安定させ、刷毛で墨を塗る。その手つきが、これまた速い。

次に少し湿気を含ませた紙を版木に当てる。紙を湿らせるのは墨の付きを良くするのと、紙の伸縮を防ぐためである。版木にあてた紙の上からバレンでゆっくり、次第に激しく摺《す》る。

そして紙をはがす。緊張の一瞬。五人の観客も大きく息を吐いた。

先生は摺った紙の裏から色をつけた。「裏彩色《うらさいしき》」といって、棟方板画の特色のひとつだ。和紙の繊維を通して色彩がにじみ出て、思いがけない効果を生む。

一枚の板画が完成するまで、小さい作品だったので一時間ちょっと。五人の観客は、まるで巧妙な手品を見せられたように、刷られた板画をうっとり眺めた。そして吹雪の中を瞳を輝かせて帰っていった。

先生の講演には、板画の実演もつくのでどこでも大好評で、テレビにも出演することになった。するとまた講演の依頼がふえた。しかし講演には、ときどき禅の言葉が出てくるので通訳がむずかしい。

そのひとつが「塵も仏」という言葉だった。この言葉の由来はこうである。京都の僧が一年に一回仏様を水で洗っていた。すると仏様が「どうして私を洗うのか」と尋ねられた。僧は「きれいにしてさし上げようと思って」と言うと、仏様は「塵も仏」と答えられた。先生の話では、この言葉はこんなふうに登場する。

「自分は板画を彫るとき、たとえまちがいをしても、その時は全霊を傾けて彫ったものであるから、たとえ正確さに欠けていても、そのこと自体はその時の必然として表われたので、自分はそれを善としているのです。つまり塵も仏、仏様にある埃も仏様の一部なのです」

私がこの訳を、〝Dust is also God〟では変だし、と迷っていると、日本語のできるアメリカ人の教授が〝Dust is also Buddha〟ではどうかと教えてくださったので、おおいに助かった。

実際に棟方先生と付き合っている間に、この「塵も仏」ということが起きたのだった。東洋の文化には、書道のように文字を美術としてみる伝統がある。棟方先生も文字を彫るのが好きだった。先生はホイットマンの詩が気に入って、これを彫ったのだが、スペルをまちがって Souls understand souls の souls の末尾の s を落として彫ってしまった。でもこの詩は有名な詩だから s がおちていればすぐにわかってしまう。でも soul の後には s を入れる余白はない。彫り直すのは大変だ。

「先生、どうします?」

「大丈夫、大丈夫。ベアテさんにさし上げた板画を返して下さい」

先生は全く気にしていない。

数日後、その板画が送られてきた。私はそれをみて、あっと声をあげた。soul の下の余白に s をつけ加えて彫ってあったのだった。その s は、souls という言葉を越えて、ひとつの美術の造形になっていた。私はそれを見た時「塵も仏」の意味がわかったような気がした。棟方芸術を通して「東洋の心」をみたように思った。

天衣無縫なところのある先生だが、時々その自由闊達さをどう評価していいのか戸惑うこともあった。先生は着物が多かったが、ある時背広でやってきた。何か変な感じなのだ。よく見ると右のポケットが肩のあたりについていて、左のポケットがかなり下についている。そのうえ右と左のズボンの長さが違うのだ。

「先生、その背広は仕立てを間違えたのでしょうか」

私が恐る恐る聞くと、先生は胸をはって答えた。

「ベアテさん、これは新しいファッションです。仕立屋がしぶるのを無理に頼んで特別に作ってもらったんです。私の体と心に似合う服を作らせたのですよ」

日本人は感情を外に表わさないので何を考えているのかよくわからない、と言われるが、棟方先生に限ってこれはあてはまらない。先生は感情表現の豊かな人だったから、アメリカ人にも多くのファンがついた。

ある富豪の夫人が「棟方先生の作品が好きだから、棟方の作品だけを置く棟方画廊を作りたい」と申し出た。一九五九年当時、ひとりの画家の作品だけを飾った画廊はピカソ以外になかったから、これは素晴らしいチャンスだった。私は「やりましょう、やりましょう」と先生をけしかけた。

しかしお金持ちの道楽で始まった棟方画廊は六か月で店を閉めることになる。富豪の夫人が画廊経営に通じていなかったのと、ひとりの作家の作品だけで画廊を経営するのに無理があったからだった。私は申し訳ない気持ちでしょんぼりしていた。

「私は気にしていませんよ」

一番こたえているはずの棟方先生は、今度もにこにこしておっしゃる。先生の描く菩薩は、先生自身の心だった。

画廊は失敗したが、A・A・Aギャラリーが持ち込んだ板画のカタログ販売は成功した。画廊側は、一五〇枚ずつ、三つのテーマで作ってほしいと言ったが、日本ではそんなやり方をしていない先生はびっくりした。

「一五〇枚なんてやったことがない」

先生はとんでもないというふうに否定した。日本では、展覧会で作品の買い手がつくと、注文に応じて刷ることになっていたからだ。しかしA・A・Aギャラリーが組んでいるメイ・オーレというカタログ会社はアメリカでは定評のある大手だった。私は棟方先生の作

母，長女ニコールと親子３代で

結婚式，1948年１月

アメリカ時代の父

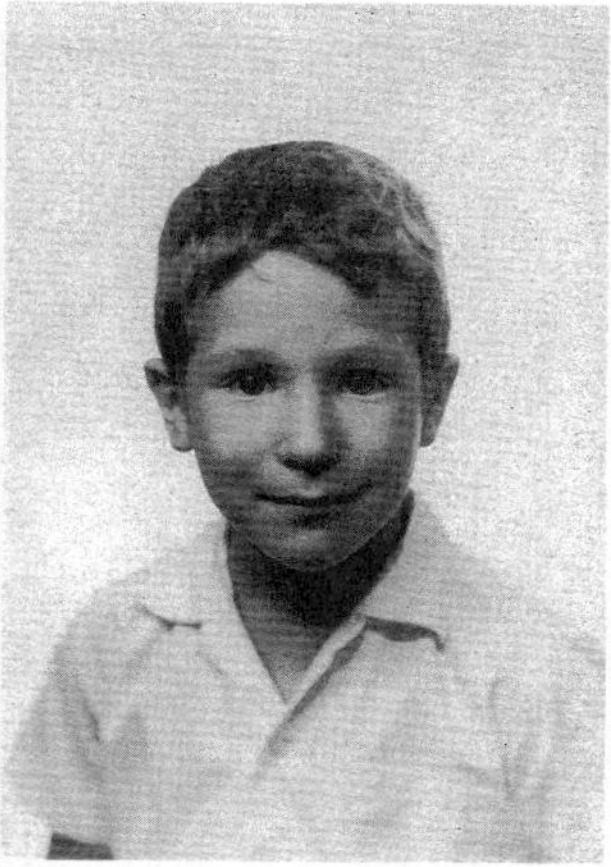

息子のジェフリー（６歳）

訪米中の市川房枝（正面右から３人目）を囲んで

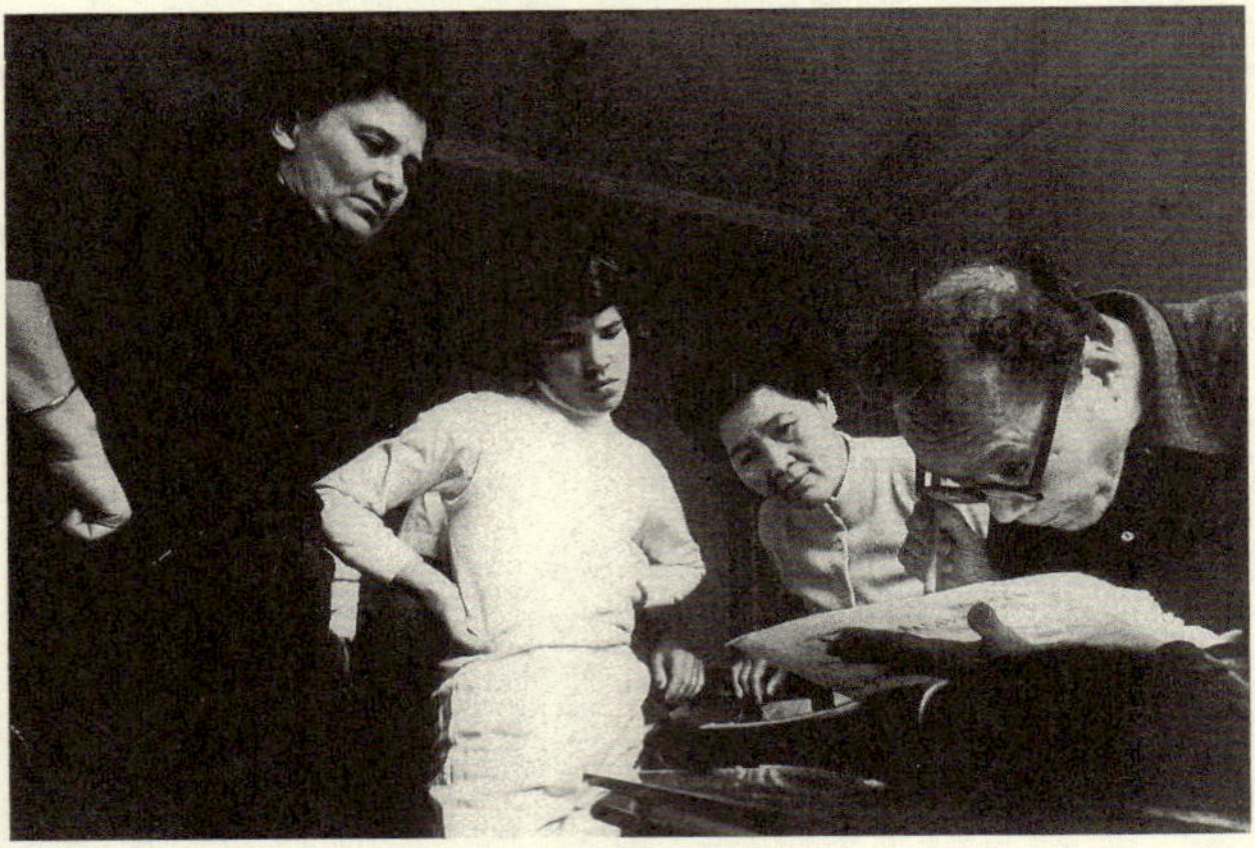

制作中の棟方志功を見守る（一番左がベアテ）

ジャパン・ソサエティのパーティ。右から，ジョン・ケージ，武満徹，ベアテ

京劇の踊り手と

ベンガルのチャウダンス

品が、アメリカの片田舎の家の応接室に飾られる光景を想像して、この企画に乗り気だった。

「ベアテさんがそこまで言うのなら……」

先生はしぶしぶ引き受けた。板画の作品には、一五〇枚刷れば、その作品には一五〇枚中の何番、という番号をつけるのが規則なのだが、もともと気が進まないうえに慣れないことをした棟方先生は、10番を二枚書いたり、12番が足りなかったりと数字を無茶苦茶に書いてしまった。画廊側は慌てた。自分たちでやるから、と先生の持っていた鉛筆を取り上げると、先生はペロッと舌を出した。嬉しいときに舌を出すのが先生の癖だった。

先生は苦労人だった。だから留学生たちが世界一物価高のニューヨークでひもじい生活を送っているのを知ると、ジャパン・ソサエティに自分の板画を寄付して下さった。その売上金は学生たちを助ける基金となった。若い頃、赤貧だった先生は、学生たちの貧乏が他人事ではなかったのだ。

私はそんな棟方先生を尊敬していた。その大好きな先生を私は時々怒らせた。待ち合わせの時刻に遅れたときだ。物事にとらわれないおおらかな先生だったが、時間には厳しい人だった。

先生とチヤさんはその年一一月に帰国したが、巴里爾さんは残って演劇の勉強を続けることになった。

私のジャパン・ソサエティの仕事は、この頃から急に忙しくなる。仕事というのは、弾みがつくと、加速度的に仕事量が増えるものだ。

しかし、私には五歳のニコールと二歳のジェフリーの育児という大きなもう一つの仕事があった。不動産の仕事をしている夫は家事を手伝ってくれたが、とても手が足りない。私には、育児と家事を手伝ってくれる人が必要だった。ベビーシッターに来てもらい、一週間に二回ホームヘルパーにも来てもらっていた。ジャパン・ソサエティの仕事はパートタイマーだったが、一九六〇年からはアジア・ソサエティの仕事をするようになっていた。私は二つの協会の仕事をなるべく家庭でして、子供のそばにいる時間を多くした。

母親は誰でもそうだと思うけれど、子供といる時間が私にとって一番安らぐときだった。ショッピングは若い頃からあまり興味がなかったが、映画も芝居もコンサートも若い頃にさんざん観ていたので、新しい芝居が話題になっても観に行きたいと思わなかった。子供との接触時間を多くするため、私は知恵をしぼった。

アジア・ソサエティの仕事は、アジアの国々の舞踊と演奏のプログラム作りが主な内容だったので、実際に観る必要があった。その実演を自宅でやってもらうことにした。子供たちに小さい時からアジアの芸術に関心を持たせたかったのと、母親の仕事を理解させておきたかったからだ。

そのためには舞踊や演奏をやってもらう日は、子供たちにも小さな役割を与えた。ニコールには、ストップウォッチでダンスや演奏の時間を計らせ、機械いじりが好きなジェフリーには、テープレコーダーを教えて録音させた。この方法で、来客中二人をとても行儀よくさせることができた。

こんなふうにして、この大変な時期を乗り切ったが、本当はもっと家族と心の通じ合える人が必要だという思いは残った。

一九六三年一二月、両親は日本の三〇〇人のお弟子さんの招待で一七年ぶりに帰ることになった。思い出の日比谷公会堂で、父はベートーヴェンやショパン、シューベルト、リストを弾いた。そして山田耕筰の曲も。最後の曲で、父とお弟子さんがバッハのコンチェルトを演奏すると、観客は全員拍手しながら立ち上がって泣き出した。翌日の新聞には「国境を越えて音楽界の師と弟子の間で愛が咲く」という見出しで大きく取り上げられた。

私は子供が小さかったので一緒に行けなかったが、帰ってきた父が「今度の旅は、始めから終わりまで、夢のようだった」と興奮しているのを見て、嬉しかった。七八歳の父は戦争中の辛い思い出からようやく解放され「日本」と和解したのだった。

「ピアノが弾けなくなったら死にたい」

晩年の父はいつもそう言っていた。

人は常にそれを望んでいると、そうなるのかもしれない。一九六五年二月の上旬、父の両手が腫れてピアノが弾けなくなった。医者は肝臓癌が進行し、糖尿病も進んでいると診断した。私たちは手術を望んだが、父は受け付けなかった。そして二月二四日、ピアノが弾けなくなって三週間足らずで亡くなった。七九歳だった。「セントルイス・グローブ・デモクラット」紙は「称賛されることなく世を去ったヒーロー」という見出しで追悼文を載せた。

五〇歳でニューヨークにやってきた美代さん

セントルイスにひとりぼっちになった母を私はニューヨークに引き取り、同じアパルトマンに母が二階、私たちは一二階に住んだ。母が来てくれたので、子どもたちの世話をしてもらうことができたが、母自身は孤独だった。母には話し相手が必要だった。

夫と相談した。答えが出ないまま時が流れた。そして、いつも宿題になっていた問題の答えがある日解けた。東京の沢辺美代さんに来てもらったらどうか、ということだった。美代さんとは、ＧＨＱ時代に再会した後も連絡をとっていた。ジャパン・ソサエティの仕事で日本に行った時も会っていた。

この話に美代さんは驚いた。美代さんのご主人と二人の子供さんたちはもっと驚いた。「言葉はわからないけれど、子供たちもそれぞれ独立しているし、ベアテさんが住んでいるところなら怖くないし、美代さん、ニューヨークに行きたい！」

電話の向こう側の美代さんの声は力強い。そしてついにご主人を説得して、単身赴任してくれることになった。私は戦後の日本女性の解放の姿を思いがけなく最も身近な女性によって知ったのだった。一九六六年、五〇歳の美代さんはひとりでニューヨークにやってきた。

美代さんは眼鏡こそかけていたが、昔の美代さんだった。嫌いなことは嫌いとはっきり言う、物事にこだわらない性格も変わっていなかった。料理の腕は一層磨かれていた。ウィーンとキエフのシロタ家の味は、母から美代さんに受け継がれ、再び我が家に蘇ったのだった。

独りになった母にとって、美代さんはますます重要な人物となっていた。

「ベアテにばかり働かせて婿は稼ぎが少ない。あれじゃベアテがかわいそうだ」

夫に先立たれ、孤独な母は美代さん相手に愚痴をこぼした。美代さんは、年をとってますますお天気やさんになった母と喧嘩することがあったが、最後は、「ハイ、ハイ、ママの言う通りにしましょう」と、折れた。美代さんと母は、昔なじみの喧嘩友達であり、姉妹だった。そして一人っ子の私にとっては、頼りになる姉だった。

美代さんがいてくれても、子供の教育と躾は親の義務。私は両親がしてくれたように、子供たちに早い時期から語学を学ばせた。英語の他に何か特別な言語を学ばせたいと思っていたら、幸い六歳のニコールはロシア語に興味をもった。娘が一五歳になった時、ソビエトに旅行もさせた。

しかしひとりっ子だった私は、男の子のことは皆目見当がつかず躾にも教育にも戸惑った。長男のジェフリーが六歳になった時にピアノを習わせようとしたが、彼は全く興味を示さない。日本人の我慢強い先生をつけたが、無駄だった。幼稚園でも学校でもリーダーシップをとって活発な長女に比べ、ジェフリーは勉強はしないし、おとなしくて目立たない子供だった。しかし時々感情を爆発させて手に負えない事態になった。夫は「心配しなくても大丈夫」と暢気だったが、私はずいぶん気をもんだ。でもジェフリーが一一歳になった時、詩を書きはじめたので、ようやく少し安心した。

子供の個性を伸ばす教育と言われるが、実際にはどれほど難しいものかを私は、初めて知った。私が舞踊家になりたいと言った時、母は「あなたは語学に才能があるから、そっちの方をやりなさい」と言ったが、私には母のように自信をもって子供の方向づけをすることができなかった。

しかし私たち夫婦は、経済的に恵まれていなかったが、子供の教育は一番大事なことと考えていたので、他のことを犠牲にしても教育にお金をかけた。私たちは子供の教育のためのスカラシップをもらって、二人をコロンビア大学付属の幼稚園と小学校に入れた。

一九七〇年、美代さん夫婦が帰国した。足かけ五年間、美代さんは私たち家族と生活し、子供たちにとっても〝大好きなニホンの美代さん〟となった。

一回観せること——そこから物事は始まる。観れば人々は二回観たいと思うだろうし、その国の文化に興味を持つからだ。

でもアジアの国から第一級の伝統芸能をニューヨークに呼んでくるには、とても高くつくしエネルギーもかけなければならなかった。

一九六五年頃から私はアジア・ソサエティのパフォーミング・アーツの仕事に集中するようになった。西洋人の眼に触れていない、アジアの国の「心」を表わした素朴で力強く、芸術性の高い民族芸能の舞台にのめり込んでいった。ハリウッドに毒されていない芸術性の高い民族芸能を見つけ出すのは、人里はなれた山奥で宝石の原石を探すのに似ていた。

一九七〇年代に入ると、「呼び屋」としての私の活動はさらに広くなった。台湾では、台北から四、五時間車で入った山奥の村で影芝居をみつけ、ニューヨークに呼んだ。インドのボンベイ（現ムンバイ）やマドラス（現チェンナイ）では舞踊を探し、バリ島では汗をふきふき、八日間ぶっ通しでオーディションをし、ようやくトペン（仮面をつけて踊るバリ舞踏）のジマットというダンサーを見つけることができた。演奏家四、五人、舞踊家五人という構成もニューヨークに呼ぶには手頃な人数だった。グループがあまり大きいと予算の枠をはみ出してしまうのだ。

中東の国々にも足を伸ばした。イランではシャー（パーレビ国王）の前で歌うパルワネ・ホッテレイという女性歌手の声に惚れ込んだ。ところが、男尊女卑のこの国では女性がひとりで外出することは許されず、ましてや外国に行くなどもってのほかということで、彼女をアメリカに呼ぶためにイラン大使館だけでは事足りず、イラン本国まで出かけて行って政府筋に交渉しなければならなかった。私はその交渉に疲れはて、バザールにでも行って気分転換しようと思った。

ホテルからひとりで市場に行くと、男、男、男、通りは男性で埋めつくされていた。そして男たちの視線が一斉に蜂のように突き刺さった。バザールは女性たちのオアシスと思っていたが、この国では男性の付添いなくして女性が外出することもできないのだった。チャドールをつけた女性はいたが、男性のそばで隠れるようにして買い物をしているだけだ。私は男たちの視線にさらされ、ショッピングの気分は吹っ飛んでしまった。GHQ時代、窓から一斉に口笛を吹かれたことがあったが、恐怖はなかった。男たちの視線は、うだるような暑さの中で、私の首といわず腕といわず蜘蛛の糸のようにまとわりついてきて、払いのけても払いのけても追いかけてきた。

ホテルに帰り着いた時、舌はめくりあがり口の中は砂漠より乾いていた。アラブの国々との文化交流の前に、この国の女性が自由に外出できるようになることが先決問題だと愕然とした。あの黒いチャドールをとって女性たちが自由に発言し、どこへでも自分の意志で行けるようになるには、どうすればいいのだろう。私は砂漠で道に迷った旅人のように、ぼんやりとしてしまった。天井には扇風機がゆっくり回転していた。この扇風機を速く回すことなんかとてもできそうになかった。しかし、私はあきらめなかった。相手が根負けするまでねばることにした。そしてついにパルワネと五人の民族楽器演奏者の出国許可がおりた時、私は〝勝った〟と思った。私は、あきらめないことを学んだ。それにしても、アラブ諸国は本当に遠い国だった。国と国とが友好関係になるためには、偉い政治家が行き来してもあまり効果がないと私は思う。庶民レベルの人たちが行き来してこそ、理解が深まる。それには言葉の壁がない民族芸能はうってつけだと考えていた。

淡路人形公演の成功

私が淡路人形のことを知ったのは、七一年の秋頃だっただろうか。淡路人形浄瑠璃は四〇〇年の歴史を持つ伝統芸能だった。最盛期の江戸中期には淡路島に四六座もあったが、今は一座だけがかろうじて残っている。文楽の人形より大きくて、素朴で、浄瑠璃を語る太夫は全員主婦だと聞いた。私は直感でこれはいけると感じた。アラブの国々と違って、日本は言葉が通じるし、習慣も風習もわかっている。東京には沢辺美代さん宅という泊まる処もある。私は早速、淡路島に問い合わせの手紙を書き、資料を送ってもらった。

一九七二年一月一二日、島に渡った。自分の眼で確かめ、納得がいかないと呼ばないのが、これまで私のやってきた流儀だった。フェリーを降りると、町長をはじめ人形座の支配人、馬詰優さんたちが一列に並んでいる。

「わぁ、寒いのに申し訳ありません。私がベアテ・ゴードンです。とても楽しみにしてやってきました」

出迎えた人たちは、私の日本語に拍子抜けして、キョトンとしている。

「日本語、お上手ですねぇ」

「東京で育ちましたから」

全員、私の日本語にすっかり安心して打ちとけ、急に地元の言葉が飛び出す。

町役場の会議室で今日やって来た目的を話すと、後は鳴門《なると》の大橋を見せたい、島名物の水仙郷を見せたいと、歓迎のラッシュとなった。夜は海老の踊り食いが出た。私は目をつむって一匹だけ無理矢理呑み込んだが、鯛の活け造りにはとうとう箸がつけられなかった。

人形芝居にたどり着いたのは翌日だった。

出し物は、平家物語の「一谷嫩軍記《いちのたにふたばぐんき》　須磨浦の段」と、母子の情愛を描いた「傾城阿波《けいせいあわ》の鳴門《なると》巡礼子別の段」。

西洋の人形は下や上からあやつるが、日本の人形は完全に観客から見える人形遣いによってあやつられる。三人一組で、一人が頭と右手を、一人は左手、もう一人は下半身と足をあやつる。「白鳥の湖」の四羽の白鳥のように、人形遣いが人形を動かしているというよりも、人形が人形遣いを動かしているように見える。

義太夫は、鋭い衝動的な三味線の間奏によって物語を劇的に盛り上げて語っていく。お弓とお鶴の人形が泣けば、太夫も泣く。侍の人形が眉をしかめると太夫も眉を寄せる。神様の機嫌をとるための奉納芝居として伝承されてきた淡路人形浄瑠璃は、土俗的な中に力強さと神秘性とオリジナリティを備えていた。

一九七〇年代になると、歌舞伎や文楽は親日派に知られるようになっていたが、淡路人形は全くといっていいほど知られていなかった。大阪の文楽人形のように職業的な人形遣いによってではなく、主婦や他の仕事を持っている半分アマチュアの人形遣いというのも、ユニークだった。

太夫のひとりは「玉葱をつくっています」という農家の主婦であり、「夫は役場で働いています。一二歳の息子もおります」という太夫もいた。人形遣いのひとりは島で写真館を経営していた。人形遣いのベテランは八二歳、平均年齢六五歳という高齢劇団なのが少し心配だった。

しかし私はこれはヒットすると直感した。

「カーネギーホールを知っていますか？　そこで公演をやりませんか？」

私の言葉に、町長さんや支配人はぼんやりとしている。カーネギーホールを知らないのだと思って説明し始めると、淡路人形協会長の森勝氏が、「あのカーネギーホールでしょう」と言った。そして私の名刺の肩書をみて、アジア・ソサエティのディレクターというのはどういう立場なのか、女性であるあなたの下には何人の部下がいるのか、などていねいな言葉で訊いた。それでわかった。日本ではエライさんが交渉に来る時は部下同伴でやってくる。女性の私がひとりでのこのこ淡路島までやって来たので、彼らは私の力をあやぶんでいるのだった。まだ男女平等ではないのだった。

交渉ごとは一度ですると無理がいく。私は自分で確信が持てたことを今回の収穫として、もう一度日を改めて来るからと約束して帰国した。日本式のやり方を、ジャパン・ソサエティで学んでいたのだった。

二度目に淡路島を訪れたのは、三か月後の四月一五日だった。人形座の人たちはやっと私を信用してくれた。私は人形芝居をできるだけ多く見せてもらい、その中からアメリカ人にもわかるものを選んだ。そして渡米する座員は一三人と決めた。人形座では一四人を予定していたので少しもめたが、結局一人分は人形座もちということになった。滞在日数は七〇日間、一九七四年一月二六日から三月三〇日と決めた。

決めておかないといけないことは山ほどあった。その中で一番大事なのは公演料のことだった。アジア・ソサエティから六〇〇〇ドルが支給されることになっていることを告げた。しかし公演の入場料を見込んでも航空費、宿泊費、移動費を考えると足りない。足りない分は、日米親善のために淡路島で援助してほしいと告げた。

ところが九月になって、公演には行けなくなったという手紙が舞い込んだ。私は足の裏まで冷たくなった。心配していた通り、費用のことだった。私はアジア・ソサエティの事務局にかけあって二〇〇〇ドル追加してもらうことに成功した。

そのことを電報で告げると、ようやくＯＫの返事がきた。支給される援助金は、いつもギリギリか、入場者が少なければ完全に足りなくなるのだが、アジアからやって来る人たちは世界一お金持ちのアメリカで稼ぎたいと思っていた。アメリカとアジアの国々とでは経済格差がありすぎるため、文化交流や親善という意識は持ちにくかった。そのために「呼び屋」である私に、ギャラの不満がぶつけられることになる。しかし、資金集めは「呼び屋」の大事な仕事の一部だと考えていたので、協会や公演する劇場にかけあい、アメリカのいろんな財団に寄付をしてもらうために奔走した。

淡路人形のことを知ってから二年半がすぎた七四年一月二六日、一四人の座員がニューヨークに着いた。

「日本語の話せるゴードンさんは僕らにとって地獄に仏の人だけど、あなたは死後の鬼でもあるんですね。僕は淡路島をたってから二六時間、あまり眠っていないんですよ」

眼の下にクマができた支配人の馬詰さんはぶつぶつ言っていたが、私は彼をせき立ててカーネギーホールの下見に行った。カーネギーホールで成功させたい、それは私の長年の夢だった。淡路人形なら、その願いをかなえてくれそうだ。

白い壁。赤い椅子。四階まで吹き抜けの天井。二七六〇席のこのホールをどこまで埋め、どれだけ観客を熱中させられるか。私の耳に観客のざわめきと津波のような拍手が聞こえてきた。きっと成功させてみせる。

「ゴードンさん、舞台に袖がありませんね。これじゃ太夫の語るところがありません」

馬詰さんは、この舞台は人形芝居には全く不向きにできていると不満顔。私は公演まで一〇日間あるから、大道具係と相談しましょうと落ち着かせる。

人形座の公演は、ハーバード大学のローブ劇場を皮切りにウェズリアン大学の同窓会館で行われ、どこも満員で好評だった。しかしそれはあくまでも学生や子供が中心の観客である。私は公演の手応えを感じながらも不安だった。

二月五日。カーネギーホール公演の前日、人形座協会長の森勝氏が応援にニューヨークに駆けつけた。それはよいのだが、森さんはカーネギーホールで公演の前にひと言挨拶をしたいと言い出した。自己顕示欲の権化のようなこの人は紋付き袴まで持ってきている。

私は劇場にかけあったが、にべもなく断られた。「当ホールでは舞台挨拶はさせません」

ところが座員たちが、森会長に挨拶をさせないのなら、私たちは公演しないと言い出した。私は再び劇場に飛んだ。日本では伝統芸能を披露するときは、かならず座長が口上を述べるのがしきたりになっていて、座長の挨拶も芸のうちに含まれるのだと、説明した。しかし支配人は渋った。私は淡路人形は、無形文化財になっていて、座長の挨拶なしでは公演したことにならない、と強硬に申し出た。

「それじゃ、三〇秒間だけ」

支配人が折れた。

「通訳しないといけないから、全部で一分になりますよ」

私はすかさず言った。

二月六日、当日。一四人の座員たちは舞台の準備を早めにしたいと言ったが、午後三時からでないと用意はできないと、劇場側はきびしい。内部での一六ミリ撮影もカメラ持ち込みも禁止という劇場側の言葉に、気持ちのたかぶっている座員たちはあからさまに不平を言う。それはすべて主催している私にぶつけられた。

三時になったので座員が舞台の準備をしようとすると、ユニオン（組合）から待ったがかかった。

「舞台の準備は、われわれの仕事である。やってほしいことがあれば、われわれに申し込んでほしい」

淡路島では舞台の準備はおろか、小道具作り、小屋の掃除までしている座員にとって、釘一本打つにも通訳を介して申し出ないといけないのは、ジリジリすることだった。私には彼らの苛立ちが痛いほどわかったが、ここはアメリカだった。

夕方から雪が降り出した。

「お客さんの足が鈍りますね」馬詰さんが不安げにつぶやいた。

「この時間ならもう家を出ているから、影響はないですよ」

強気なことを言ったのは、支配人である馬詰さんは、人形遣いでもあったので、これから舞台に上る人のやる気を失わせたくなかったからだった。

午後七時半、ようやく舞台が完成。夫も心配してのぞきに来てくれた。森さんがたどたどしい英語で挨拶すると、夫が、「家内が日本へ度々お邪魔して、大変お世話になりました」と、日本語で言ったので、森さんは目をぱちぱちさせた。それを見て、私はふっと肩の力が抜け、気分が楽になった。

開演一五分前、観客は日系人三人。

開演一〇分前、ようやく一〇〇人くらい。

手を合わせたい気持ちだった。二年半かかって準備をしたものが、わずか二時間で勝負がついてしまうのだ。

開演五分前。廊下で待ち合わせていたかのように四方の扉からどっと人が入ってきた。開幕のベルが鳴った時は、一階は満席となった。九割以上がアメリカ人だった。客数は、一八〇〇人と告げられた。

しかし、勝負はこれからだった。やった、と思った。

私は芝居が始まる前に、これから演じられる「傾城阿波の鳴門」の母子の情愛のストーリーと、見るうえでのちょっとしたポイントを舞台の袖に立って説明した。台湾の影芝居をやってもらった時、せっかくパンフレットに筋書きを丁寧に書いておいたのに、観客から「ストーリーがわからない」と苦情が出たからだ。

太夫と三味線が拍手に迎えられて席につく。拍子木がチョンと鳴る。太夫がうなり出す。人形お鶴の登場。人形お弓がやってくる。歓声がもれる。拍手があるかと思ったが、反響はない。やはり言葉がわからないから、感動もストレートに伝わらないのかもしれない。人形お弓が立ち上がって「道は親子の別れみち……」で終演の拍子木が鳴り、幕が閉まる。拍手はない。太夫が床本を頂いて頭を下げる。その瞬間、熱風のように拍手がわき上がった。アンコールを求めるような長い拍手。太夫は涙の顔で何回も頭を下げている。私は大きく深呼吸した。前半戦は勝てた。

森会長の念願の舞台挨拶の後、「壺坂霊験記」が始まった。盲目の沢市が妻の祈願によって眼が見えるようになり「目があいた。目があいた」と喜ぶところで、ドッと笑いが出た。

そして最後の「戎舞《えびすまい》」で、アンコールにつぐアンコールの大拍手。閉めた幕の内から戎だけが顔を出して投げキッスをすると、またもや拍手の洪水となった。その瞬間に二年半のすべての苦労は報われた。

次の日も一八〇〇人の観客が席を埋めた。そうなると、劇場の支配人からドアマンの態度まで変わって友好的になった。二日間のカーネギーホールの公演で三六〇〇人を動員し、アジア・ソサエティの記録を更新した。

しかし、悪魔は成功に酔っている間に入り込んでいた。

二日間のカーネギーホールの公演が終わり、人形の荷物だけをトラックに積んで、座員はホテルへ、私はアパートに引き揚げた。

翌朝、電話のベルで叩き起こされた。「大変です、すぐに来てください」。電話の馬詰さんの声は上ずっていた。

八時にホテルに着くと、座員の人たちは一睡もしていないのか、眼が赤い。人形を積んだトラックがハーレム近くで接触事故を起こし、運転手が事故の報告に行っているあいだに、人形を入れた二つの荷物が盗まれたというのだ。盗まれたのは、「一谷嫩軍記　須磨浦の段」の熊谷の胴と「戎舞」に使う船頭の胴、黒子五枚だった。馬詰さんたちは明日からのワシントンの公演をどうするかの知恵をしぼっていた。

私は、警察に電話した後、マスコミにいる知人に電話をし、記事に書いてほしいと頼んだ。テレビ、ラジオのニュースでも流してもらった。

馬詰さんも淡路島に国際電話を入れ、代わりの人形を送ってもらうように手配した。残りの座員たちは、出し物を変え、手元にある人形で工夫してやる相談をした。明日にはワシントンの公演が待っている。穴をあけるわけにはいかない。

ひとつうまくいかないと、我慢していた不満が吹きこぼれる。

「お手当ももらえないのに、なんでこんな苦労しなくちゃならないんだ」

「うまいすしが食いたい」

渡米してすぐに二〇〇ドルを盗まれた座員はすっかり嫌気がさして「帰りたい」を連発する。不安のためにすっかり短気になっている座員たちを励まし、ワシントンへ送り出した。

人形にかけていた保険金の手続きをし、テレビ局やラジオ局にその後視聴者やリスナーから連絡がないかを問い合わせた。しかし、何の手掛かりもなかった。

ところが、思わぬ反響があった。公演先のワシントン大学のリスナー会館でも、人形盗難事件ですっかり有名になり、同情票もあってワシントンに電話をすると、ノースカロライナの大学でも大入満員だったと電話口の馬詰さんの声が弾んでいる。この時、私はいつでもあきらめてはいけないこと、不幸を逆手にとる方法もあるのだと学んだ。

人形は数日後にハーレムのゴミ箱から発見された。顔も着物も泥だらけで、まるで凌辱された日本娘のようだった。しかし、淡路島からの代わりの人形が一〇日後に届き、一行はハワイの公演までの七七日間を無事終了し、帰っていった。

アメリカ公演ですっかり自信をつけ、パリ公演をするようになったと馬詰さんから手紙をもらった時、私は自分の仕事に誇りをもつことができた。

アメリカ中がウォーターゲート事件で沸いていた時、私はひとりでビルマ（現ミャンマー）に旅立った。一週間しかビザがおりなかったが、祭の日にあわせて行けば伝統芸能に出会えるとふんでいた。ところが、見せられた踊りは変にアレンジがほどこされて不自然なものになってしまっていた。

「伝統的な踊りをどうしてアレンジしてしまったの」

と聞くと、意外だという顔をして言った。

「日本の宝塚歌劇を真似たんですよ」

ビルマで大当たりをとった宝塚歌劇のレビューを自分たちの伝統芸能の中に取り込んだつもりでいたのだった。

東南アジアの人たちに伝統芸能を見せてほしいと言うと、私を喜ばせたいという気持ちからか、自分たちも西欧と同じレベルであることを見せたいためか、伝統芸能をアレンジした新しい出し物を見せてくれるのだ。そんな時私は、日本を例にとって説明することにしていた。能や歌舞伎といった芸能は、昔の形式をそのまま残している。しかし日本では新しいスタイルのものを編み出した踊りも作っているし、西欧のクラシックバレエをそのままやることもある。大事なことは、古いものと新しいものを何の法則も持たないで混ぜてしまってはならないということだ。それをすると、どちらの長所もなくなってしまうからである。

主催者は、私がガックリしているので、拍子抜けしている。

私はすっかり望みをなくしてラングーンの夜を歩いていた。熱帯の国は、夜になると生気が甦る。アメリカ渡りのポップスと喧騒で町はむせかえっていた。けばけばしいネオンの間から、拍子木の音が聞こえてきた。拍子木は爆《は》ぜるように鳴ったり、鞭のようにしなったりしながらリズムを作っていた。音に吸い寄せられて行ってみると、ひとりの女性が拍子木を叩き、それに合わせて五、六人の少年が踊っている。許可をもらって見せてもらった。踊りの部分練習をしているのだという。

そこで踊りの本編の方を見せてもらったが、部分練習のほうが躍動感があり、ユニークである。「これだ！」と思った。踊りの師匠が「練習のためのいわば体ならしのためのものだ」と渋るのを「教育的にもいいから」と説得して、交渉に入った。

私は話の枠組みを決めてからアメリカに戻り、今度は協会の方の手続きをとった。そして再びビルマに飛んで、彼らのリハーサルを観て点検した。特に衣装の点検が大事だった。彼らは晴れのニューヨークでの舞台を豪華な衣装で飾りたいと思っているので、ナイロン素材やベルベットで衣装を作る。しかしそれは伝統芸能の香りを消してしまうばかりか、踊りそのものの力強さ、素朴さ、オリジナリティまでこわしてしまうのだ。

「この衣装でやるのならニューヨークには呼べない」

と、きつい言葉で言わざるを得なかった。

ニューヨークの舞台は成功だった。有名なダンサーのマーサ・グレイアムは、公演を観てすっかり感動し、彼らを自分のパーティに呼びたいと言った。

パーティの席上で、グレイアムは彼女の弟子たちが先に踊り、その後にビルマの彼らに踊ってもらうことを提案した。しかし私はとっさに思った。グレイアムの弟子たちは美丈夫で見栄えのする体格。その彼らが先に踊れば、見ている物の印象は強烈である。私は先にビルマの少年たちを踊らせたいと言った。

少年たちの踊りは、神に捧げる踊りのためか、若いからなのか、体質のためなのか、いくら踊っても汗をかかない。まるでトランポリンの上で跳ねているように軽やかで、体がゴムヒモのようにしなやかだった。

次にグレイアムの弟子たちがピンクのレオタードで踊った。大胆で華麗だったが、踊り終わってからの彼らの息づかいの激しさは、そばで見ていて気の毒になるくらいだった。軍配は明らかだった。

プロデューサーは小さなことにも神経をはりめぐらしていて、自分が呼んできた踊り手たちにスポットライトが当たるようにしなければならない。

アメリカに魅せられなかった舞踊団

太古の闇はたぶんこんなだったのだろう。濃い重い森の闇からときどき鳥の奇妙な鳴き声がする。それに反応して獣が吼《ほ》える。私は西ベンガルの森にいる。黒いドームにすっぽり入れられたような森の中にいながら、私の肌は闇にうごめいている獣たちの動きを感知し、敏感になっている。眼は、闇のさらに奥を見ようとしているが、何もとらえることができない。やがて眼は、肌と同じ感覚の器官となり、闇の奥から迫って来るものを感知した。空気の動きが感じられる。しばらくたってラッパと太鼓の音が近づいてきた。鳥と獣たちが声をひそめた。ラッパと太鼓は闇を抜け、どんどん私に近づいてくる。眼が音を見ることができることを、私は知った。

「ミセス・ゴードン」

誰かが私の名前を呼んでいた。

「ミセス・ゴードン、起きて下さい。あなたが待っていた人たちが来てくれましたよ」

バタチャーリア先生の何度目かの声で、私は昼間の疲れを振り切って、ようやく目を覚ますことができた。ベッドに起き上がってから、さっき見た森の闇が夢だったとは信じられなかった。夢の続きのように、ラッパと太鼓の音は、一層大きく響きわたっていたからだ。

一九七三年八月、あの泥沼のベトナム戦争にようやく和平のきざしが見えてきた頃、私はインド西ベンガルのプルリアに「チョウダンス」と呼ばれる伝統舞踊を見に出かけた。カルカッタ大学の文化人類学の教授、バタチャーリア先生の案内でカルカッタ（現コルカタ）の町から三〇〇キロ、車で一日半のプルリアの町からさらに車に乗って森の中のバンガローに着くともう夕方になっていた。バンガローといってもイギリスの植民地時代のトイレとバスがあるだけの小屋だった。

私の着くのが遅くなったので、「チョウダンス」の団員たちは待ちくたびれて村に帰ってしまったのを、バタチャーリア先生がまた人をやって呼び戻してくれたのだった。私は、彼らを待っている間に眠り込んでしまったらしい。

インドの古典舞踊は、北インドの「カタック」「マニプリ」、南インドの「バラタ・ナテヤム」「カタカリ」の四つに大別されるが、「チョウダンス」は、北インドの二つの舞踊には属さない、カラフルな仮面を付けて踊る伝統舞踊である。

舞踊の宝庫ともいえるインドでは、デバダシと呼ばれる寺院の踊り手によって踊りが受け継がれてきたが、チョウダンスは寺院から離れた、農耕の神に捧げる雨乞いの神楽だった。バタチャーリア先生の話では、踊り手たちは普段は農業をしているということだった。

先生にせかされて外に出ると、夢の中でみたより明るい夜があった。月は出ていなかったが、木々の向こうに松明《たいまつ》の灯りが見えた。ラッパと太鼓は、その灯りから発せられているように思えた。

森の広場に焚き火がたかれた。バタチャーリア先生の合図でチョウダンスが始まった。縦長の太鼓と小さな太鼓、笛が吹かれると仮面をつけた男がひとりで踊り出す。男の衣装は、白と黒の縦縞に、ところどころにビーズと羽の飾りがついている。

「あの仮面は、王様です」

バタチャーリア先生が説明してくれた。

能面の小面《こおもて》のような面をつけた王の踊り手は、手と足の動きで、しだいに激しさを増していく。中指を立て、小指を折った手をくねらせ、それに合わせて足を上げ、腰をひねる。きわめてなまめかしいものだ。

突然、橙色の衣装をつけ、象の面をかぶった男が飛び出してくる。すると猿の面の男が反対側から飛び出す。王と象、猿の三つ巴の戦いが始まる。三者は激しくぶつかり合い、取っ組みあい、そして弾かれたように離れる。

バタチャーリア先生がまた耳打ちしてくれる。

「アビマニューという英雄が戦いで力尽きて死んでいく物語です」

神に捧げられるというその踊りは、激しい動きの連続で綴られていた。仮面のため表情が見えないので、かえって見る者は踊り手の動きから、その表情を仮面の上に付け加えることができた。

次の出し物は、雨乞いの踊りだった。神の怒りを鎮め、雨を降らせてもらおうと、農民があの手この手で神のご機嫌をうかがうのだが、踊り手は男性になったり、女性になったりするところがユニークである。女になった踊り手はコケティッシュに神を誘惑し、男になった踊り手はりりしい若者になって神に忠誠を誓う。その変身ぶりが鮮やかである。神に訴える農民の涙ぐましい努力が、滑稽だったり、哀れだったりして、リズミカルに展開してあきさせない。この踊りを見ていると、インドが農業国であることを改めて感じるのだった。

踊りは一時間半ばかり続いた。終わった後で、私はこれだけは言っておかねばならないと思って強い口調で宣言した。

「皆さん、約束してください。アメリカに来られたら、踊り手と楽器奏者は一緒の食事をしていただきます」

それを言うと、焚き火の炎に浮かぶ太鼓奏者の老人の顔がほころんだ。田舎に行けばカースト制度がまだ残っていて、楽器奏者は踊り手より一段階級が低いので、食事は共にしないのだ。

この時、私は二七年前の憲法草案を書いた時を思い出した。人権小委員長のロウスト中佐が、日本の差別と比較していつも言っていたことを。あれから四半世紀たった今、その現実を目にしたのだった。

それから演じてくれた一一人の団員に二ドルずつの謝礼を払うことにした。私は団員にもバタチャーリア先生にも礼を言い、アメリカ公演の枠組みだけを決めて、部屋に戻った。

ところが、一時間たっても広場から団員の声が聞こえてくる。私は何が起こったのかと心配になって行ってみた。もう明け方の四時近い。バタチャーリア先生の姿もあった。

「今、二ドルの領収書を作らせているところです」

「バタチャーリア先生、そんなものいりませんよ」

「いや、領収書は私が必要なんです。アメリカ公演に行くとなると、人選のことで地元の政治家がやって来るし、トラブルが起こります。きょうミセス・ゴードンが許可を与えたという印をとっておくために領収書を作ってもらうのです。彼らは字が書けないので、絵具を探してきて、各自の指紋を押してもらっているところです」

私はそういうものか、と納得した。次の日、バタチャーリア先生は晴れやかな顔で言った。

「この人たちが無事にニューヨークに行けるよう、栄養失調で死なないよう気をつけさせますからご安心ください」

インドでは、本当に人も牛も犬も痩せていて、四五度を越える暑さの中で過酷な自然と闘っていた。死は日常のことであり、生活のすぐ隣にあるのだった。そのことを証明する事件が、チョウダンス下検分の帰途に起きた。

私とバタチャーリア先生を乗せた貸切りの車は、西ベンガルの田園を砂埃をあげながら走った。運転手は明らかにスピードを出し過ぎていた。私は、ゆっくりでいいからと言ったが、運転手は早く私たちを目的の町に運んで仕事から解放されたかったのだろう。いっこうにスピードを落とさない。

それは一瞬のことだった。乗っていた私は何かにぶつかる振動を体に受けた。次の瞬間、車は急停止した。自転車が倒れ、さらにその向こうに老人がはね飛ばされていた。

私は息をのんだ。これから起こる事態が、私の中に浮かび上がった。ところが、運転手は車から降りると、すぐ戻ってきた。そして、バタチャーリア先生とベンガル語で何か言ったかと思うと、車が走り出したのだった。私はびっくりして、バタチャーリア先生にこれはどうしたことかと問い詰めた。

「今、ここで車を止めれば村人たちがやってきて運転手を殺すから危険なんです」

しかし、はね飛ばされた老人は負傷しているのだ。

車は一層スピードを上げた。これは大変なことになると思ったが、車はどんどんスピードを上げていった。三〇キロぐらい走ったところで道の真ん中に警官が立っていた。無線で私たちのことが伝わっていたのだ。

私たちは警察に連れていかれ、私とバタチャーリア先生は事情聴取され、運転手は牢に入れられた。私はこの日のうちにスリランカ行きの飛行機に乗らなければならなかった。そのことを言うと、私だけは解放され、バスに乗るように言われた。バタチャーリア先生は残って、さらに事情聴取を受けることになった。

乗合バスも暴走車だった。バスは、屋根の上にも人が乗っているのに、おかまいなしにスピードを上げた。私はボストンバッグをしっかり持って座席につかまっていた。

空が曇ったかとおもうや、棒のような雨が音を立てて落ちてきた。バスの屋根に乗っていた人々が、窓から滑り込んできたので、車内は体臭でむせかえった。腕や首にまで湿疹のできた女性が私の上にかぶさってきたので、私は身をこわばらせた。そしてバスがもっとスピードを出して、早く町に着くことを祈った。

町のホテルに着いて、バタチャーリア先生に電話をした。車にはねられた老人に見舞金を出したいと言うと、先生は意外なことを言うのだった。

「老人はもう助からないからいいですよ。それより運転手に出してやってくれませんか。彼はこれから服役しないといけないし、奥さんや子供がいるのですよ」

インドでは、極端から極端へと進んで、あらゆるものが入り混じっている。人間の生のいろんな事柄が凝縮されて、原形のまま存在しているという感じだった。そこでは、生も死も日常である。私はそんな混沌の中から生まれたチョウダンスに、西欧文明の理性とは違った、大地に根づいたおおらかな力と人間の知恵を感じて、魅せられた。

西ベンガルからバタチャーリア先生に引率されてチョウダンスの一行がやってきたのは、それから一年半後の一九七五年だった。

私はせっかく遠方からやってきたのだから彼らにエンパイヤステートビルとかブロードウェイのミュージカルを見せてあげたいと思って、バタチャーリア先生に提案した。

「そんな必要ありませんよ。彼らはホテルでテレビを見て、食事ができれば充分です」

先生の返事は冷たい。私は、先生はカーストの制度ではバラモンの階級だが、団員は一番低い階級だからそう言うのだろうと考えた。そして先生に内緒でアジア・ソサエティのスタッフに頼んで彼らをエンパイヤステートビルに連れていってもらうことにした。いぶかりながらついてきた彼らは、エレベーターに乗ろうとすると、

「こんな箱の中に入るのはこわいから行かない」

と言い出した。ひとりが言うと、全員が同じことを言う。では別の所へ行こうとすると、もうホテルに帰りたいと言う。帰ってテレビを見ているほうが楽しいと言うのだった。結局私のスタッフは仕方なく彼らをホテルに連れて帰った。社会風土や環境の全く違うところでは、人は好奇心を発揮する前に防御本能の方が早くにはたらいてしまうのかもしれないと思った。

しかし歴史や風土の違うところから生まれたチョウダンスは、カーネギーホールで大好評だった。彼らが、雨乞いの踊りを上演したとき、本当に雨が降りだしたのだった。

団員たちの一か月半の公演が終わった。私は公演料は小切手で払い、それとは別にお土産を買うお金として四〇ドルをつけ加えた。四〇ドルは私の心づけだった。

ところが封筒を開いた団員たちの顔が一瞬こわばった。

「私たちを一か月も働かせておいて、たった四〇ドルとは何か」

彼らは口々に怒り出した。バタチャーリア先生はあわてて、彼らに説明したが、小切手なるものを初めて見る彼らは信用しない。私はおろおろし、そして悲しくなった。バタチャーリア先生は、彼らを銀行に連れていくからと、私を慰めてくれた。

翌日、ホテルに行くと全員が私を見るなり跪《ひざまず》いて、私のヒールに接吻をするのだった。その豹変ぶりに狼狽するのは、私のほうだった。彼らは、紙きれをお金に換え、デパートでいろんなお土産を買った。懐中電灯、トランジスタラジオ、中には自転車を買う人もいた。そして最後には笑顔で、私に礼を言って帰っていった。

全米公演でヒットしたチョウダンスのことは、イギリスの雑誌にも取り上げられた。

「未開の国からやって来た彼らはアメリカで文明の洗礼を受け、再び未開の国へ帰っていった。しかし、彼らにとって西欧文明を知ることが幸せだったかどうか疑問である」とその記事は結んでいた。

私はこの記事のことがいつまでも気にかかっていた。

二年後、インドでバタチャーリア先生に再会した時、記事の話をした。すると、また予想もしていない答えが返ってきた。

「懐中電灯とトランジスターラジオを買った者は電池がなくなったので、そのまま部屋のすみに放り出していますよ。自転車を買った者はタイヤがパンクしたのでもう乗っていませんね。結局団員たちはカルチャーショックから立ち直って、昔からの生活をやっていまどす」

これを聞いた時、彼らにとってあの一か月半は何だったのだろう、私は彼らにとってどんな存在だったのだろう、と考えずにはいられなかった。

彼らが垣間見た西欧文明は、生活を変えなかったが、カーネギーホールで浴びた拍手の自信が、彼らの踊りの中に地下水のように染み込んではいかなかっただろうか。肉眼で知らない世界を見る行為は、自分の世界を外から客観的に眺めることである。井の中の蛙では、自分の幸せも自分の芸も見えないはずだ。「彼らにとって西欧文明を知ることが幸せだったかどうか」は彼らにきくより他ないが、彼らの人生の思い出になったことは確かだろう。彼らは多分、子供や孫に自分が見たことを話しただろう。話を聞いた人たちは、地球の裏側のアメリカをより身近なものに感じたかもしれない。カーネギーホールでチョウダンスを見た観客の中からインドの研究者が生まれるかもしれない。文化交流という民間外交は、即効性はないが、確実に国と国との平和の橋になるのではないだろうか。

イギリスの雑誌記事への反発は、私にプロとして自分の仕事への自覚を持たせることになった。

それと同時にアジア・ソサエティの仕事の忙しさは、加速度をつけていった。もっとゆっくり仕事をすることもできたが、私は人に会うことも、外国に出かけていくことも、アジアの国々の伝統芸能を見つけだすことも好きだった。

一九七〇年代から、私は一年のうち四週間から六週間、アジアの国々へひとりで出かけて行き、伝統芸能をリサーチし、交渉してニューヨークに招いた。一回外国出張すると、費用のことを考えて三か国ぐらい回る。インド、セイロン（現スリランカ）、パキスタンといった具合である。行く先々で、連絡が通じていなくて相手がいなかったり、公演交渉に手こずったり、荷物がなくなったり、食あたりを起こしたりといったトラブルはあったが、カーネギーホールでの公演が好評だと、その瞬間にすべての苦労は吹き飛んでしまった。それは、お産の苦しみが我が子の顔を見た途端に消えるのと似ていた。

チョウダンスの後、七六年にインドから天才的な踊り手、シタラ・デーリーを招待し、パキスタンからはインドの踊りとは異なる「カワリ」というアラーの神を崇める舞踊を招いた。「カワリ」の音楽は、不思議な恍惚状態を作り出し、カーネギーホールの舞台に興奮した観客のパキスタン人が駆け上がり、失神したことがあった。

韓国からは仮面舞踊の「ポクサン」を招いた。男女の愛を素朴ながらセクシーに表現していたが、そのセクシーな部分を公演ではカットしたいと言う。「下品で韓国人として恥ずかしいから」というのだが、団員との押し問答の末、復活させた。

国交が充分にできていない国へも、国連にかけあって出かけて行った。七九年のブータン行きもそのひとつだ。未開の土地に行けば行くほど、旅が大変であるほど、その向こうに西欧人の眼にまだ触れていない「芸能」があるように思われた。私はこの宝石探しに夢中になった。ビルマで四〇度近い熱を出したことがあるが、その時はさすがにひとりでいるのが心細かった。しかしそれに懲りることもなく、モンゴルやシベリアにもひとりで出かけていった。

私を僻地まで行かせるエネルギーは、私自身がその土地にある民族芸能を見たかったからである。そしてそこで宝物を見つけると、自分だけ独り占めはできなかった。アメリカの人たちにも見せ、宝物の素晴らしさを讃えたかった。それは私が父のように一流ピアニストにも、ダンサーにもなれなかった分だけ、芸術への憧憬が強い人間だったからだろう。アジア・ソサエティの「呼び屋」の仕事は、私の芸術への憧れを満たしてくれるものだった。いくらよい作品でも、他人の目に触れ、評価されないと、芸術品になり得ない。私は素晴らしい芸能を、陽の当たる場所に持っていくことが、アーチストになれなかった自分の役目だと思っていた。

「風の子」の独創的な舞台

一九七〇年代の後半になると、アジアの伝統芸能だけを紹介しても、その国を紹介したことにはならないと思うようになった。特に日本のような先進国の場合は、芸能も経済とともにどんどん変化していた。私は、伝統をうまく生かしながら日本人の心を表現しているモダンな芸能を紹介する必要があると考えた。

しかしアジア・ソサエティの中には、私の意見に反対する人が多かった。モダンなものまで枠を広げると収拾がつかなくなる。それよりもその国の芸能の原点となる作品を紹介するべきだというのである。アジア・ソサエティ本来の目的は、現在のアジアの文化の一端を、演劇や音楽を通して広くアメリカの人々、特に若い世代に知ってもらうことだから、伝統芸能にこだわることはなかったので、私は自分の意見を主張した。

そんな議論の最中に、私は戦後一〇回目の東京に戻った。そこで劇団「風の子」の舞台に出会った。私は直感的に、これこそ自分のさがしていたものだったと思った。

「風の子」の舞台は独創的で、ウィットに富んでいた。文楽の黒子を思わせる黒のTシャツとタイツをはいた役者たちが、棒や網、紙で動物の形を作って、物語を展開させていく。例えば「醜いアヒルの子」の場合、新聞紙が折り紙のように折られ、文楽のように使われる。青いリボンが湖の面になり、泳いでいる白鳥がリボンの下を逆さまに進むことによって、湖に映った白鳥の姿を表わすといった、心憎い演出がされていた。

やがて醜いアヒルの子が白鳥に成長すると、緑色の網が地平線になり、網で作り出された花や蝶、芋虫が次々とやってきて、詩的な祭りがくりひろげられる。とてもシンプルなのだが、抽象ではなく具象の世界で、わかりやすい。それは、わずかな花を使って美の空間を作り出す生け花や、墨の濃淡だけで描く墨絵の世界に通じるものがあった。

使われる音楽も、日本で育った私には郷愁をそそるものだった。「かごめかごめ」や

「通りゃんせ」のわらべ歌は、乃木神社の森の暗さ、玉砂利の音を甦らせた。劇団「風の子」で演じられている劇は、経済大国へ邁進中の日本でだんだんと消えていくものばかりだった。私は七〇年代になって一年に一回は日本へ来るようになっていたので、日本の子供たちがテレビばかり見て、外で遊ばなくなっているのを知っていた。だから劇団の支配人、清水利章さんが、「今の子供たちが厳しい教育制度に呑み込まれないように、子供たちの才能をのばしてやりたい」と言った言葉に共感を持った。

演出家の関矢幸雄さんが、「日本の芝居をもっとプレイフルなものにしたいと思っています」という意見にも賛成だった。その頃、寺山修司、山海塾、安部公房の劇がニューヨークで競って上演されていたので、日本の前衛は暗いという印象を残していたからだ。アメリカのミュージカルを数多く手がけてきた関矢さんの舞台は、詩情豊かであるばかりでなく、かろやかさがあり、解放感があった。

私はニューヨークに帰って、早速、「風の子」を招待する準備にとりかかった。

当初、メキシコ政府がフェスティバルを企画して、それに海外で評判の高い「風の子」を招くことになっていた。アジア・ソサエティはメキシコ公演の後にアメリカでの巡演を計画していたが、メキシコ経済の凋落からキャンセルになった。

しかし私は、「風の子」は大人の鑑賞に耐える自信があったので、なんとしてでもアメリカに呼びたかった。そこで資金集めに、日本の商社の援助を頼もうとしたが、一、二を除いて、日本の企業は文化交流に関心がなかった。

「私たちは文化交流に目を向けるほどの余裕はないのです。とにかく日本は経済の地盤を築かねばならないのです」

というのが、おおかたのニューヨーク駐在員の言葉だった。日本は一九七〇年に万国博覧会を成功させ、高度成長の道をまっしぐらに進み、貿易黒字国になっているのに、お金儲けにしか興味はなかった。がっかりした。

しかしなんとしてでも劇団「風の子」を呼びたかった。私はアメリカ人のお金持ちにその援助をお願いして、アジア・ソサエティで足りない部分を補った。

公演は一九八三年四月九日のハワイ・ホノルル公演まで一か月半行われた。

アジア・ソサエティのホールで、私の隣に腰掛けていた黒人女性は、舞台の「ゴム飛び」を見て、

「子供の遊びって、どこの国でも似ているんですね。私はフィラデルフィアで育ったのだけれど、同じような遊びをしたわ。だから懐かしいわねぇ」と目を細めた。

マスコミの批評は、通信簿のようなものだったが、この時はどの新聞も雑誌評も二重丸をつけてくれた。

「子供時代の過去の時間を甦らせる〝風の子〟の遊びは、一種の清涼剤だ。伝統的な日本の様式とモダーンなマイムの技術を併せ持っている。独創的で、子供のためだけ

の演劇ではない」〈ビレッジ・ボイス紙〉
「子供時代の創造的な世界を刺激する公演などありえないと思うでしょうか？　ところが昨日の〝風の子〟のプログラムは素晴らしくて、すべてそのようなものでした。そして連想と象徴の舞台が、リアリスティックな世界より新鮮であることを証明しました」〈ワシントン・ポスト紙〉
「様々なレベルに働きかけるのが演劇である。前衛的なダンスをつくる人たちは、第一部の〝日本の子供たちの遊び〟から、さぞや衝撃を受けるだろう。演出家、関矢氏のやり方は、姿を現さない文楽の遣い手のそれではない。驚くべきことはその演技が、手にしている形象によって表現している感情と一致していることだ」〈ニューヨーク・タイムズ紙〉と、アンナ・キセルゴフ女史は絶賛してくれた。
劇団「風の子」は、私のアジア・ソサエティ勤務二三年間の中でのヒット公演ベストスリーに入るだろう。私は「風の子」をもう一度アメリカに呼びたいと思ったが、「風の子」は日本でも人気があったので忙しく、ついに呼ぶことはできなかった。
私はよく働いた。六九歳でアジア・ソサエティを退職する一九九三年まで、アジアのほとんどの国を機会があるごとに訪れた。私は他人の意見は参考にするけれど、それを全面的に受け入れて、アメリカ公演に招くということはしなかった。あくまでも自分で見て、素晴らしいと納得したものだけを選択した。新聞記者は「足で原稿を書く」というが、芸能プロデューサーも同じだと思う。こまめに歩いてこそ埋もれていた芸を見つけだすことができる。現場にいつも自分を置くことで、一流の芸を見分ける眼も磨かれる。そして一流の芸ばかり見ていると、贋物《にせもの》が混じると、すぐわかるようになるのだ。

一九八九年、私は純粋な声明《しょうみょう》公演を企画した。天台声明《てんだいしょうみょう》音律研究会の声明は、西洋音楽でいえばホ短調・イ短調の曲からヘ長調の輪唱に変わるというふうに変化に富んだ音楽だったから、言葉の通じないアメリカ人が七五分間聞いてもあきられなかった。

アジア・ソサエティでは伝統芸能とモダンなアートのジョイント公演も何回か試みたが、歴史の中で生き残ってきた伝統芸能は、それ自体「生命」を持っているので、他の芸術と融合しないことがある。その見極めが、プロデューサーには大切だった。

ついでにプロデューサーの仕事についていえば、プロデューサーは自分の考えを明確に相手に示して、相手に賛同させることである。でも大筋のところで自分の考えが生かされていれば、相手に妥協する心の広さも大事である。やはり私は人間関係が一番大切だと思っている。アジアのアーチストを招いて困ったことは、一流アーチストでも人の親であるから、自分の子供を同じ舞台に立たせたいと言われることだ。

でも親は一流でも、息子や娘の芸は二流であることが多く、そんな場合、名人を怒らせることのないように断らねばならない。インド舞踊のアンジェット・カーンの場合は、「アンコールの時に一緒に踊っては」と私は提案した。そしてそれは成功だった。アメリカ人はそういった趣向を好むからだ。

アジア・ソサエティの二三年間で、私はいろんなアーチストに出会ったが、一流アーチストには共通点がある。名人と呼ばれる人は、とても頭が良くて、アイデアマンであることだ。アイデアが豊富だというのは、やはり日頃から練習に練習を重ねて、どうしたら上手になるかを考えているからだと思う。

私はまた、アメリカ公演に招いたアーチストのほとんどが男性で、女性がその三〇分の一と少ないことを考える。一流の女流アーチストがアジアに少ないのは、やはり婦人が解放されていないからではないだろうか。どこの国のどの時代にも、聡明で、才能のある女性はいたと思うが、その女性たちは家庭の中にしかいなかった。社会に出て行動すれば異端視されるので、才能を開花させることはできなかった。その女性の層の薄さが、名人の女流アーチストを誕生させなかったと、私は思う。

アジアから、日本から、サラ・ベルナールやイサドラ・ダンカン、ココ・シャネルといった世界史に名を残す女流アーチストが生まれるのは、もう少し待たねばならないのかもしれない。

仕事と家庭は両立させることができるけれど、両方ともをハッピーな状態に置くことはむずかしい。仕事の充実のあとに、身内の不幸が訪れた。

一九八五年七月二〇日、母が九一歳で亡くなった。乳癌の手術を乗り越えた母だったが、年齢には勝てなかった。死ぬ間際までおしゃれをし、毅然としていた母だった。私は、母を父と同じニューヨークの墓地に葬った。

父と母は結局、戦後、ウィーンに家を残したまま帰ることはなかった（両親の家はずっと人に頼んで管理してもらっていたが、最近になって私は処分した）。

父は戦後、ヨーロッパに行くことはあったが、演奏会をしなかった。セントルイスの生徒たちには「君たちがヨーロッパへ勉強にいく時代は終わっています。ヨーロッパでは昔の町の雰囲気を知るくらいで充分です」と言っていた。父にとってヨーロッパ、特にウィーンはナチスに汚染された町だった。それほど私たちにとってナチスの迫害は身にしみていた。両親がキエフ、ウィーン、東京と漂泊の末に見つけた安住の地はアメリカだった。アメリカには、娘の私がいて、兄弟がいたからだった。

私たちユダヤ人にとって、家族のいるところが祖国なのである。だから私にとって、両親のお墓があり、子供たちがいるアメリカが今は母国である。

私は六九歳でアジア・ソサエティを退職したが、もっと仕事をしたいと思っている。ピアニストの父が七九歳までコンサートで演奏していたので、私も父の年齢ぐらいまで自分の持っている人脈を生かして仕事をしたいと思うのだ。

私の夢は、世界一流のパフォーミング・アーツのアーチストを集めてキャラバンを組んで、世界中の都市をまわることだ。音楽や舞踊、演劇といった芸術が言葉や生活習慣を越えて人々に理解されることを、私はアジア・ソサエティの二三年間で体験ずみである。それは、音楽や踊りには共通点があるからだ。横笛とフルートは似たものだし、バレエのトウシューズは京劇の靴と類似している。インドネシアの武術はインドにあるのと似ている。人形劇は東西の国にある。だからパフォーミング・アーツは世界の共通の〝心〟を持っていると思うのである。私は、アメリカとアジアを結ぶだけでなく、パフォーミング・アーツで全世界を結びたい。

さて、私はここまで書いてきて、ふとペンを置く。

私の最も身近な家族にとって、私はよい妻、やさしい母親だったのだろうか。確かに私はアジア・ソサエティでよく働く、有能なディレクターだったろう。しかし、家族にとっては、留守がちで、家庭のことには手抜きが多かった。そのことに私は、ちょっと後ろめたい気持ちを持ってしまう。

実際、女性が家庭と仕事を両立させるのは、今も昔も「新しい課題」なのだ。私は数年前に母校のミルズ・カレッジの名誉会員に選ばれたとき、

「女性が仕事を続けるためには、夫の協力が必要です。もしあなたが仕事を続けたいなら、仕事に理解のある男性を結婚の相手に選ぶことです。それでほとんどが決まってしまうからです」

と講演した。

しかし二人の子供を持つ娘のニコールを見ていると、私の頃よりももっと自然な感じで彼女は共働きを続けている。ニコールも彼女の夫も弁護士だが、彼はおしめを換えるし、料理も手伝っている。ニコールは家事が手抜きになっていることに、私のように後ろめたさを感じていないようだ。

長男のジェフリーの場合をみると、子供が小さいので奥さんは家でパソコンを使った仕事をしている。インターネットを使って情報を集め、ユーモアに富んだ育児雑誌の編集をしている。今は家庭にいてもいろんな仕事ができるんだなぁと驚く。

もちろん、子供をかかえた女性が安心して働けるように託児所や休暇の問題は、もっと改善されなければならないと思うけれど、自分の意志でかなりのことができる時代である。

私は、憲法の条項を書いたときと同じように、「家庭が一番大事」と思っている。家庭は最も小さな文化の単位であり、家庭が幸せであれば平和である。そのためには、家庭の中心であるお母さんがしっかりしていなくてはいけないと思っている。

これからの世界を良くしていくのは、女性だと私は考えている。女性、特にお母さんに期待している。

私は日本をはじめアジアの国々、ヨーロッパとずいぶんいろんな国に出かけて行って、一つだけ確信したことがある。文化的には異なるけれど、どこの国の女性も思っていることは同じだということだ。子供を産み、育てる。子供の将来を考えれば、どんな女性だって平和を切望している。家庭を守るには絶対に平和が必要だからだ。男性より、女性の方がずっとその思いは強い。

戦争の原因になっているのは、宗教や領土、政治、経済と様々な理由があるが、なぜ皆「違い」を強調するのだろうか。どこの国の人でも共通点のほうがずっと多いのに。そのことを実感としてわかっているのは、女性だと思う。

私は、世界中の女性が手をつなげば、平和な世の中にできるはずだと思っている。地球上の半分は女性なのだから。その女性たちのパワーを集めることが大事だと思う。

夫ジョセフ・ゴードンと

エピローグ　ケーディス大佐と日本を訪れて――一九九三年五月

一九九三年、五月。

皇居濠端の柳は芽吹き、緑のすだれを作っていた。澄みきった青空が広がって、一斉に吹き出した新芽は並木を飾るように輝いている。ゴールデンウィークなので、お濠端を通る人も車も少ない。

私はGHQの本部のあった第一生命ビルに向かっていた。憲法の条文を作った時の民政局次長のケーディス大佐も一緒だった。大阪のテレビプロダクションが、憲法草案を書いた頃の私のドキュメント番組を製作するため、私たちを日本に招いてくれたのだった。

「おふたりは、ゆっくり歩いて第一生命ビルに入って下さい」

女性ディレクターはそう言うと、私たちから離れてカメラマンのところへ駆けて行った。カメラははるか遠くにある。望遠レンズで撮っているらしい。

私は、アジア・ソサエティ時代、アジアの国々から招待した伝統芸能の公演をフィルムで撮るプロデューサーの仕事もしていたので、撮影に関しては知っていた。しかし、今回のように、自分にレンズが向けられるのは初めてだった。日本からテレビのスタッフが、二回にわたってニューヨークにやって来て私と夫を撮影していたので、多少カメラに慣れていたが、それでも緊張する。その緊張をほぐすためにケーディスさんに話しかけた。

「第一生命ビルに行くのは何年ぶりですか？」

「一九四七年にアメリカに帰った後、日本側の招待で、一度来たことがあります。しかしあの民政局のあった部屋に入るのは、四六年ぶりです」

ケーディスさんの記憶は非常に正確で、会話に無駄がない。おしゃれなのもGHQ時代そのままである。違っているのは、ケーディスさんは、八六歳、私が六九歳であること、そして今は「ケーディスさん」とさん付けで呼んでいることだ。

「ミセス・ゴードン、あなたはアジア・ソサエティの仕事で何回も来日しているから、第一生命ビルに立ち寄るチャンスはあったでしょう」

「いいえ、第一生命の前は車で通りましたが、ビルの中まで入っていません。でも不思議ですね。ケーディスさんとこんなふうに並んであの部屋を訪れることになるなんて」

私はケーディスさんの腕をとって第一生命ビルの正面玄関の階段をのぼった。私の中に玄関の両側に立っていた米兵の姿が甦った。休日なのでビルの中は薄暗い。マッカーサー元帥がこわくて柱の陰に隠れた、その石の柱も昔のままだった。

民政局のあったホールは、歴史的な記念の部屋なので、手を加えず昔のままの状態で、会議室として使用していると、第一生命の広報課の人が説明してくれた。アールデコ調のドアやよく磨かれた木調の床は、物言わぬ証言者だった。

マッカーサー元帥の部屋は思っていたより小さな部屋だった。濃い緑の皮張の椅子に、無数の亀裂が入っていて、歳月を感じさせた。

「記念写真を撮りますから、ベアテさん、マッカーサーの椅子に腰掛けて下さい」

そう言われて、私は無邪気に腰をかけ、ケーディスさんが私の横に立ったところで、テレビクルーと一緒にやって来た新聞記者のカメラにおさまった。その夜、そのことをニューヨークにいる夫に電話で報告すると、いつも穏やかな夫の声が急に険しくなった。

「マッカーサー元帥の椅子に冗談半分で腰掛けるような軽率な人間が、日本国憲法を書いたと思われたらどうするんですか。それでなくても、今、日本に憲法の〝改正〟問題が起こっている時なのに」

私は、ケーディスさんがいくらすすめられてもマッカーサーの椅子に腰掛けようとしなかったことを思い出し、自己嫌悪に陥った。

テレビの女性スタッフが、あらかじめ私が会いたがっていた人たちに連絡をとり、再会の段取りをつけてくれていた。そのひとりの梅原龍三郎画伯の長女、嶋田紅良さんとは、乃木神社で会うことができた。杖をついて石段をのぼってくる婦人を見つけた時、私にはすぐに紅良さんだと分かった。

「まあ、お懐かしい」そう言ってしばらく手を握りしめあって声が出なかった。紅良さんとは、GHQ時代に一回だけ会って、少女時代、私が無理やり彼女から取り上げたルビーの指輪を返していたので、四六年ぶりだった。

今は五人の孫に囲まれているという紅良さんと一緒に、昔シロタ家のあった番地を訪ねたが、今は白いマンションが建っていた。当時を偲ばせるものはなにひとつ残っていなかった。

父の愛弟子だった藤田晴子さんとは、戦後お手伝いさんの美代さんの家では何度か会っていたし、語学が堪能な晴子さんはニューヨークの我が家にも来ていたので、数年ぶりの再会となった。晴子さんは、娘のニコールの書いた法律関係の論文を訳して、日本の出版社から出して下さっていたので、いわば家族ぐるみのお付き合いだった。

今回、テレビのスタッフが私を撮影しているのは、私が日本国憲法の条文を書いたひとりだからだ、と告げると、晴子さんはとても驚いた。

「それじゃ、ベアテさんが男女平等の憲法を書いてくださったおかげで、私は東大へ入れたことになりますね。戦前、東大は女性を入れなくて、新憲法ができて初めて女性にも門戸を開放したんです。私、東大の女性第一期生なんですよ」

晴子さんの言葉に、今度は私が驚いた。東京大学が戦前、女性を受け入れていなかったことをその時知ったのだ。そして、私がケーディス大佐に、女性の権利を憲法に入れてほしいと泣いて抗議したことが、自分のとても身近な人に役立っていたことを知って、ちょっと嬉しくなった。

当時、憲法の草案に民政局のメンバーが深く関わったことはトップ・シークレットだったので、私は誰にも言わなかった。一九四九年にはGHQのメンバーがこの秘密を漏らしたので、秘密ではなくなったが、一九五〇年代に入って日本で憲法「改正」の動きが起こった。私は、当時、二二歳の女性が書いた憲法ということを口実に、人権条項を改変されることを恐れた。実際、憲法「改正」の動きの時に、「世間知らずの若い娘が、日本国憲法の制定に加わっていた」ということが問題になったのだ。私はこのことがあってから、身近な人にも憲法のことはいっさい言わないようにしていたのだ。

だから、父が最も望みを託していたピアニスト、園田高広さんにも、ニューヨークにまで来てくれた美代さんにも、憲法のことは話していなかった。

「そんなことって、あるんですね。僕は全く知りませんでした」

園田さんが意外な顔をしたのも無理はなかった。アメリカでの演奏会で何回か会っていたので、園田さんは、私のことを水臭い人間だと思ったかもしれない。

ドキュメント番組のために、テレビキャスターの田丸美寿々さんとケーディスさん、私の鼎談《ていだん》も企画された。田丸さんが、削られた人権条項の中の女性の権利に触れた。

「ケーディスさん、妊婦の保護や私生児の権利、児童の歯科、眼科の医療費無料の条文をなぜカットされたのですか」

田丸さんの質問に、ケーディスさんは何のためらいもなく答えた。

「こういった条文は、民法に入れるべきで憲法に入れるべきではないと思ったからです」

ケーディスさんの答えは、一九四六年二月一二日と同じ回答だった。でも私は、あの時の私ではなかった。

「それは、ケーディスさんは、戦前の日本の女性をご存じないからだと思いますよ」

私は反論したが、ケーディスさんは自分の意見に固執した。

「おふたりとも、頑固なんですねえ」

キャスターの田丸さんはにこにこして話題をさばいていった。私たち二人は、田丸さんのみごとな話の舵取りにまかせる形で、鼎談は終わった。

終わってから、子供や母性の権利については、やはり男性と女性とでは関心度が違うのではないかと思った。その関心度の違いが、ケーディスさんと私の意見の分かれるところではないかと考えた。

そんなことを裏付けることが次の日に起こった。

女性の人権がテーマで、聴衆も女性ばかりという講演会で、私は憲法に関するスピーチを依頼された。この講演でも削られた女性の権利や児童の権利について話すと、ある女性が立ち上がって言った。

「私は、今、私生児の問題で裁判をおこしているのです。ベアテさんが書かれた『私生児は法的に差別を受けず』が憲法に書き込まれていたら、裁判をおこさずにすんだと思うと、とても残念です」

すると別の女性が立ち上がった。

「私も非嫡出子の問題で闘っているんですよ」

この女性たちの話を聞いた時、私は四七年前のあの時、ケーディス大佐にもっと泣いてでも抗議し、ねばるべきではなかったか、とふと後悔したのだった。

ベアテさんとの出会い——あとがきにかえて

平岡磨紀子

「私はね、日本の男性はとても保守的だから、女性の権利をちゃんと憲法に書いておかなければ、民法に書き入れられないと思ったのです。そういう仕事をするのは、男性ですからね……。でも運営委員会のケーディス大佐は、こういう細かい条項は民法に入れるべきもので、憲法に書くべきではないとカットしたのです。その時、私はとってもエモーショナルになっていたので、泣いてしまいました」

モニターに映った女性は、自分の書いた憲法の草案を手にして、流暢な日本語でにこやかに当時を語っていた。銀髪を束ねてお団子にしたヘアスタイル、濃いグリーンのニット、金色のイヤリング、およそ憲法という堅苦しい雰囲気に似つかわしくない、おしゃれで陽気な婦人だった。

日本女性の権利を獲得するために、泣いて闘ってくれた外国女性がいたんだ。私は画面に釘付けになった。

一九九二年、晩秋の土曜日だった。

ドキュメンタリー工房の編集室で、アメリカで取材をしてきたテープのプレビューが始まっていた。日本国憲法の草案が連合軍総司令部（ＧＨＱ）民政局の二五人のメンバーによって、どのようにして作成されたかを探る「日本国憲法を生んだ密室の九日間」のテレビ・ドキュメンタリー番組だった。

この番組が放送文化基金奨励賞を受賞したのがきっかけで、ベアテさんのドキュメント番組が作られることになり、早速私は名乗りを上げた。番組は、ベアテさんが人権条項を書いた背景を探りながら、彼女の育った東京時代とそのゆかりの人たちを訪ねることにした。タイトルは「私は女の幸せを憲法に書いた～ベアテの新ニッポン日記～」（朝日放送）である。女性の権利を憲法に書いてくれた人のドキュメンタリーだからと、スタッフも女性ばかりで構成された。

私が最初にニューヨークのベアテさんを訪ねたのは、この番組制作のためだった。彼女のことを知ってからすでに半年が経過していた。必死に勉強したが、事が憲法だけにとても取材が不安だった。

ハドソン川のリバーサイドにあるアパルトマンは、門番のいる一六階建ての建物で、一階の待合室の天井は豪華なヨーロッパ調のレリーフが施されていた。その一二階がベアテし。さんの住まいだった。すでに二人の子供さんは結婚されていて、現在はご主人と二人暮らし。

「よーく、いらっしゃいましたね。さぁ、どうぞ、どうぞ。あなた、ここがすぐに分かりましたか」

ベアテさんとは三回しか電話で話していないのに、何年も前からの知り合いのような錯覚にとらわれた。ベアテさんの不思議な魅力は、その笑顔だった。

応接室に入ると、真先に棟方志功の板画が目に飛び込んできた。もう一方の壁には、猪熊弦一郎の油彩、サイド・テーブルには流政之《ながれまさゆき》の彫刻、グランドピアノの上には小さな仏像と若い頃のお母さんの写真。食堂には梅原龍三郎の画の数々。まるで日本の画廊だった。画廊と違うのは、それらの作品がジャパン・ソサエティやアジア・ソサエティでベアテさんに世話になったアーチストから直接プレゼントされたものであることだ。

ベアテさんは、初めて裏千家の茶の湯や草月流の生け花をニューヨークで紹介したときのことを、まるで昨日のことのように語った。彼女の話からは、日本だけでなく世界のビッグ・アーチストの名前がポンポン飛び出すので、メモをとるのが忙しい。

「この籐の籠はね、ジョン・レノンがクリスマスに果物や本やレコードをいっぱい詰めて贈ってくれた時のものなのよ、だから捨てられないの」

ベアテさんが話をすると、それが少しも自慢にならないのが不思議である。

彼女の話を聞いていると、平和でないと文化も芸術も育たないし、基本的な人権も守られないということが、ごく日常のこととして伝わってくる。男女平等の草案を書いたベアテさんの考えは、ジャパン・ソサエティやアジア・ソサエティの仕事の中にも一貫して流れていたことを知って、私はますますベアテ・ファンになっていった。

番組の放送がきっかけになって、ベアテさんはあちこちの女性の集まりから講演を頼まれるようになり、それと同時に出版の話がもちあがった。特に熱心にすすめてくれたのは、当時柏書房にいた末松篤子さんであった。

ロケの間にすっかりベアテさんの親衛隊になっていた私は、ベアテさんが「文章を書くのは苦手」と聞いて、「私、手伝います」と安請け合いしてしまった。その時は、日本女性の恩人に、自分なりに何か役に立ちたいということよりも、ベアテさんのことをもっと知りたいというミーハー的な気持ちからだった。

しかし実際に「書く」という作業にはいる前に、ニューヨーク、大阪という距離のハードルを越えなければならないことに呆然としてしまった。まずベアテさんが、自分の体験をカセットテープに吹き込み、私がそれを原稿に起こすことから始めた。そのテープは一一本にもなった。

聞き書きの作業でたいへんだったのは、裏付けの資料を見つけることだった。日本の関係者に取材したり、昔の新聞や雑誌を探したり。ただラッキーだったのは、「日本国憲法を生んだ密室の九日間」の番組で、草案作成の原資料である文書類が、メリーランド大学、ミシガン大学、国立公文書館などから集められていたことだ。そして、憲法草案起草のメンバーで現在も健在な方々と関係者など、九人のインタビューをしており、膨大なビデオテープとそれぞれの人たちが保存していた貴重な資料も手元にあった。

ベアテさんの活動を詳しく伝えたかったので、チャールズ・L・ケーディスさんやオズボーン・ハウギさん、ミルトン・J・エスマンさん、リチャード・A・プールさんと、ジャスティン・ウィリアムズさん、セオドア・マクネリーさんといった関係者の証言を豊富に入れさせてもらった。

第一級資料といわれている「エラマン・ノート」には、ベアテさんが泣いたことも、彼女の発言もほとんど出て来ない。だからケーディスさん等のお話から、逆にベアテさんの仕事ぶりを知ることができた。

原稿はニューヨークに持って行き、ベアテさんの前で読んで、訂正してもらう方法をとった。お話と資料との間の辻褄が合わないところがしばしばあった。最初四一条もあった人権条項は、何回も書き直されている。そのために第何条というのが、ベアテさん自身が保存されているのと、こちらの手元にあるものとが違っていたり、何日の仕事だったかを、ご本人の方が忘れていたりで、手間のかかることとおびただしかった。

GHQのくだりでは、五回に一回くらい、ベアテさんは、不動産の仕事をリタイアしているご主人に確認を求めた。「ジョー、第一生命ビルには食堂はあったかしら?」。GHQ民政局の通訳だったゴードン氏とベアテさんはいわば職場結婚、こんな時はとても便利なのだ。

ニューヨーク・シティ・カレッジとミシガン大学で日本語を勉強したゴードン氏は、しゃべるのは苦手だが、今でも日本語が読める。すぐに本を調べ、それでもわからない時はGHQ時代の友人に電話で問い合わせてくれる。

私が思わず「いいご主人ですね」ともらすと、「それはそうです。ジョーはとても記憶力がいいから」とベアテさんはにこにこ。全く照れるところがない。

「ベアテさん、ベアテさんはGHQ時代はとてもモテていらっしゃったんでしょう? ジープで食料品を運んで来てくれたボーイフレンドもいたでしょう? ゴードンさんを結婚の相手に選んだのは、何が決め手?」

「だって、ジョーはとってもハンサムだったでしょう」

「ベアテさんて、面食いなんですか?」

こんなふうに私たちはすぐに話が脱線してしまうので、なかなか作業がはかどらない。でもこの種の雑談の中にベアテさんの人柄がうかがえて、私は親衛隊としての特権を満喫した。

そしてこの一週間を越す合宿生活の中で、ベアテさんは、頭の中はヨーロッパ人なのに、気持ちは半分以上、日本人なんだなぁということも発見した。ベアテさんはスーパーマーケットでは、きまって中国製の豆腐を買うし、ゴードン家の大型冷蔵庫の中に梅干しの壺を見たからだ。

日本女性にとってのベアテさん

日本国憲法が論じられる時、戦争放棄の第九条や、天皇制のことばかりが言われるが、この憲法の素晴らしさは、人権の条項にあると私は思っている。特に女性にとっては。

日本国憲法一〇三条の内、人権条項は三一条もあって、全体の三分の一を占めている。人権条項がこんなに威張っている憲法は世界の中でもそんなに多くない。それはベアテさんたち人権小委員会三人のおかげであり、ベアテさんがケーディス大佐に泣いて抵抗して下さったからだ。

ベアテさんの書いた人権条項を別の角度から見るために、憲法が作成された一九四六年当時の世界の憲法と比較して、驚いたことがある。戦勝国のアメリカでさえ当時は「男女平等」ではなかったし、アメリカは現在でも、男女平等の修正案が州議会の批准を得られず、平等ではない。

同じ敗戦国の西ドイツやイタリアでは憲法の成立は日本より遅れ、「男女平等」が謳われるのは、西ドイツの場合、日本より三年も遅い。世界に先駆けて人権宣言をしたフランスでも、「法律はすべての領域にわたり女子にたいして、男子と平等の権利を保障する」の条項ができるのは、一九四六年。フランス革命の人権宣言では、人といえば男性で、女性は入っておらず、男女同権を唱えたオランプ・ド・グージュはギロチンにかけられている。

ソ連のような共産主義の国だけが「男女平等」をかかげていた。一九四六年当時ベアテさんの書いた条項がいかに世界でも進歩的なものだったかを知って嬉しくなった。歴史には「もしも」ということがないけれど、あの民政局の中に日本女性が加わっていたとしたら、これほど進歩的な草案が書けただろうかと、ふと考えてしまう。

その証拠に、ベアテさんが書いてカットされた「私生児（非嫡出子）は差別されない」は、終戦五〇年たった今も、民法にはなく、この問題で裁判が続いている。ベアテさんがこうした差別に敏感なのは、彼女が歴史的に迫害されつづけてきたユダヤ人であるからだ。ベアテさんは体ごと人権の意識のくっついている人なのである。

ベアテさんとの対談で、衆議院議長で憲法学者である土井たか子さんの言われた言葉が忘れられない。

「人権の条項が、憲法にこんなにたくさん盛り込まれて充実しているのは、草案者のベアテさんが女性で、生活者であったからだと思うのです。憲法学者ではなく、素人であったことが良かったと思います。憲法の専門家なら、いろいろな規約にとらわれるけれど、ベアテさんは人が幸せになるためには何が必要かを知っていて、その本質をズバリ書いて下さった、それが良かったと思います」

今まで私にとって憲法はなじみの薄いものだったが、ベアテさんと出会って、憲法の条文が血の通ったものとして受け止められるようになった。今では、海外取材をするたびにこの国の人権条項はどうなっているのかしら、憲法に「男女平等」をうたっていても、男尊女卑じゃないの、と考えがそっちのほうに向いてしまう。特にアジアの国に行った時、そのことを強く感じる。

私と同じように、この本を通じて読者の方々にも、憲法を身近なものに感じていただければと思う。ベアテさんがこの本を出そうと考えられた意味も、またそこにあると思う。

本書第五章で引用したＧＨＱ憲法草案および〝エラマン・ノート〟は、すべて英文の原典によったが、『日本国憲法制定の過程Ｉ』（高柳・大友・田中編著、有斐閣）の成果に負うところが大きい。同書に収録されていない条文・草稿等については、用語などは同書に沿って翻訳し、また、別掲参考文献中の諸書を参照させていただいた。記してお礼を申しあげるしだいです。

最後になったが、ベアテさんの記憶の不確かなところを、沢辺美代さん、藤田晴子さん、園田高広さん、棟方チヤさん、淡路人形の馬詰優さん、劇団「風の子」の清水利章さんに教えていただいた。また追加インタビューでは、アメリカ在住のジーン・コーシエンダさんにお世話になった。資料集めに、メリーランド大学やミシガン大学を駆けめぐったのも彼女だった。憲法の資料に関しては番組制作の時から、東京大学法学部附属外国法文献センターの早坂禧子《とみこ》先生は、私の駆け込み寺だった。

本書の原点は、私の社、ドキュメンタリー工房の鈴木昭典さんの「日本国憲法を生んだ密室の九日間」のドキュメント番組である。当時の民政局のメンバーに一〇〇時間を越える徹底したインタビューをしていた鈴木さんにアドバイスを受け、資料を借用させていただいた。

また「私は女の幸せを憲法に書いた」の番組ではベアテさんとともにケーディスさんを日本にお招きしたが、その時、ケーディスさんに当時のことを随分教えていただいた。番組を一緒に制作したドキュメンタリー工房の寺本真名ディレクター、大橋純子さん、河野久美子さんの手も大いに煩わした。

刊行にあたってたいへんお世話になった柏書房社長の渡邊周一氏および編集担当の青木大兄さん、石原重治さん、綿引淑美さんに謝意を表したい。特に瀬戸井厚子さんには綿密なご校閲をいただいた。限られたスケジュールの中でのご尽力に感謝したい。

＊なお、ベアテさんのテレビ・ドキュメンタリーをさらに詳しく再構成したＤＶＤ『私は

男女平等を憲法に書いた』を㈱ドキュメンタリー工房（☎06-6451-1119・ホームページ http://www.dkobo.co.jp/）にて販売している。本書と合わせてご覧頂ければ、ベアテさんの人柄がよりわかっていただけるはずである。

母ベアテ・シロタ・ゴードンのこと——文庫版によせて

ニコール・ゴードン

母ベアテ・シロタ・ゴードンが亡くなったあと数多く催された偲ぶ会のひとつ、二〇一三年三月三〇日の会に出席するため、私は家族と日本を訪れました。私は会場を埋めつくした人々にむかって挨拶をするようにと、主催者に頼まれていました。友人の尾竹永子さんの通訳で、私は以下のように話しました。

＊

皆様、こんにちは。ベアテがいかに日本の皆様を思い、死に至る直前まで力を尽くしたかをお話ししたいと思います。

ご存知のように日本で育ったベアテは、二二歳という若さで日本国憲法草案と成立に関わるという、驚くべき機会に恵まれました。日本の言語と文化、そして人びとについて、そこで育った者にしか得ようのない深さで理解していた彼女は、この仕事には「適時の適材」でした。

ベアテは日本国憲法にいろいろなかたちで貢献しました。

第一に、女性の権利と人権、そして学問の自由についての草稿を書きました。第二に、東京をよく知り先見の明があったからこそできた事なのですが、彼女は他のスタッフと自分にとって参考になる各国の憲法を探し求め、見つけ出しました。第三にベアテは、日本政府とアメリカ側が憲法の最終稿を交渉する席上に「部屋でたったひとりの女性」の通訳として参加しました。最後に、憲法制定の過程が秘密でなくなってからは、彼女は飽く事なく日本国憲法を擁護しました。

三〇年以上の間、ベアテは自分の役割について公には話しませんでした。極秘事項でしたし、当時の自分が弁護士の資格も持たない若い女性だったということがわかれば、憲法の権威を落とす方向にその事実が使われるのではないか、と恐れたからでした。私は五八歳の弁護士ですが、大きなプライドをもって、また職業的な立場からも断言できます。約四〇年の専門的な経験をした私でも、彼女のような素晴らしい仕事は夢にもできなかったでしょう。ベアテは法律の学位より大切なものを持っていました。それは日本を知り愛するが故、日本人に何が必要とされているかを正確に把握できる、独自の経験と感性でした。

一九四〇年代後半から一九九〇年代前半まで、ベアテはアメリカで仕事をしていました。アジア・ソサエティとジャパン・ソサエティの職で、主に舞台芸術の紹介を通じて文化交流を促進することに懸命でした。たくさんのグループを日本とアジアから呼び、アメリカを巡演させました。いろいろな国の人間がお互いを理解しあうことができれば、平和を支え継続する文化を作り出せる、というのが彼女の信念でした。弟のジェフリーと私にリハーサルで時間を計らせたり、テープレコーダを操作させたり、プログラムを用意させたりしました。私たち姉弟は、母がアメリカに招待したほぼすべてのアーチストの公演を観ました。それ故か、弟は劇作家かつ役者になりました。

淡路人形浄瑠璃、舞楽、神楽などの伝統芸能から、花柳寿々紫《はなやぎすずし》、大野一雄、Eiko《エイコ》＋《アンド》Koma《コマ》、佐藤聰明など、現代芸術のアーチストまで、ベアテが日本から招待してプロデュースした幅広い舞台芸術家たち、またそれ以外のさらに遠いアジアの国々から招いたアーチストたちの公演を見て、深い影響を受けた人々がアメリカにはたくさんいます。母は既成の枠にとらわれず、どんなスタイルのどんな種類の芸術でも、それが真正で一級のものである限り、敬愛しました。流政之《ながれまさゆき》、丹下健三、草間弥生、オノ・ヨーコなど、日本の有名なアーチスト達とも仕事をしました。オノ・ヨーコさんはビートルズが録音中のスタジオに私たち姉弟を入れてくれました。それは私たちの人生で最高の日でした。また母と棟方志功さんは親友でした。

献身的に取り組んでいたアジア・ソサエティの仕事から退職しなければならなかったことは、ベアテにはつらいことでした。しかし彼女にとって幸運なことに、ちょうどその頃、憲法草稿への母の関わりが広く知られるようになりました。こうして退職のあと急に、愛する日本を頻繁《ひんぱん》に訪れる新しいキャリアが、彼女に始まったのです。これはベアテにとって新しい人生ともいうべきもので、彼女は日本の人々にとって大事な事柄にまた積極的に関われるのを、とても喜んでいました。多くの方に乞われて日本各地で講演会を行い、観客がどんなに多くても、ベアテは物怖じしませんでした。日本国憲法制定の歴史について話し、護憲を訴え、特に女性の権利、人権と平和の条項を守るようにと、熱心に語りました。ベアテの自伝が日本語で、そして英語で出版され、彼女についてのドキュメンタリーと芝居も制作されました。人前で話す機会があれば、ベアテはどんな時でも喜んで懸命に話しました。

私の母はたいへん社交的な人でアーチスト、活動家、学者などと話すのが大好きでした。何時頃に帰ると父に言って出かけるのですが、母は会話を切り上げることができないので、帰宅はいつも予定より一、二時間遅れました。そのことを父はいつも怒っていました。

ベアテは一年ほど前に病気になりました。しかし親しい友人たちにも病気のことは話しませんでした。一九四五年、東京の第一生命ビルで出会った、かつてGHQの通訳部長、ジョセフ・ゴードン中尉だった父を世話している間、母は気丈でした。彼は二〇一二年八月二九日に、九三歳で自宅で亡くなりました。ほぼ四か月後の一二月三〇日、母は膵臓がんでやはり自宅で亡くなりました。

一二月の初め、朝日新聞から日本の憲法についてのインタビューの依頼がありました。初めはいつというはっきりした指定なしの依頼でした。ベアテは憲法を変えたいという動きが日本にあることに敏感でした。彼女は勿論、平和憲法は変えるべきでなく、他の国の憲法の模範であると思っていました。そして彼女は自分の死が近い事を知っていました。それゆえこの最後の機会に、日本国憲法を支持するという自分の意見を、多くの読者にしっかり伝わる方法で発表する決意をしたのです。

ベアテはこの時点ではもう誰とも会わず、あれほど好きだった電話でのおしゃべりもしなくなっていました。しかしこのインタビューは電話で受けることにし、必要があれば、私が聞き取りで書いたものをメールで送って補うことにしました。彼女は新聞社が送ってきた二つの質問への答えを、口述で私に書き取らせ、それを電話で記者に向かって読めるようにしました。それは、彼女がインタビューの時点では、もう質問に自分で答えられないほど弱っているかもしれない、と考えての準備でした。私はタイプし、プリントした文章を夜、母に渡しました。翌朝、彼女がベッドに横になって原稿を推敲しているのを見て、私は驚きました。その時期にはもうベッドに横たわったままの生活で、日々弱っていたので、こんな力が彼女に残っているとは思わなかったからです。

それなのに火曜日に私が行くと、もう何日もベッドから起き上がれなかった母が、洋服を着替え座ってインタビューを待っていました。しかし残念な事に、これは日付の間違いで、実際のインタビューは木曜日だったのです。恐れていた通り、木曜日には彼女はもう起き上がることもできませんでした。インタビューは午後に予定されていたのですが、母は朝のうちに新聞社に電話するようにと、私に頼みました。それは待つ間に話す力がなくなってしまうのではないかと恐れたからでした。彼女は日本国憲法をしっかり守る為に、残り僅かな力を振り絞って、人生最後のインタビューに臨みました。ベアテは、日本で平和のために活動している方達を力づけたい、と願ったのです。

その十日後に母は亡くなりました。このインタビューは本当に彼女の最後の努力でした。日本国憲法を擁護し日本の人々を支えるために、自分はできるだけのことをした、と思いながら母は死に向かったのでしょう。

世界中の新聞やインターネットで死亡記事が出て、ベアテがどのように日本国憲法に関わったかが紹介されました。日本では彼女の死後だけでも、一〇〇以上の記事がでました。このように死後も日本国憲法を擁護する力になったことを母が知れば、さぞ喜んだことでしょう。想像を超えるような反響がありましたが、これこそ母が望むものだったと思います。まったく弟が言っていたように、ベアテはいつも人の予想を超えた働きをするのです。

ベアテは米上院議会でのイラクとアフガニスタンの新憲法についての公聴会に招かれ、これらの国で男女同権をどのように取り入れていけるかについて、話すよう求められました。彼女は、それらの国で新しい憲法草案を書く人々は、女性の権利が憲法で保障されるということがどのような意味を持ち、どのように人々の生活を変える力になり得るかについて、日本の女性達に意見を聞くべきだと証言しました。

私たち家族は、ベアテが残したものを皆さまがとても大事にして下さっていることを嬉しく思います。日本の人々が世代を超えて長い間、日本国憲法を守っていけるように、皆さまはきっとこれからも、若い人たちに日本と日本の女性の歴史を伝えて下さるでしょう。

弟と私はベアテの思い出をどのように記念にするかを相談し、お花などを送って下さる代わりに「九条の会」への寄付と平和のための活動を、皆様にお願いすることに決めました。私はベアテの灰を一部、日本に持ってきました。生前、母の心がいつもそうであったように、母は日本にとどまり、今も富士山が見える所にいます。

ありがとうございました。

＊

二〇一三年三月の日本への家族との旅は、驚くような経験でした。日本でたくさんの方々の溢れるような思いに触れて、私は初めて、ベアテのしたことが日本の人々にとってどれだけ大事なことだったのか、またどのように彼女が尊敬され、彼女が遺した成果が感謝されているのかを理解することができたのです。

何千人もの方々が各地で偲ぶ会に参加されました。それから数か月の間に彼女について何百もの記事が書かれました。朝日新聞は、新年あけの紙面に一面も含めて三本の記事を載せるという異例の扱いをしました。いろいろな地方の何千人ものNGOの方々が九条を守る決意を表明しました。

また、美智子皇后陛下は、ニューヨークで開かれた追悼式に送られた特別メッセージで、ベアテの死を「深い悲しみ」と表現され、男女平等を可能にしたベアテの大切な役割を、長く記憶されるものとして讃えられました。また、弟と私は、二〇一三年に皇后陛下がお誕生日に際しての文書で、先年に亡くなった親しい四人の友人の一人としてベアテの名を挙げられたことを知り、感動しました。

日本での経験をとおして私が自覚したことは、ベアテの家族として私たちは彼女の遺志を継ぐ大事な責任があるということです。これはベアテへの責任だけではなく、日本の憲法が現政権による決定によって大きく揺さぶられているこの困難な時期に、平和を求めて今も活動しておられる皆さんへの責任です。すべての日本女性、そしてベアテの死後、私が親しくなった彼女の友人たちへの責任でもあります。こう強く思うのは私がベアテの娘であり、一人の女性であり、親でもあるからだけではなく、弁護士でもあるからです。憲法と法律の間違った解釈をいったん許せば、法制度は悪用され、それを正すのはとても難しい。これは私には自明なことだからです。

ベアテの古い友人たちと親しくなれたことは、家族みなにとってとてもありがたいことでした。この方達は愛と、危機感と、それでもくじけない希望を、私たちに語ってくださいました。ですから私は、彼らとそれからも連絡をとりあっています。これらの友人の助けを得て私は多くのインタビューを受け、母について、また私の意見もしっかり話すよう努力してきました。それは困難なことがあるたびに、母が私を「一生懸命に」という日本語で励ましてくれたことを思い出すからです。

嬉しいことに、アメリカでもベアテの自伝の新版が再び「The Only Woman in the Room: A Memoir of Japan, Human Rights, and the Arts（部屋でたったひとりの女性——日本、人権と芸術を語る自伝）」という題で出版されました。またナスリーン・アジミとミッシェル・ワッセルマンによって書かれた「Last Boat to Yokohama: The Life and Legacy of Beate Sirota Gordon（横浜への最後の船——ベアテ・シロタ・ゴードン評伝）」という題の新しい本も去年、出版されました。ベアテの父でピアニストのレオ・シロタは西洋の音楽が日本に根付いたことに大きく貢献し、ベアテは東洋からの芸術を西洋に紹介する仕事をしたと記されています。また占領軍時代のベアテをモデルにした、ジェームズ三木作の芝居も最近、再上演されました。そして戦後の日本でのベアテの貢献と、女性の権利と平和についての彼女の主張が、日本、及び各国の新聞や雑誌にあまりに頻繁に掲載されるので、ベアテは死後もまるで生きて仕事をし、男女平等と平和について語り続けているようです。

個人的なことですが、母は平穏な死を迎えました。弟のジェフリーとその息子のサムは彼女が死に向かう数か月、母と一緒に暮らしていました。家族で見守っていましたが、やがて母がもう動くことも話すこともできない時がきました。母の最後の言葉は日本の友人に向けて日本語で語った「大丈夫」でした。

この原稿を書きながら、私は母の気持ちを想像します。母は長い間、憲法に謳われた女性の権利と平和条項を守ろうと活動し、大きな支持を受けていました。そして彼女は、それに反する方向に向かう、今の日本の政治の空気を憂いていました。最高裁は先日、夫婦同姓は合憲という判決を下しました。これは現実的には女性が夫の姓を名乗ることが多い現状の維持を意味します。さらに最高裁は、女性は離婚のあと一〇〇日間、結婚してはいけないという判決も下しました。このルールは女性のみに適用され、離婚後に生まれる子供の父親が判るようにという理由ですが、今の時代にはその理由は根拠がないものです。日本国憲法のもとでは女性も天皇になれると主張したベアテがこの裁判所の決定を知ったら憤り、これは二四条で保証された男女同権の精神と言葉に反するものだ、と公言したでしょう。七〇年間その意味が多くの人にしっかり理解されてきた憲法九条を「再解釈」するという日本政府の決定も、戦後の日本の歴史と現実、及び憲法の条文に反するものとして、ベアテを驚かせたでしょう。日本の人々がどんなに平和条項を支持し、大事にしてきたか、また平和条項があるゆえに、他国での戦争に参加せずにすみ、日本人の命が守られてきたと意見を述べたでしょう。確かに時代は変わり、良い方向へ向かっているとは思えません。

しかし女性の権利と戦争放棄が危うくなればなるほど、それらを守ろうとする人々の決意はさらに強くなるでしょう。

ベアテは古い友人、特に本書を読んでこの大事な仕事を引き継いでいかなければならない若い人々に向かって、こう言っていると思います。

「だいじょうぶ。一生懸命に！」

最後に、平岡磨紀子さんがあとがきで触れられた方々に加え、以下の方々に感謝の意を述べたいと思います。

柏書房現社長の富澤凡子さん、朝日新聞出版の長田匡司氏、通訳として助力してくださった友人のアーチー・ルーク、ジョン・ダワー氏、そして、ベアテの長い友人で、最期まで彼女と共にいてくれた尾竹永子さんは、現在では私たちの親友として翻訳その他に力を尽くして下さいました。

こうした方々の協力のおかげで、この文庫版が出版されました。みなさん、ありがとうございました。

（日本語訳・尾竹永子）

『1945年のクリスマス』以降のベアテさん――文庫版出版にあたって

平岡磨紀子

『1945年のクリスマス』が出版されて以降、ベアテさんは一躍「日本女性の恩人」として有名になった。日本各地から講演依頼が舞い込み、その数は二〇〇回に及んだ。だから二〇一二年一二月三〇日、ベアテさんがニューヨークの自宅で八九歳で亡くなったという訃報が新聞に載ると、自然発生的に各地で追悼会が開かれた。私の所属するドキュメンタリー工房にも、追悼会のチラシ用にベアテさんの写真を貸してほしいという連絡や、ベアテさんのドキュメントのDVDを会場で見せてもいいかという電話があった。そんな追悼会で私がかかわったのは、東京と大阪の二か所である。

東京の「ベアテさんを語りつぐ会」の落合良子さんや元文部大臣の赤松良子さん、杉本浩二さん、ベアテさんの劇を上演した青年劇場の横田明子さんらの追悼会準備はみごとなものだった。落合さんはベアテファンを集めて、会場の手配から告知、当日の進行までとてもスピーディーにやりとげた。さすが元ソニーの辣腕商品開発部長だ。ベアテさんのジャパン・ソサエティ時代に日本芸術祭の会場設営を手がけたデザイナーの杉本浩二さんは、ベアテさんの似顔絵で会場を飾った。

大阪の「ベアテさんを語りつぐ会」は、ディレクターの寺本真名さんらと一緒に憲法の公布日に近い五月四日に会場をおさえた。そんな時、ベアテさんの娘のニコールさんから、東京の追悼会に出席するため、夫といっしょに来日するという連絡が入った。それならニコール夫妻が出席する追悼会を入れ込んで番組にしようと、カメラを回すことになった。これを知ってBS12チャンネルがベアテ特番を放送することになった。番組編成に奔走してくれたのは、女性たちだった。天国のベアテさんはこの様子を見て拍手を送ってくれたことだろう。

ベアテさんの祖国はニッポン？

二〇一三年三月下旬、ニコール夫妻が来日した。ベアテさん自慢の娘であるニコールさんは、コロンビア大学卒の弁護士で、夫のロジャーさんも弁護士。二人は高校時代の同級生だった。大学生の娘さんは後から来るということだった。

ニコール夫妻とは、ベアテさんの元気な頃に会っていたので、撮影は、まるで同窓会のような雰囲気ではじまった。夫妻には、ベアテさんゆかりの場所に行ってもらうことにし、まずはベアテさんの運命を決めた第一生命ビルの八階へ。GHQの二五人の民政局員が日本国憲法の草案を作成した部屋である。歴史的なこのビルと部屋は、当時のまま保存されている。ニコールさんは最初緊張していたが、マッカーサーの椅子にベアテさんも座ったことがあるというと、表情がゆるんだ。「母から聞いていました。この部屋で母と父は出会ったのですね」と樫のドアを撫ぜながら言った。ベアテさんはGHQの通訳だったゴードンさんとこの部屋で知り合い結婚したのだから、ニコールさんにとっても、ここは運命の部屋だった。ベアテさんも一九九三年、彼女のドキュメント番組を作る時、ケーディスさんと一緒にここを訪れている。その時、二人は懐かしがったが、今度は娘がこの部屋を訪れ、母を偲んでいる。歳月がもたらす不思議な巡り会わせを感じずにはおられなかった。

その後、ベアテさんが少女時代に遊んだ乃木神社に行ってもらった。境内は桜が満開だった。それを見上げてニコールさんが「さくら　さくら」と歌いだした。とてもきれいな日本語だった。子守唄でこの歌を聴かされていたという。ベアテさんの母親としてのこまやかな愛情を感じた。

東京藝術大学でのロケでは、歴史の中で翻弄されたシロタ一家の姿を垣間見た。「戦前、祖父たちが日本に来た選択は正しかった」とニコールさんは言った。一九二九年、シロタ一家は山田耕筰の招きで来日するのだが、著名なピアニストだったベアテさんの父レオ・

シロタには、この時、ウィーンの大学の教授の道が開かれていたという。しかし条件としてキリスト教に改宗しなければならなかった。レオはそれを拒んでウィーンに帰国しなかった。シロタ一家はユダヤ人だった。戦争が始まり、ナチスのユダヤ人迫害が激しくなり、シロタ一家のヨーロッパの親戚の大半はアウシュビッツに送られている。

戦後、ウィーンに一家のアパルトマンが残っていて、その処理に帰らなければならなかったが、ベアテさんは「ナチの残党がいるから帰りたくない」と言っていた。二一世紀になってからの話である。

この話には後日談がある。

最近、ニコールさんにこの話をすると、彼女は「私たち一家は、一九四六年にウィーンに行き、母の生家も見ている」と語った。そして「しかし母は生前ドイツには行かなかった。ドイツ製品も買わなかったし、私や弟にドイツ語を学ばせなかった」と話した。六か国語を話し、語学の大切さを熟知していたベアテさんが、子供たちにドイツ語を禁じていた。そのことにユダヤの人たちが負った心の傷の深さ、ナチスへの憎しみや恐怖を私は知った。ベアテさんが、日本国憲法草案の人権条項に注いだ情熱は、彼女自身が差別されてきたユダヤ人であったことが大きいと思う。ベアテさんは、よく「それではかわいそう」という表現をしたが、そのかわいそうの中には様々な思いがつまっていた。彼女の目線はつねに地面からみたものだった。それが、私生児の権利や医療の無料化などの人権条項の草案に反映されている。

三月三〇日に東京で行われた追悼会は、三〇〇人の会場が満員になった。赤松良子さんの挨拶に始まり、ニコールさんがお礼の言葉を述べた。ニコールさんの通訳は、ベアテさんに見出され、ニューヨークでモダンダンサー・舞台演出家として活躍する尾竹永子《おたけえいこ》さんがやってくれた。ニコールさんが「私は母の散骨にやってきました」と言ったとき、会場がどよめいた。そしてニコールさんが「母は好きだった日本の、富士山がみえるところで、永遠に眠ります」と締めくくったとき、会場の女性たちは皆、すすり泣いた。壇上のニコールさんも泣いていた。会場はあたたかな空気に包まれ、ベアテさんと握手をしたあとのような満ち足りた気分になった。私はその時、ああ、ベアテさんの祖国はニッポンだったのだと確信した。

ベアテさんが願った平和とは――日本国憲法がゆれている今

生前、ベアテさんは『１９４５年のクリスマス』が文庫本になることを望んでいた。入手しやすくなって、ひとりでも多くの人に日本国憲法の原点を知ってほしいという気持ちがあったからだ。憲法制定七〇年の今年、この本が文庫本として発刊されることになり、ベアテさんは喜んでくれるだろう。ベアテさんは、日本国憲法の草案に携われたことを誇りに思っていたし、日本国憲法の素晴らしさを信じていた。憲法が今まで改正されなかったのは、「この憲法がいい憲法だからですよ」と胸をはって言い、「平和が一番大事、平和でないと芸術も文化も育たない。女性も幸せになれない。皆さん、日本国憲法を大切にしてください」というのが、いつも講演ラストの言葉だった。

しかしベアテさんの懸念が今、現実のものになった。憲法改正への動きがでている。七〇年間戦争をしなかった国が、戦争をする国になってしまうのだろうか？

憲法改正の動きは、過去にもあった。自民党は改憲のために昭和三二年から三九年まで、「憲法調査会」をつくり、改憲派の議員三〇人と学術経験者二〇人でなんと七年間も調査、研究している。その結果、今は改憲の時期ではないと改憲を見送っている。この調査会の音声テープを発見した鈴木昭典さん（『日本国憲法を生んだ密室の9日間』の著者）が発表し、大きな反響を呼んだ（テレビ朝日「報道ステーション」で二〇一六年二月二五日放送）。

日本を愛し、日本女性の幸せを望んだひとりの女性のことを、私たちはいつまでも忘れないでいたい。そして本書が、日本を思うベアテさんの気持ちを多くの方に伝えられることを願いたい。

二〇一六年三月一九日

参考文献

〈文書他〉

エラマン・メモ（手書きノート）／ミシガン大学所蔵ハッシー文書

エラマン・メモ（日付別のもの）／メリーランド大学マケルディン図書館マクネリー教授資料集

エラマン・メモ（一九四七年一二月一六日　一八ページ）／ミシガン大学所蔵ハッシー文書

メリーランド大学マケルディン図書館マクネリー教授資料集

ＧＨＱ草案／ケーディス文書　ハッシー文書　ラウエル文書　プール文書　ベアテ・シロタ・ゴードン所蔵文書　メリーランド大学マケルディン図書館マクネリー教授資料集　他

松本草案　甲案、乙案／ケーディス氏所蔵ＳＷＮＣＣ二二八／米国立公文書館資料

Political Reorientation of Japan, Section Ⅲ The New Constitution of Japan

憲法調査会資料、及び報告書（「憲法制定の経過に関する小委員会議事録」、「憲法制定の経過に関する小委員会報告書」他、付属文書含む）

大阪毎日新聞（一九四六年二月一日朝刊）　毎日新聞大阪本社

朝日新聞（一九四五年一二月二四日―四六年三月七日までの記事）　朝日新聞大阪本社

Ms. Joan Kelly Allison（レオ・シロタの弟子）の手記

藤田晴子〈わが道を行く〉「ムジカノーヴァ」掲載（音楽之友社　一九八四年）

〈書籍〉

Japan's Political Revolution under MacArthur: A Participant's Account, Justin Williams, Sr. University of Georgia Press, 1979

『東京旋風』Ｈ・Ｅ・ワイルズ著　井上勇訳　時事通信社　一九五四年

『日本国憲法成立史』第一巻・第二巻　佐藤達夫　有斐閣　一九六二年・一九六四年

『マッカーサー回想記』ダグラス・マッカーサー著　津島一夫訳　朝日新聞社　一九六四年

『西欧世界と日本』上下　ジョージ・Ｂ・サンソム著　金井圓・多田実・芳賀徹・平川祐弘訳　筑摩書房　一九六六年

『マッカーサーの日本』週刊新潮編集部編　新潮社　一九七〇年

『日本国憲法制定の過程』Ⅰ原文と翻訳、Ⅱ解説　高柳賢三　大友一郎　田中英夫編著　有斐閣　一九七二年

『板極道』棟方志功　中央公論社（文庫版）一九七六年

『憲法制定過程覚え書』田中英夫　有斐閣　一九七九年

『ＧＨＱ』竹前栄治　岩波新書　一九八三年

『日本占領革命』上下　セオドア・コーエン著　大前正臣訳　ＴＢＳブリタニカ　一九八三

年
『米国の日本占領政策』上下　五百旗頭真　中央公論社　一九八五年
『解説世界憲法集改訂版』樋口陽一他編　三省堂　一九八八年
『マッカーサーと吉田茂』上下　リチャード・B・フィン著　内田建三監修　同文書院インターナショナル　一九九三年
『日本国憲法を生んだ密室の九日間』鈴木昭典　創元社　一九九五年

ベアテ・シロタ・ゴードン関連年譜

年	事項	世界の動き
	1885年5月4日、父レオ・シロタ、ロシアのキエフに生まれる。93年7月28日、母オーギュスティーヌ、キエフに生まれる。1920年、ウィーンで結婚。	**14**年**7** 第1次大戦始まる（〜18年） **17**年**11** ロシア革命 **20**年**1** 国際連盟成立
1923年	**10・25** ベアテ、ウィーンに生まれる。国籍オーストリア。	**23**年**9** 関東大震災
1928年	父レオ・シロタ、ハルビンで山田耕筰に請われ、日本で演奏会を開く。その際、東京音楽学校の教授を委嘱される。	**28**年**2** 日：第1回普通選挙実施 **8** パリ不戦条約成立
1929年 （昭和4） 〈5歳〉	夏 ウィーンよりシベリア経由で来日。東京市赤坂区檜町10番地に居住。父は東京音楽学校のピアノ教授に就任。お手伝いの小柴美代さんが来る。 **9** 大森のドイツ学校に入学。	**29**年**10** 世界恐慌始まる **31**年**9** 満州事変、中国侵略開始 **33**年**1** 独：ナチスの独裁制完成 米：ニューディール政策開始
1936年 （昭和11）	**2・26** 二・二六事件起こり、自宅周辺も騒然とする。この頃より憲兵が頻繁にやってくるよう	**36**年**2** 二・二六事件 **7** スペイン市民戦争始まる

〈12歳〉	になる。 9 中目黒のアメリカン・スクールに転校。	37年7 日中戦争始まる 38年9 ミュンヘン会議
1939年〈15歳〉	5末 アメリカン・スクール卒業、両親と中国を旅行。 8初旬 サンフランシスコのミルズ・カレッジに留学。	39年9 第2次大戦始まる
1940年	5 夏休みの2か月間、日本に一時帰国。 8 両親がサンフランシスコまで会いに来る。	40年6 独軍、パリ入城 9 日独伊三国同盟調印
1941年（昭和16）〈17歳〉	12・8 日本、真珠湾を攻撃し、日米開戦。両親と連絡・送金が途絶える。	41年6 独ソ戦開始 8 大西洋憲章発表 12 日本、米英に宣戦布告
1942年（昭和17）〈18歳〉	5頃 自活のため、CBSリスニングポストで東京からの短波放送を英語に翻訳する。 9 CBSリスニングポストはFCCの外国放送サービス部になるが、そのまま仕事を継続。	42年 日：戦時翼賛体制本格化
1943年（昭和18）〈19歳〉	5 ミルズ・カレッジを最優秀で卒業。 この頃、FCCから米陸軍情報部（OWI）に移り、翻訳と日本向け宣伝放送の原稿作成に従事。	43年2 独軍、スターリングラードで降伏。日本軍、ガダルカナル島から撤退 9 イタリア降伏
1945年（昭和20）〈21歳〉	3 ニューヨークに移住し、タイム誌外国部にリサーチャーとして就職。 8・15 第2次大戦終わる。	44年6 ノルマンディ上陸作戦 8 パリ解放 45年5 ドイツ降伏

10・24 タイム誌特派員の調査で両親の無事を確認。

11末 対日占領政策のための要員に応募、採用される。

12・24 GHQ民間人要員として日本に赴任。三日間の休暇をもらい、軽井沢に疎開中の両親と再会。

1946年（昭和21）〈22歳〉

2 民政局ホイットニー准将、民政局員25人に日本国憲法草案作成を指令、ベアテは人権小委員会に属し、男女平等の条項を書く。

2・13 GHQ憲法草案完成。14日、日本政府に手交。

3・4～5 日本政府とGHQ民政局の対訳会議に通訳として参加。日本側は草案に書かれた「男女平等」の条文に、日本的でないという理由で反対する。

5・22 両親、米ニューヨークへ移住。

11 父はセントルイス音楽学校の教授に迎えられる。

11・3 日本国憲法公布。民政局メンバー帝国議会傍聴席で見守る。

---

8 広島、長崎に原爆投下。日本、無条件降伏

10 GHQ5大改革を指示

国際連合成立

46年**1** 天皇人間宣言

4 日：総選挙で初の女性代議士誕生

1947年	5　ベアテ、米へ帰国。
1948年	1・15　元GHQの通訳、ジョセフ・ゴードンと結婚。
1950年（昭和25）〈26歳〉	秋　ニューヨークに移る。夫のジョセフはコロンビア大学の日本語と東洋史のマスターコースに通う。ベアテは生活費を稼ぐためハノーバー銀行で翻訳の仕事につく。
1952年〈28歳〉	9　渡米した市川房枝の通訳として2か月間全米を旅行。エレノア・ルーズベルトやアイゼンハワー大統領らとの会見に同席する。
1954年	9・4　長女ニコール出産、ジャパン・ソサエティで働きながら育児をこなす。
1958年（昭和33）〈34歳〉	4・24　長男ジェフリー出産。 秋　ジャパン・ソサエティにパフォーミング・アーツ部門ができ、初代ディレクターに就任。日本人留学生のためにオアシスクラブを作る。
1959年	1　ジャパン・ソサエティで棟方志功を招聘（〜11月）。この頃から忙しくなる。
1960年〈36歳〉	この年、ジャパン・ソサエティとともにアジア・ソサエティの仕事も兼務する。
1965年	2・24　父レオ・シロタ永眠、79歳。この頃から

47年3　日：教育基本法施行
48年12　世界人権宣言採択
49年10　中華人民共和国成立
50年6　朝鮮戦争始まる
51年9　対日講和条約調印
52年7　朝鮮戦争終わる
54年4　ジュネーブ会議
5　日：売春防止法成立
6　平和5原則声明
55年4　バンドン会議
56年10　スエズ動乱
12　日本、国際連合加盟
57年10　ソ連、人工衛星打上げ
60年6　日米安保改定反対運動
62年10　キューバ危機
65年2　米軍、北ベトナム爆撃開

（昭和40）	アジア・ソサエティのパフォーミング・アーツの仕事に集中する。	始
1966年 〈41歳〉	沢辺美代さんをニューヨークに呼び、シロタ母娘とともに住む。	66年5 中国「文化大革命」始まる 67年7 EC発足
（昭和41） 1970年 〈46歳〉	沢辺美代さん帰国。 アジア・ソサエティのフィルム・ディレクターに就任。	69年7 アポロ11号月面着陸
1974年	2 淡路人形、カーネギーホールで公演。	72年9 日中国交回復 73年10 第4次中東戦争 75年4 ベトナム戦争終結
1983年	2 劇団「風の子」、4月まで全米各地を公演。	
1985年	7・4 母オーギュスティーヌ・シロタ永眠、91歳。	85年3 ソ連、ペレストロイカ開始
1993年 〈69歳〉	ベアテ、ケーディス大佐と来日。 6 アジア・ソサエティを退職、同顧問に就任する。	89年1 昭和天皇死去 12 米ソ、マルタ会談。「冷戦」終結
2012年	8・29 夫ジョセフ・ゴードン永眠、93歳。 12・30 すい臓ガンのためニューヨークの自宅で永眠、89歳。	

主な活動記録

ジャパン・ソサエティ

1958 Toshi Ichiyanagi 一柳慧（composer/pianist）
1958 Kenji Kobayashi 小林健次（violinist）
1958 Rosanjin Kitaoji 北大路魯山人（ceramicist）
1959 Shiko Munakata 棟方志功（woodblock artist）
1960 Kimio Eto 衛藤公雄（koto player）
1961 Suzushi Hanayagi 花柳寿々紫（disciple of Takehara Han, jiuta-mai dancer）
1965 Koizaburo Nishikawa 西川鯉三郎（and his wife and two sons in Kabuki dance）
1970 Naoyuki Miura : Music from Japan 三浦尚之
1973 Nihon Ongaku Shudan 日本音楽集団
1976 Yaenosuke Bando 坂東八重之助 and his martial arts troupe
1976 Eiko and Koma エイコ アンド コマ（avant garde performance art）
1982 Reibo Aoki 青木鈴慕（shakuhachi player）
1984 Miyako Kato 加藤みや子 and Company（modern dance）
1987 “Theatre Jeune Peintre” ジュヌ・パントル（contemporary Japanese shadow puppet plays）
1988 Kazuo Ohno 大野一雄（butoh）

アジア・ソサエティ

1965 Chinese, Korean and Japanese Dance
1971 Edo Festival Music and Pantomime
1972 Shantung Traditional Folk Music of China
1972 P'ansori（Korea's Epic Vocal Art & Instrumental Music）
1972 Chinese Shadow Plays
1973/77 Saeko Ichinohe（Japanese modern dance）
1973 The Topeng Dance Theater of Bali
1974 Kathak（North Indian Dance）
1974 Heen Baba and His Dance and Drum（Sri Lanka）
1974 The Awaji Puppet Theater of Japan
1975 Chhau（The Masked Dance of Bengal）
1975 The Dancers and Musicians of the Burmese National Theater
1975/78 Qawwali, Music from Pakistan
1976 Sitara（Kathak, North Indian Dance）
1976 Sun Ock Lee（Korean Dancer）
1976 Martial Arts of Kabuki from Japan
1976/78 The Soloists of the Ensemble Nipponia
1977 Yamini Krishnamurti（South Indian Dance）
1977 Penca and Topeng Babakan from Sunda, Indonesia
1977 Hu Hung-Yen（Aspects of Peking Opera）
1977 Pongsan Masked-Dance Drama from Korea
1978 Thovil（Ritual Chanting, Dance and Drumming of Exorcism from Sri Lanka）
1978 Bugaku（The Traditional Court, Temple and Shrine Dances）
1979 Yakshagana（Ritual Dance Theater from South Kanara, India）

1979/82 Aak (Korean Court Music and Dance)

1980 The Royal Dancers and Musicians from the Kingdom of Bhutan

1980 The Fujian Hand Puppets from the People's Republic of China

1980/81/85 Kathakali (South Indian Dance-Drama)

1981 Nido Tichiuchi (Dance Drama from Okinawa)

1983 Kaze-No-Ko (Children of the Wind)

1984 Shaman Ritual from Korea

1986 Eiko and Koma エイコ アンド コマ (avant garde performance art)

1945年《ねん》のクリスマス
日本国憲法《にほんこくけんぽう》に「男女平等《だんじょびょうどう》」を書《か》いた女性《じょせい》の自伝《じでん》
朝日文庫

2016年6月30日　第1刷発行
2025年7月30日　第3刷発行

著　者　ベアテ・シロタ・ゴードン
構成／文　平岡磨紀子《ひらおかまきこ》

発行者　宇都宮健太朗
発行所　朝日新聞出版
〒104-8011　東京都中央区築地5-3-2
電話　03-5541-8832（編集）
03-5540-7793（販売）
印刷製本　株式会社 DNP 出版プロダクツ

Published in Japan by Asahi Shimbun Publications Inc.
定価はカバーに表示してあります

ISBN978-4-02-261857-3
落丁・乱丁の場合は弊社業務部（電話03-5540-7800）へご連絡ください。
送料弊社負担にてお取り替えいたします。

保阪　正康
昭和陸軍の研究（上）（下）
昭和陸軍はなぜ多くの錯誤を犯したのか。また、その責任は誰がとったのか。この問題を豊富な資料で解明した著者畢生の大作。

小河原　正己
ヒロシマはどう記録されたか　上・下
上・昭和二十年八月六日／下・昭和二十年八月七日以後
原爆の一閃により、すべてが止まったヒロシマで、爆心地を目指した記者たちがいた。核の時代の原点に迫る、現代人必読の書。〔解説・竹西寛子〕

朝日新聞長崎総局編
ナガサキノート
若手記者が聞く被爆者の物語
二〇代・三〇代の記者が、被爆者三一人を徹底取材。朝日新聞長崎県内版の連載「ナガサキノート」をまとめた、悲痛な体験談。さだまさし氏推薦。

山口　彊
ヒロシマ・ナガサキ　二重被爆
こんな人生があっていいのか――。広島と長崎で二度被爆した九三歳の著者が、被爆体験、封印してきた「あの戦争」への思いを語る。

トーマス・バーゲンソール著／池田　礼子、渋谷　節子訳
アウシュビッツを一人で生き抜いた少年
A Lucky Child
子供が真っ先に「価値なし」と殺された収容所で、最後まで諦めないことを教えた両親の愛情と人々の勇気によって、奇蹟的に生き延びた少年の自伝。

開高　健
ベトナム戦記
戦場の真っ只中に飛び込み、裸形の人間たちを凝視しながらルポルタージュしたサイゴン通信。〔解説・日野啓三〕

青春文庫

お客《きゃく》に言《い》えない!
モノの原《げん》価《か》㊙《まるひ》事《じ》典《てん》

2016年6月20日　第1刷

編　　者　㊙情報取材班《まるひじょうほうしゅざいはん》

発行者　小澤源太郎

責任編集　株式会社プライム涌光

発行所　株式会社青春出版社

〒162-0056　東京都新宿区若松町 12-1
電話 03-3203-2850（編集部）
03-3207-1916（営業部）
振替番号　00190-7-98602

印刷／大日本印刷
製本／ナショナル製本

ISBN 978-4-413-09648-5

万一、落丁、乱丁がありました節は、お取りかえします。

ほんとうのあなたに出逢う　青春文庫

いつも品がよく見える人の外見術

一瞬でも印象に残るのは、なぜ？

外見でこそ伝わる、あなたの人柄と魅力！「何度でも会いたくなる」ような品のよい女性になるヒントをご紹介します。

神津佳予子

(SE-644)

明日をちょっぴりがんばれる48の物語

本当にあったいい話——
1つ1つのお話が、あなたの背中をそっと押してくれます。

西沢泰生

(SE-645)

「切れない絆」をつくるたった1つの習慣

幸せは絆をつたってやってきます。大切な人、また会いたい人、あこがれの人との関係を強くするヒント

植西　聰

(SE-646)

運命の舞台裏　日本史を変えた合戦

この戦いが「その後」の歴史を決めた！　壬申の乱、関ヶ原の戦い、西南戦争……57の大激突、その全真相！

歴史の謎研究会［編］

(SE-647)